Stephan Mokry, Reinhard Grütz und ~~Stephan Mokry~~ (Hrsg.)

Neu hinsehen: Luther

Ein Buch des Projekts

„2017: Neu hinsehen! Ein katholischer Blick auf Luther"
der Katholischen Akademie des Bistums Magdeburg und der
Katholischen Erwachsenenbildung im Land Sachsen-Anhalt e. V.

gefördert

von der Bundesbeauftragten für Kultur und Medien
auf einen Beschluss des Deutschen Bundestags
vom Land Sachsen-Anhalt
vom Bistum Magdeburg

Stephan Mokry, Reinhard Grütz und Ludger Nagel (Hrsg.)

Neu hinsehen: Luther

Katholische Perspektiven – ökumenische Horizonte

EVANGELISCHE VERLAGSANSTALT
Leipzig

BONIFATIUS

Bibliografische Information der Deutschen Nationalbibliothek
Die deutsche Nationalbibliothek verzeichnet diese Publikation
in der Deutschen Nationalbibliografie; detaillierte bibliografische
Daten sind im Internet über http://dnb.ddb.de abrufbar.

Gesamtgestaltung: behnelux.de

© 2016 by Bonifatius GmbH Druck · Buch · Verlag Paderborn und
Evangelische Verlagsanstalt GmbH, Leipzig

ISBN 978-3-89710-670-3 (Bonifatius)
ISBN 978-3-374-04555-6 (Evangelische Verlagsanstalt)

Druck und Bindung: Pustet, Regensburg

Inhalt

Hinführung

I. Historisch-biblische Blickwinkel

II. Systematisch-ökumenische Blickwinkel

III. Praktische Blickwinkel

»   Hinführung

» Heilsam herausgefordert – ein Geleitwort

Dr. Gerhard Feige

Bischof von Magdeburg und Vorsitzender der Ökumenekommission der Deutschen Bischofskonferenz

Katholisch im Lande Luthers – d. h. heute vor allem in Sachsen-Anhalt, aber auch in Sachsen und Thüringen – zu sein, war in der Vergangenheit lange Zeit nicht unbedingt angenehm und leicht. Das „Verhältnis der Konfessionen" war – wie man zum Beispiel 1958 in einer Festschrift der katholischen Gemeinde in Wittenberg lesen kann – „noch nicht durch gemeinsam erfahrene Drangsal geläutert, sondern gespannt, bestenfalls kalt, oft genug feindlich". Seit Jahrzehnten aber sind erfreulicherweise gerade in Mitteldeutschland das ökumenische Bewusstsein und die geschwisterliche Verbundenheit zwischen evangelischen und katholischen Christen beträchtlich gewachsen. War es bis zur friedlichen Revolution von 1989 verstärkt der marxistisch-leninistische Druck, der uns zusammenrücken ließ, drängt oder beflügelt uns heute die extreme Entkirchlichung in unserer Region zu größerer Nähe. Programmatisch heißt es dazu in einem Dokument unseres Pastoralen Zukunftsgespräches von 2004: „Im Bistum Magdeburg, gelegen im Ursprungsland der lutherischen Reformation, hat Ökumene eine besondere Bedeutung. In einer Situation, in der christlicher Glaube längst nicht mehr selbstverständlich ist, kommt dem Umgang der Kirchen miteinander sowie ihrem gemeinsamen Auftreten eine besondere Bedeutung für ihre Glaubwürdigkeit zu [...] Nur in einem lebendigen Miteinander werden die Kirchen in ihrem Tun und in ihren Anliegen von den Menschen verstanden und angenommen. Angesichts weit verbreiteter Gleichgültigkeit, von Vorurteilen und Gewohnheiten sind die Christen aufgerufen, in Wort und Tat gemeinsam vom Evangelium Zeugnis zu geben." Das haben wir in der Vergangenheit auf vielfältige Weise versucht. Davon sind wir auch weiterhin überzeugt. Darum hoffen wir auch, dass es evangelischen wie katholischen Christen in ganz Deutschland und darüber hinaus gelingen wird, das 500. Reformationsgedenken im Jahr 2017 als ökumenische Chance zu begreifen und mit ihm konstruktiv, würdig und zukunftsweisend umzugehen.

Einen wichtigen Beitrag dazu will auch diese Publikation leisten. Ich bin sehr dankbar und froh, dass die Herausgeber Herr Dr. Mokry, Herr Dr. Grütz und Herr Nagel im Rahmen des Projekts der KEB Sachsen-Anhalt und der Akademie des Bistums Magdeburg „2017: Neu hinsehen! Ein katholischer Blick auf Luther" sie angeregt haben und unter Beteiligung so vieler namhafter Autoren verwirklichen konnten.

Verständlicherweise haben evangelische und katholische Christen über Jahrhunderte – auch in der Forschung – Martin Luther fast entgegengesetzt beurteilt: verherrlicht oder verteufelt. Bisweilen aber wurde der Reformator selbst im Protestantismus fast vergessen oder verdrängt. Seit Beginn des 20. Jahrhunderts bahnte sich jedoch eine neue Sicht Luthers an. Zunächst vollzog sich dieser Wandel in der evangelischen Forschung. Seine Person und sein Werk wurden jetzt nüchterner bewertet und auch in ihren Grenzen und negativen Auswirkungen bedacht. Zugleich entdeckte man neben seiner biblischen und patristischen Verwurzelung, wie sehr er doch auch mittelalterlichen Traditionen verbunden war, mit geprägt durch innerkatholische Reformbewegungen sowie spätmittelalterliche Mystik und Ordenstheologie. Infolge solcher differenzierterer Sichtweisen kamen bald auch katholische Forscher zu sachlicheren Deutungen des Reformators und seiner Anliegen. Entgegen früherer Polemik setzte sich immer mehr die Erkenntnis durch, dass Luthers ursprüngliche Intention nicht die Spaltung der Kirche gewesen war, sondern deren grundlegende Erneuerung aus ihrem biblischen Ursprung, eine Reform an Haupt und Gliedern. Dabei ist heute unumstritten, dass Luther nicht nur ein geistlicher Mensch war, sondern auch seine Ecken und Kanten hatte und oftmals recht sperrig reagieren konnte. Dennoch liegt die Verantwortung für die damalige tragische Entwicklung bei allen Beteiligten. Die bislang wohl positivste, von lutherischen wie katholischen Theologen einer offiziellen hochrangigen Kommission auf Weltebene 1983 gemeinsam formulierte Würdigung Luthers sieht in ihm einen „Zeugen des Evangeliums, Lehrer im Glauben und Rufer zur geistlichen Erneuerung". Und auch Papst Benedikt XVI. betonte bei seinem Besuch in Erfurt 2011, mit welcher tiefen Leidenschaft Luther sein Leben lang um Gott gerungen hat und dass sein Denken und seine ganze Spiritualität auf Christus ausgerichtet war. Kann er besonders darin nicht aber auch Katholiken theologisch und existentiell herausfordern?

Da ist es fast ein Gebot der Stunde, den Anlass des 500. Reformationsgedenkens zu nutzen, sich dem nicht engstirnig oder gleichgültig zu verschließen, sondern neu darüber nachzudenken, welche Bedeutung auch aus katholischer Sicht für unsere christliche Existenz Luther und der Reformation sowie ihrer Wirkungsgeschichte im gesellschaftlichen Kontext unserer Zeit zukommt. In diesem Sinne wünsche ich allen Leserinnen und Lesern eine anregende, erhellende und ermutigende Lektüre.

2017: Neu hinsehen! Ein katholischer Blick auf Luther – ein Vorwort

Dr. Reinhard Grütz

Direktor der Katholischen Akademie des Bistums Magdeburg

Ludger Nagel

Geschäftsführer der Katholischen Erwachsenenbildung
im Land Sachsen-Anhalt e.V.

Dr. Stephan Mokry

Leiters der Projekts „2017: Neu hinsehen! Ein katholischer Blick auf Luther"

Das Reformationsgedenken 2017 ist ein besonderes Ereignis für die evangelische und die katholische Kirche sowie für Sachsen-Anhalt, dem ‚Ursprungsland' der lutherischen Reformation. Als katholische Bildungsträger in Sachsen-Anhalt sahen und sehen wir uns daher besonders gefordert und motiviert, einen eigenen und bedeutsamen Beitrag zur Gestaltung des Reformationsgedenkens zu entwickeln. Aufgrund unserer spezifischen Situation mit einem Katholiken-Anteil von 3–4 % in Sachsen-Anhalt (bei nominell 80 % Konfessionslosen) sind wir als katholische Christinnen und Christen dabei, ein Verständnis als schöpferische Minderheit zu entwickeln, die sich mit ihrer biblisch fundierten Botschaft in ökumenischem Geist in Gesellschaft und Kultur einbringen will. In diesem Kontext stellt sich uns das Reformationsgedenken als besondere Herausforderung und Einladung zum kreativen Mittun dar. Vor diesem Horizont konnte die KEB im Land Sachsen-Anhalt e.V. und die Katholische Akademie des Bistums Magdeburg das Projekt „2017: Neu hinsehen! Ein katholischer Blick auf Luther" initiieren, es fand dankenswerterweise Förderung durch die Bundesbeauftragte für Kultur und Medien auf Beschluss des Deutschen Bundestags, das Land Sachsen-Anhalt und das Bistum Magdeburg und kooperierte mit der KEB Deutschland, so dass bundesweite Vernetzung und Austausch möglich wurden. Das Projekt ist von der Absicht getragen, auch über den Förderzeitraum 2015/16 hinaus nachhaltig regional wie überregional zu einem neuen Blick auf Luther auch aus katholischer Perspektive zu ermuntern, nachgerade sich auf den Weg zu machen, um die historischen Stätten selbst zu erleben und so Reformationsgeschichte greifbar werden zu lassen. Das Projekt fand ein beachtliches Echo nicht nur binnenkirchlich, sondern ebenso im ökumenischen Bereich.

Zweifellos ist die Reformation ein „Ereignis von weltgeschichtlicher Bedeutung" (Perspektiven für das Reformationsjubiläum 2017. Konzeptionsschrift des Wissenschaftlichen Beirats der Lutherdekade). In ihren vielfältigen Folgen prägt sie zweifelsohne auch unsere Gegenwart und Zukunft in vielen Aspekten. Sie hat zur Ausformung der bis heute bestehenden Konfessionskirchen geführt. Darüber hinaus ist die deutsche Geschichte vom „konfessionelle(n) Gegensatz als Grundtatsache" geprägt (Thomas Nipperdey, Deutsche Geschichte 1866–1918. Bd. 1: Arbeitswelt und Bürgergeist, München 1993, 528).

Die Deutung der durch Luther angestoßenen Reformation aber war und ist vielfältigen Wandlungen unterworfen. Das Auseinanderdriften der Konfessionen verlief anfänglich als ein extrem gewaltbehafteter Prozess. Er ist mit Bertolt Brechts ‚Entfremdungseffekt' verglichen worden, wonach das bisher „Vertraute als etwas Fremdes" erscheint (Diarmaid MacCulloch, Die Reformation 1490–1700, München 2010, 16). Im Streit der Konfessionen sind oftmals Schablonen, Stereotypen und pauschale Feindbilder entwickelt worden. Leidvolle Erfahrungen im Ringen der Konfessionen haben aber gleichwohl zur Suche nach erträglichen Formen des Zusammenlebens und der Wiederannäherung geführt. Dennoch stellt sich weiterhin gegenwärtig die Aufgabe, Klischees und festgelegte Konstruktionen des Anderen zu identifizieren und zu ‚entzaubern'.

Angebote der Erwachsenenbildung – hier auch als Ausdruck pastoralen Handelns einer bestimmten Kirche – können Kenntnisse, Deutungsrahmen und Hilfen zur je eigenen Meinungsbildung

Dr. Reinhard Grütz | Ludger Nagel | Dr. Stephan Mokry

2017. Neu hinsehen! Ein katholischer Blick auf Luther – ein Vorwort   15 durch verschiedene Angebote und Formate vermitteln. Es kann dabei konkret nicht darum gehen, vorschnell Fremdes als Vertrautes zu etikettieren, vielmehr kann sich im Aushalten von Differenz ein eigener Erkenntnisort eröffnen. Der kritische Blick auf Errungenschaften und ‚Nachtseiten' in der Historie der verschiedenen Konfessionen kann Anstoß sein, scheinbar Selbstevidentes und -verständliches zu hinterfragen, so dass Fremdheit und das Erkennen von großen Zusammenhängen miteinander vermittelt werden können (vgl. auch Heinz Schilling, Martin Luther. Rebell in einer Zeit des Umbruchs, München 2012, 15 f.). Diese Bildungsprozesse liefern Bausteine für Verständigung und zielen auf eine gruppenübergreifende und -verbindende Kommunikation.

Als Ausdruck einer nachvollziehbaren ‚Lerngeschichte' im Blick auf die benannte Problemanzeige haben wir als Projektträger die Abfolge der folgenden Begriffe zu Grunde gelegt: „Reformation – Spaltung – Konfrontation – Koexistenz – Kooperation – versöhnte Verschiedenheit".

Konkrete Ziele des Projekts waren die Bildung eines bundesweiten Netzwerkes katholischer Erwachsenenbildungseinrichtungen zum Themenfeld „Luther, die Reformation und ihre Folgen", die Erstellung von Materialien für Angebote der Erwachsenenbildung zum Thema Reformation und Reformationsgedenken, die Konzeptionierung, Organisation und Durchführung von Studienfahrten an die Stätten der Reformation mit den Zielgruppen der Netzwerkpartner im Raum der Katholischen Erwachsenenbildung, die Planung, Organisation und Durchführung der Fachtagung „Die Reformation – ein Bildungsgeschehen?" sowie dieser Band.

Die im Rahmen des Projektes erzielten Ergebnisse lassen uns fest hoffen, dass wir damit einen Beitrag geleistet haben, um zu einer anstehenden „Reinigung des Gedächtnisses" bzw. „Heilung der Erinnerung" im katholisch-evangelischen Verhältnis zu kommen, wie es Bischof Dr. Gerhard Feige in seinen „Katholischen Thesen zum Reformationsgedenken 2017" formuliert hat.

» Luthers Erbe – eine Einleitung

Stephan Mokry

Luthers Erbe – das ist die Summe aus: seinem Wirken inklusive der Mitverantwortung an einer Kirchenspaltung, eingebettet in die historischen Ereignisse der ersten Hälfte des 16. Jahrhunderts, und der Art und Weise, seitdem mit dieser Trennung umzugehen. Dieses Erbe ist folglich auch der katholischen Kirche bis heute aufgegeben. Sie war in entscheidenden Momenten mit an den Geschehnissen beteiligt und ist von den Folgen, konkret: einer protestantischen Konfession als Gegenüber, beeinflusst. Wie es bei einem Erbe so ist, kann man sich unterschiedlich dazu verhalten – aus der Welt schaffen kann man es nicht; eingereiht in die Schar der Erben steht man in einer Beziehung dazu. Die katholische Seite hat dieses Erbe und den Umstand, dass es davon nicht unwesentlich tangiert ist, lange abgelehnt. Sie hat die Existenz dieses Erbes regelrecht bestritten, doch in den letzten knapp hundert Jahren stückweise angenommen.

Vor allem machte man ernst mit dem Erblasser, Martin Luther selbst. Er wurde allmählich in seinem Anliegen entdeckt, die Kirche an Christus und der Wahrheit des Evangeliums auszurichten und sie aus dieser existentiellen Mitte heraus tiefgehend reformieren zu wollen. In der Beschäftigung mit ihm kamen auch seine Wurzeln in der damaligen Frömmigkeit und Theologie deutlich zum Vorschein, er wurde nicht als von Anfang an waghalsiger Revoluzzer erkannt, sondern – fast paradox angesichts der Folgen – eigentlich als Kontinuitätswahrer; berühmt ist das Diktum des für die katholische Lutherforschung bahnbrechenden Kirchenhistorikers Joseph Lortz vor über 70 Jahren, Luther habe einen Katholizismus in sich niedergerungen, der eigentlich nicht katholisch gewesen sei. Trotzdem kam die Spaltung der abendländischen Christenheit, der schwerste, äußerlich besonders wahrnehmbare Erbteil. Sodann damit verwoben, teilweise als Ursachenhintergrund des sich abzeichnenden Spaltungsprozesses, teilweise als deren

Folgen, sind es gewonnene theologische Erkenntnisse, die auf das kirchliche Selbstverständnis beider Seiten Auswirkungen hatten und haben. Im Verbund mit religiösen wie politischen Interessen der weltlichen Obrigkeit wirkten sie mit bei der Bildung einer neuen Kirche und am Ende sogar von konfessionell gebundenen Staaten. Als im 20. Jahrhundert die konfessionelle Vermischung immer stärker wurde und nach dem II. Weltkrieg ab 1945 im Vergleich zur jahrhundertelangen Statik durch die Vertriebenen- und Flüchtlingsströme dramatische Ausmaße annahm, wurde Luthers Erbe aktueller und brisanter denn je. Vor allem durch die zahlreichen konfessionellen Mischehen erfuhr die seit den 1930er und 1940er Jahren im Zuge der Bedrängung durch den Nationalsozialismus sich fruchtbar entwickelnde Ökumene in Deutschland die Probe aufs Exempel – die Begegnung mit der jeweils anderen Konfession kam sozusagen in der Mitte der Nachkriegsgesellschaft an. Ökumene war immer weniger Randphänomen oder Spezialthema einiger Experten, das man im Graubereich des kirchlich Erlaubten (oder sogar manchmal jenseits davon) verhandelt hatte. Das II. Vatikanische Konzil (1962-65) erhielt durch Papst Johannes XXIII. den Dialog mit den getrennten Schwestern und Brüdern – nicht mehr den Häretikern, wie bislang begrifflich gefasst! – folgerichtig als Wesensmerkmal eingepflanzt, nicht zuletzt durch das Sekretariat zur Förderung der Einheit der Christen, das nachkonziliar im gleichnamigen Päpstlichen Rat fortgeführt wurde. Hier, auf kirchenamtlicher Seite im bilateralen Kontakt, wie auch durch bedeutende theologische Arbeitsgruppen, hat man sich um ein Verständnis der jeweiligen konfessionellen Identität und theologischen Überzeugungen bemüht und viele Problemfelder als theologisch lösbar erkannt, sogar in zentralen Fragen wie der Eucharistie oder der Rechtfertigungslehre. Es entstand Vertrauen und Wertschätzung, auch im praktischen Bereich, zumeist unkompliziert an der Basis befördert durch gemeinsame Gebetszeiten, lokale Kirchentage usw.

Eingedenk des bisher in der Ökumene Erreichten, soll es in diesem Sammelband nicht vorrangig um eine kleinteilige Diskussion der einschlägigen Themen gehen. Eine detaillierte, knappe und präzise Bilanz findet sich anlässlich des bevorstehenden 500. Jahrestags von Luthers Thesenveröffentlichung 1517 in der Schrift „Vom Konflikt zur Gemeinschaft. Gemeinsames lutherisch-katholisches Reformationsgedenken im Jahr 2017. Bericht der Lutherisch/Römisch-katholischen Kommission für die Einheit" (Leipzig – Paderborn 2013). Vielmehr geht es darum, im Rahmen des im Vorwort der Herausgeber vorgestellten Projekts „2017: Neu hinsehen! Ein katholischer Blick auf Luther" einen neuen Blick auf Luther und die Folgen seines Auftretens zu wagen, und von hier aus Handlungsoptionen zu skizzieren oder die Erkenntnisse für den ökumenischen Diskurs einzuordnen und fruchtbar zu machen. Dabei ist stets das ökumenische Anliegen als gemeinsamer Horizont ernst zu nehmen. Allein die in den letzten Jahren enorm vorangetriebene Erforschung Luthers und seiner Familie, sei es durch Ausgrabungen in Mansfeld und Wittenberg, sei es durch Biographien namhafter Forscher oder weitere wissenschaftliche Bemühungen im Rahmen der sogenannten Lutherdekade, hat wichtige Nuancierungen und bereichernde Einblicke gebracht. Der Reformator wird mehrheitlich nun auch über die Konfessionsgrenzen hinweg in seinen katholischen Wurzeln gewürdigt, was natürlich die Frage danach schärft, warum damals überhaupt der Konflikt eskalierte – ist man sich am Ende im Verbindenden näher als im Trennenden voneinander geschieden? Daher stehen im ersten Abschnitt des Buches Luther und sein historischer wie theologiegeschichtlicher Horizont im Mittelpunkt: Ist Luther überhaupt losgelöst von den damaligen Reformströmungen zu verstehen? Kam er plötzlich oder doch eher in einem langen Reifungsprozess zu seinen zentralen theologischen Erkenntnissen, die ihn am Ende zum Reformator werden ließen? Wie ist in diesem Zusammenhang sein Verständnis der Bibel generell, aber auch der für seine Rechtfertigungslehre so wichtigen Stelle aus dem Römerbrief im Speziellen zu verstehen? Was lässt sich den aktuellen, tendenziell protestantisch gefärbten Lutherbiographien aus katholischer Sicht entgegnen? Ist das Konzil von Trient tatsächlich als Impuls der Gegenreformation zu sehen, das katholische Identität in Abgrenzung festschrieb und sich allein aufs 16. Jahrhundert beschränkte?

Im zweiten Abschnitt geht es um den mehr systematisch-theologischen Zugriff: Um die Frage, was vor allem mit Blick auf heute und morgen an Katholischem in Luthers Person und Theologie identifiziert werden kann, das weitere Schritte des Aufeinanderzugehens der Konfessionen ermöglicht; sodann geht es angesichts seines *solus Christus* um einen Spezialblick auf Luthers Christologie. Außerdem werden zwei Themen herausgegriffen, die sich damals als besonders spaltend erwiesen: die Fragen nach der Freiheit des Willens und nach dem Papstamt. Luther hielt hinsichtlich der Dinge, die die Rechtfertigung betrafen, den menschlichen Willen für unfrei und hatte in Erasmus von Rotterdam seinen erbitterten Gegner, im Papst sah er bekanntlich sogar den Antichristen schlechthin – wie kann man heute diese mitunter immer noch enorm polarisierenden Themen im aktuellen theologischen wie kirchenpolitischen Diskurs ökumenisch zukunftsfähig aufschließen?

Da, wie eingangs beschrieben, mit der ökumenischen Bewegung nicht nur die inhaltliche Reflexion angezeigt, sondern auch ein durch und durch praktisch orientierter Weg gewiesen ist, stehen im dritten Abschnitt entsprechende Fragen an, die von den Konkretisierungen im christlichen Glaubensleben mit bestimmt sind. So ist es nur logisch nach dem ökumenischen Zukunftspotential der Klöster zu fragen, gerade vor dem Hintergrund, dass das heutige „Lutherland" Sachsen-Anhalt zur Zeit des Reformators zu den klösterreichsten Regionen gehörte und nun – wie andernorts auch – alte Klostergebäude leerstehen und Ruinen Erhaltung fordern. Ist es nicht ein ökumenisches Potential, dass kommunitäres geistliches Leben im Protestantismus Zulauf erfährt, ja sogar mancherorts auf eine jahrhundertelange Tradition zurückblicken kann, obschon Luther den Klöstern buchstäblich den Garaus machte? Von enorm praktischer Relevanz erweisen sich auch die gängigen Bilder von Luther, der Reformation und der ökumenischen Situation. Es ist nachdrücklich festzuhalten, wie sehr diese

Bilder neben dem Geschichtsunterricht vor allem im Religionsunterricht vermittelt und geprägt werden, weshalb eine Analyse von Lehrplänen und Büchern ausgesprochen instruktiv sein kann: Wie sehen beispielsweise die katholischen Lehrpläne und Unterrichtsbücher in den ostdeutschen Bundesländern Mecklenburg-Vorpommern, Sachsen-Anhalt, Sachsen und Thüringen aus? Welche Inhalte und Kompetenzen sollen erworben werden? Sind sie auf dem Stand der Zeit? Diese Fragestellung nach der Vermittlung Luthers und der Reformation erfährt eine Vertiefung auf Ebene der Erwachsenenbildung, da die vielerorts schon fest etablierten – oft ökumenisch getragenen – Fahrten von Gemeinden und Bildungseinrichtungen auf den Spuren Luthers nun zum Reformationsgedenken noch mehr Resonanz finden. Katholikinnen und Katholiken zeigen sich ausgesprochen interessiert daran, die Ursprungsgeschichte ihrer Konfessionsgeschwister, den Anteil ihrer eigenen Kirche an den Ereignissen sowie den Stand heutiger Ökumene besser zu verstehen. Abschließend wandert der Blick auf das Feld der Liturgie und fragt nach den Grenzen und Möglichkeiten gemeinsamen Gottesdienstfeierns, womit das an vielen Orten wohl relevanteste Faktum gemeinsamen ökumenischen Tuns reflektiert wird.

Den Autorinnen und Autoren gilt aufrichtiger Dank, dass sie sich auf das Projekt dieses Sammelbandes eingelassen haben und bereitwillig ihre Mitarbeit zusagten. Durch ihre Kompetenz ist ein facettenreiches Buch entstanden, dessen Texte ausgewählte, zentrale Themen Luthers, der Reformationszeit sowie der Ökumene beleuchten, an Luthers Anliegen *und* die katholische Perspektive rückbinden und versuchen, für den weiteren Weg im interkonfessionellen Dialog Horizonte zu öffnen oder sogar schon vorhandenes „Festland" besser begehbar zu machen. Dank gilt ebenso den Initiatoren des Projekts „2017: Neu hinsehen! Ein katholischer Blick auf Luther", Dr. Reinhard Grütz (Direktor der Katholischen Akademie des Bistums Magdeburg) und Ludger Nagel (Geschäftsführer der Katholischen Erwachsenenbildung im Land Sachsen-Anhalt e.V.), die als Mitherausgeber des Bandes dessen Entstehung wohlwollend, aufmerksam und konstruktiv begleiteten.

Dieser Dank gilt auch dem Bonifatius-Verlag und Herrn Dr. Michael Ernst vom Lektorat. Gedankt sei auch Bischof Dr. Gerhard Feige, der nicht nur aufgrund seines Amtes als Oberhirte direkt in den reformatorischen Stammlanden im Bistum Magdeburg, sondern auch als Vorsitzender der Ökumenekommission der Deutschen Bischofskonferenz das adelnde Geleitwort beisteuerte. Schließlich sei den Förderern des Gesamtprojekts gedankt: der Bundesbeauftragen für Kultur und Medien (Förderung auf Beschluss des Deutschen Bundestags zur Unterstützung der Lutherdekade), dem Land Sachsen-Anhalt und dem Bistum Magdeburg.

Möge das Buch allen Interessierten neue oder inspirierende Einblicke gewähren und das Anliegen der Ökumene nach seinen Möglichkeiten unterstützen – sowie am Ende Lust machen, an die historischen Orte zu fahren, um eine wichtige Verständnisdimension geschichtlichen Lernens zu eröffnen, die auch noch so informative Seiten eines Buches nur erahnen lassen können.

» I. Historisch-biblische Blickwinkel

» Turmerlebnis und Thesenanschlag: Luthers Gedankensystem entsteht. Hintergründe aus Theologie und Frömmigkeit

Klaus Unterburger

Turmerlebnis und Thesenanschlag: In diesen beiden Szenen konnte man lange Zeit den ganzen Luther und die ganze auf ihm aufbauende protestantisch-lutherische Identität verdichtet sehen. Eine große Erkenntnis habe zum theologische Bruch mit der mittelalterlichen Kirche geführt: die Rechtfertigung des Sünders allein aus Gnade, im Glauben und ohne menschliche Werke. Eine mannhafte Tat, das Anschlagen der 95 Ablassthesen an die Tür der Wittenberger Schlosskirche, habe die Reformation ausgelöst und öffentlich gemacht, und so Ketzerprozess, Abkehr vom Papsttum und protestantische Kirchenbildung initiiert. Im 19. Jahrhundert wurde der Thesenanschlag erinnerungsgeschichtlich immer zentraler; es lässt sich zeigen, wie er immer häufiger von den Künstlern behandelt wurde. Luthers Tat wurde heroisiert, in einer weit verbreiteten Illustration des Erlangers Gustav König (1808–1869) ist es Luther selbst, der mit dem Hammer in der Hand die Thesen anschlägt und so am 31. Oktober 1517 in die Öffentlichkeit tritt. Es ist eine Tat der protestantischen und nationalen Befreiung gegen die Truggebilde des mittelalterlichen Papsttums, der Welschen, der Romanen.[1]

Doch erkannten protestantische Theologen und Historiker schließlich selbst, dass die Tendenz, Luther für die nationale und liberale Sache in Anspruch zu nehmen, dessen zentralen Intentionen nicht wirklich gerecht wurde. Es war vor allem Karl Holl (1866–1926), der im Kontext des Jubiläums von 1917 eine theologische Lutherrenaissance auslöste.

Die originäre Rechtfertigungslehre Luthers sollte als Grundlage betont werden, aus der sich sein Wirken und seine Theologie dann entfalteten. Luther habe den moralischen Imperativ in seiner ganzen Reinheit gegen alle mittelalterliche Lohnmoral erkannt, die glaubte, gute Werke könnten mit egoistisch-selbstbezüglichen Motiven zusammen bestehen: Erst so konnte Luther Paulus neu entdecken, konnte dem Menschen bewusst werden, dass er vor Gottes heiligem Gesetz nicht bestehen könne, sondern den Freispruch in Christus aus reiner Gnade bedürfe. Aus dieser Grundeinsicht – die Luther bei der Auslegung des Römerbriefs aufgegangen sei – lasse sich sein weiteres Denken und Tun – natürlich auch der Thesenanschlag – wie aus einem Einheitspunkt entfalten, die Reformation sei also in ihrem Kern ein originär theologisches, in der Bibel begründetes Ereignis gewesen.[2]

Entmythologisierungen

Beide Symbolereignisse sind in den letzten Jahrzehnten aber Gegenstand einer massiven Entmythologisierung gewesen; ihre Historizität ist fraglich geworden. 1961 hatte der Münsteraner katholische Kirchenhistoriker Erwin Iserloh (1915–1996), nach Vorarbeiten von Hans Volz (1904–1978), eine erregte Debatte ausgelöst, indem er nachzuweisen suchte, dass Luther die Thesen gar nicht angeschlagen habe.[3] Schließlich erwähnt der Reformator selbst dieses Faktum nie; eine Disputation hatte in Wittenberg hierüber auch nicht stattgefunden. Am 31. Oktober 1517 hatte Luther die Thesen an den Erzbischof von Mainz und Magdeburg sowie an den Bischof von Brandenburg geschickt; das Widmungsschreiben an Papst Leo X. aus dem Jahr 1518 spricht davon, dass er die Bischöfe zunächst privatim ermahnt habe. Erwähnt worden sei ein Thesenanschlag erst 1546, nach Luthers Tod, von Philipp Melanchthon (1497–1560), der aber erst 1518 nach Wittenberg gekommen sei. Diese Deutung Iserlohs hat eine lebhafte Debatte ausgelöst. Man hat dagegen vor allem eingewandt, dass in Wittenberg damals

Klaus Unterburger

Turmerlebnis und Thesenanschlag: Luthers Gedankensystem entsteht.
Hintergründe aus Theologie und Frömmigkeit

27

Thesen durchaus gedruckt und an Kirchentüren angeschlagen wurden. Man entdeckte, dass schon in den 1540er Jahren sein Adlatus Georg Rörer (1492–1557) von einem Thesenanschlag Luthers an den Kirchentüren in Wittenberg sprach; gerade seit dem 31. Oktober 1517 hat Luther auch seinen Namen mit „th" anstatt mit „d" geschrieben, was er auf das griechische Wort für frei, *eleutheros*, zurückführte. Vielleicht gab es also doch einen Thesenanschlag[4]; dagegen spricht freilich, dass sowohl Rörer wie Melanchthon in großem zeitlichen Abstand die Dinge vielleicht rekonstruiert haben, so wie die Statuten und ihre damaligen Plausibiliätserwägungen es nahelegten.[5] Es bleibt vorerst bei einem Patt.

Doch auch das ‚Turmerlebnis' Luthers hat in den letzten Jahren eine gewisse Entmythologisierung erfahren. Luther hatte 1545 im sog. Großen Selbstzeugnis auf dieses ‚Erlebnis' zurückgeblickt, das seit langem im Mittelpunkt der meisten Lutherdeutungen steht. Im Zentrum der Debatte stand die Datierung seiner reformatorischen Einsicht im Turm des Wittenberger Augustinerklosters, denn die seit dem späten 19. Jahrhundert aufgefundenen Vorlesungsmanuskripte seit dem Jahr 1513 spiegeln einen solchen radikalen Bruch nicht. Zudem ist zu bedenken, dass Luther bereits vorher mehrfach auf die lebensgeschichtliche Wende zu sprechen gekommen ist: Vor dieser habe er die Eigengerechtigkeit gesucht, danach auf die Gerechtigkeit Christi vertraut. Volker Leppin hat dann schließlich Gründe angeführt, weshalb die Schilderung vielleicht eher als literarisch-theologisches Konstrukt, und nicht als autobiographischer Bericht zu werten ist.[6] Das Hauptproblem bleibt: Soweit wir Einblick in Luthers Gedankenentwicklung haben, sobald also zusammenhängende schriftliche Zeugnisse von ihm vorliegen, gibt es zwar eine Weiterentwicklung seiner Theologie, aber keinen radikalen Bruch. Vielmehr erfolgte die Entwicklung in einer grundsätzlichen Kontinuität, die auch darin besteht, dass Luther von Beginn an antithetisch, gegen die zeitgenössische Theologie argumentierte, die meinte, dass der Mensch durch gute Taten gut werden könne. Diesem Optimismus setzte er entgegen, dass der Mensch erst gut sein müsse, um wirklich Gutes tun zu können, was ihm aus der eigenen Selbstbezüglichkeit heraus niemals gelingen könne[7]: Gerecht kann der Mensch deshalb nur durch eine fremde Gerechtigkeit werden, diejenige Christi.

Letztlich muss es also offen bleiben, ob es in historischer Hinsicht einen Thesenanschlag und ein Turmerlebnis gegeben hat. Wirklich entscheidend ist dies nicht, entscheidend wurden die Theologie Luthers und der durch seine Thesen ausgelöste öffentliche Streit um den Ablass. Hier liegt freilich auch das komplexere und wichtigere Problem: In welchem Verhältnis stehen Theologie und öffentliche Kritik, Rechtfertigungslehre und Reformation der Kirche zueinander?

Rechtfertigungslehre und konfessioneller Konflikt

Von welchem Standpunkt aus hat Luther seine Ablasskritik formuliert? War er bereits zu seiner reformatorischen Einsicht gekommen, die nun ihre Konsequenzen nach sich zog? Karl Holl und viele seiner Schüler haben dies so gesehen. Luthers Rechtfertigungslehre habe Konsequenzen gehabt für seinen Kirchenbegriff: Die Kirche ist unsichtbar, da sie die Gemeinschaft der an das Evangelium Glaubenden ist. Anfangs habe er nur gewisse Schäden des kirchlichen Lebens seiner Zeit von hier aus kritisch beurteilt; 1517 stieß er sich an der Ablasspraxis. Hinter seinen Thesen stand aber bereits seine Rechtfertigungslehre und sein neuer Kirchenbegriff: Allein das Gnadenwort sei der Gnadenschatz der Kirche.[8] Alle Glieder der unsichtbaren Kirche hätten deren geistige Güter schon; es bedürfe nicht noch einer Vermittlung von außen, durch die Hierarchie. Vor allem aber habe diese die Sündenvergebung nur auszusprechen, zu deklarieren; das geistliche Amt besteht nicht in richterlicher Jurisdiktion, die erst selbst noch einmal entscheidet, wer von seinen Sünden losgesprochen wird.[9] Allmählich sei Luther nun im sich zuspitzenden Streit grundsätzlicher dazu übergegangen, auch den Anspruch der Hierarchie und des Papsttums und das Verhältnis

Klaus Unterburger

Turmerlebnis und Thesenanschlag: Luthers Gedankensystem entsteht.
Hintergründe aus Theologie und Frömmigkeit

29

von unsichtbarer und sichtbarer Kirche zu überprüfen. Jetzt erst kam es zu einer umfassenden Reformation der Kirchenverfassung.

Was Holl als allmähliches Bewusstwerden der Konsequenzen aus einer originären Entscheidung auffasste, konnte aber auch als misslich empfunden werden. Im 20. Jahrhundert wurde allmählich auch die katholische Reformationsforschung von einer gewissen ökumenischen Offenheit erfasst. Was inakzeptabel erschien, war Luthers Kampf gegen das Papsttum und die alte katholische Kirche; das sei Subjektivismus gewesen und stehe letztlich am Anfang einer neuzeitlichen Emanzipationsbewegung, in der der Mensch immer weniger die objektive Autorität der Kirche anerkannt habe. Dennoch habe Luther eben auch echt religiöse, richtige Intuitionen gehabt. Der junge Luther wurde von katholischer Seite entdeckt.[10] Was Sensibilität und Offenheit für ein religiöses Anliegen war, konnte dabei aber auch etwas Vereinnahmendes haben. Wenn Luther tatsächlich früh, vor der Auslegung des Römerbriefs, seine ‚reformatorische Einsicht' bereits hatte, dann scheint der Bruch mit der Kirche daraus jedenfalls nicht als unmittelbare Notwendigkeit zu folgen. Über Jahre hatte Luther schon seine Einsicht in die paulinische Rechtfertigungslehre gehabt, ohne doch die Notwendigkeit zu sehen, mit Kirche, Papsttum und Mönchsstand irgendwie brechen zu müssen.[11] Es musste also dazu noch ein weiterer, nicht in der Rechtfertigungslehre selbst liegender Grund hinzu treten: erst hier konnten die katholischen Forscher nicht mehr mitgehen. An dieser Stelle sei Luthers Subjektivismus ins Spiel gekommen[12]. Paul Hacker (1913–1979) meinte ihn etwa in Luthers Lehre von der Heilsgewissheit, mit der Luther durch eine subjektivistische Befangenheit im eigenen Ich seine bisherigen Erkenntnisse verdorben habe, zu entdecken.[13]

Tatsächlich haben seither immer mehr evangelische Forscher den Ausgangspunkt der Argumentation Holls hinterfragt, die Reihenfolge zwischen reformatorischer Einsicht und Ablasskritik also umgedreht.[14] Der junge Luther habe noch 1517 eine letztlich vorreformatorische, katholische Theologie vertreten. Erst im Jahr 1518 habe er seine theologische

Einsicht in das Wesen der Rechtfertigung des Menschen gewonnen; diese Erkenntnis habe aber sofort ekklesiologische Konsequenzen gehabt, das Wesen der Rechtfertigung schließe die alte Papstkirche als heilsvermittelnde Anstalt aus, eine originär lutherische Rechtfertigungslehre ohne ekklesiologische Konsequenzen könne es nicht geben. Die Folge dieser Meinung ist dann aber, dass Luther von einem vorreformatorischen Standpunkt aus den Ablass kritisiert hat. Die Ablassthesen wären noch Ausdruck einer katholischen Theologie, die noch nicht durch seine Rechtfertigungslehre geprägt worden sei. Erst bei der nachfolgenden Begründung seiner Thesen, dem neuen Durchdenken des Wesens der christlichen Buße, sei Luther zu seiner alles umstürzenden Erkenntnis gekommen.[15] Nach Oswald Bayer ist Luther im Jahre 1518 aufgegangen, dass die Sündenvergebungsverheißung des Evangeliums (promissio), die bei Taufe und Abendmahl gesprochen wird, nicht die Deklaration eines durch die Reue, das Werk des Sünders, bereits unabhängig davon vorhandenen Dinges, sondern eine Sprechhandlung ist, die selbst schon die Sache ist. Es handelt sich um einen performativen Akt, der nicht etwas anderes bezeichnet, sondern selbst die Sündenvergebung bewirkt: In der gläubigen Annahme dieser Sündenvergebungsverheißung geschieht Rechtfertigung, hierin besteht das Reformatorische. Dies hat aus sich heraus ekklesiologische Konsequenzen: Kirche ist nur da, wo diese promissio gepredigt wird: Dieser Sakramentsbegriff und diese Unmittelbarkeit eines jeden Christen zum Heil musste ipso facto die mittelalterliche Kirchenverfassung sprengen.[16] Die Ablassthesen hingegen seien noch von einem anderen Begriff der Buße ausgegangen. Nicht die reformatorische Erkenntnis habe den Ablassstreit hervorgebracht, sondern der Streit um den Ablass sei für Luther Anlass jenes Nachdenkens geworden, das durch die reformatorische Erkenntnis gekrönt worden sei.

Es ist hier nicht der Ort, um ausführlich zeigen zu können, dass die Spätdatierungsthese von Luthers ‚reformatorischer Einsicht' historisch gesehen auf erhebliche Schwierigkeiten stößt.[17] Alle Versuche, diese auf das Jahr 1518 festzulegen, müssen das Wesen von Luthers

Klaus Unterburger

Turmerlebnis und Thesenanschlag: Luthers Gedankensystem entsteht.
Hintergründe aus Theologie und Frömmigkeit

31

Erkenntnis in etwas anderem sehen, als er selbst es in seinen Rückblicken getan hat. Er hat relativ konstant schon lange vor dem sog. Großen Selbstzeugnis immer von der Erkenntnis gesprochen, dass der Mensch durch die Gerechtigkeit Gottes, die im Evangelium geoffenbart werde, gerecht gemacht werde und hat dies immer wieder mit Ps 31,2 und Röm 1,16 f. verbunden. Hätte die Spätdatierungsthese recht, müsste sich Luther entschieden gegen seine alte, vorherige Position wenden: das ist freilich nirgends der Fall. Er führte diese fort, Elemente seiner frühen Theologie vertrat er auch später noch. Kontinuität herrscht zudem auch darin, dass er durchgehend die eigene Position der Gerechtmachung durch Gott gegen Haltungen und Theologien stellt, die glauben, der Mensch könne durch seine eigenen guten Taten ein gerechter werden. Was Luther als biographische Antithese behauptet, war längst schon die antithetische Grundstruktur seiner Theologie, sowohl in der Auslegung der Psalmen wie in der Auslegung des Römerbriefs.

Von welcher Position aus kritisiert aber Luther tatsächlich die Ablassverkündigung? Hinter den 95 Thesen[18] steht eine Theologie der christlichen Buße, die das ganze Leben eines Christen bestimmen müsse, so bereits die berühmte erste These. Buße wird verstanden als „Haß gegen sich" (These 4), also ein Misstrauen gegen sich, ein Bewusstsein, Sünder zu sein und dafür nicht Genugtuung leisten zu können, da jede neue Tat des Menschen wieder aus derselben sündhaften Selbstbezüglichkeit hervorgehen würde. Die Buße ist somit der Vollzug der Glaubenserkenntnis, dass nur Gott mich gerecht machen kann und nicht ich mich selbst. Sie kann und soll deshalb nicht aus dem Leben des Christen weggenommen oder erleichtert werden, denn sie ist ein zentraler Aspekt der Verkündigung des Evangeliums. Eine große Zahl der Thesen argumentiert nun dagegen, dass der Papst die christliche Buße verkürzen oder aufheben könne – dies kann er bei den von ihm oder anderen Geistlichen auferlegten kirchlichen Strafen tun. Ja, es wäre auch kein gutes Werk, da er den Christen von Christus abzöge und ein falsches Vertrauen in die eigenen, angeblich gerechten Werke einflößen würde.

In der traditionellen Ablasspraxis lebte das archaische Äquivalenz-denken in Bezug auf die Buße weiter, wie sie seit dem Frühmittelalter die kirchliche Praxis dominierte.[19] Die Sünde störte als Tat die objektive Ordnung und musste durch eine andere Tat ausgeglichen werden, in der Regel durch die des Sünders selbst, etwa durch eine verdienstliche Bußwallfahrt. Die wiedergutmachende Handlung konnte aber ersatzweise auch durch einen anderen Büßenden ersetzt werden, etwa durch einen Mönch. Seit dem Hochmittelalter sollte dieses Äquivalenz- und Tarifdenken zwar stärker der kirchlichen Kontrolle in der Beichte unterworfen und so von der vorherigen Lossprechung durch den Priester abhängig gemacht werden. In der Wiedergut-machung und in der Ablassverkündigung lebte das Äquivalenzdenken freilich fort. Hinter dem traditionellen Verständnis des Ablasses und hinter Luthers Kritik daran stand also ein klar differentes Verständnis dessen, was christliche Buße ist und was sie zu leisten vermag. Darin spiegeln sich unterschiedliche religionsgeschichtliche Epochen und Mentalitäten, aber auch eine distinkte Anthropologie. Die Logik der Äquivalenz, des Tun-Ergehens-Zusammenhangs und der Störung der objektiven Ordnung, die der Mensch durch ein Werk der Übererfüllung wieder zum Ausgleich bringen könnte, war für Luther längst zerbrochen. Der Mensch in der Sünde war für ihn immer selbstbezüglich, egozentrisch. Ein Werk der Übergebühr konnte er, der Gott aus ganzem Herzen lieben sollte und seinen Nächsten wie sich selbst, niemals setzen, ja das Gesetz aus eigenen Kräften niemals erfüllen, da er unter der Sünde Adams stand. Er musste lernen, auf die Gerechtigkeit Christi zu vertrauen, die dieser ihm im Evangelium gratis schenkte und die der Mensch im Vertrauensglauben annimmt. Vertraut man aber auf Christus und seine Gerechtigkeit, dann gerade nicht auf sich, man erkennt die eigene Unfähigkeit zum Heil. Dies ist jener Haß gegen sich, jene Buße, die die ganze Existenz des Gerechtfertigten prägt und die ihm niemand abnehmen soll und kann, da sie die Konsequenz des Glaubens an Christus ist. Durch die Buße wird der Christ christusförmig, trägt das Kreuz, wie es sein Herr vor ihm getragen hat.[20]

Das christliche Leben als Existenz der Buße, der Demut, wie es in den frühen Vorlesungen Luthers auch heißt: Handelt es sich hier um eine vorreformatorische Position? Schließlich ist hier ja immer noch von der Buße des Menschen die Rede, die notwendig sei, und nicht von der Gewissheit des Heils, die das Gnadenwort des Evangeliums vermittelt. Das erwähnte Selbstzeugnis Luthers spricht ja vom Frieden und der Freude über die Gerechtigkeit Christi, nicht von der eigenen Buße.[21] Hier ist von entscheidender Bedeutung, wie man das Widmungsschreiben Luthers an seinen geistlichen Freund und Lehrer Johann Staupitz (ca. 1465–1524) interpretiert, mit dem Luther am 30. Mai 1518 diesem die *Resolutiones*, also Erklärungen, zu seinen Ablassthesen zugesandt hat[22]: Es scheint sich um dasselbe Erlebnis zu handeln, das Luther auch im Großen Selbstzeugnis beschreibt, da ihm darin eine Erkenntnis nicht nur süß geworden ist, sondern die Pforte zum Paradies. Er habe Paulus entdeckt. Doch handelt Luther hier nicht von der Erkenntnis dessen, was Gerechtigkeit Gottes heißt, sondern was wahre Buße, *vera contritio*, bedeutet. Wahre Buße geschehe nicht so, dass der Mensch mit guten Taten seine Schuld auszugleichen suche und so selber ein guter Mensch werde: Erst müsse der Mensch von Gott die wahre Buße, die Liebesreue (*contritio*) geschenkt bekommen; dann seien auch unsere Bußwerke gut. Entscheidend ist: Wahre Buße ist eine Folge der Gnade. Buße, als wahre Buße, ist die Kehrseite der Gerechtigkeit Christi, die im Evangelium dem sündigen Menschen zugesprochen wird. Buße prägt also auch nach der Erkenntnis der Gerechtigkeit Christi durch Luther die Existenz des Christen. Von einer vorreformatorischen Bußauffassung kann keine Rede sein. Die Erkenntnis der Gerechtigkeit Christi und die Erkenntnis, was wahre Buße bedeutet, sind für Luther zwei Seiten einer Medaille. Und diese Erkenntnis hat er längst vor den Ablassthesen gehabt: Bereits am 8. April 1516 schreibt er von jener Zentraleinsicht der Existenz eines Christen an seinen Ordensbruder Georg Spenlein (1486–1563): Entscheidend sei das Vertrauen auf die Gerechtigkeit Christi anstatt auf die eigene Gerechtigkeit. Die *iustitia Dei* (Gerechtigkeit Gottes) bedeute, dass uns *effusissime et gratis* (völlig umsonst) geschenkt sei, was wir durch eigene Werke vergeblich zu erreichen suchen. Auch er – Luther – selbst sei in diesem Irrtum gefangen gewesen, nun aber kämpfe er gegen diesen an, ohne ihn schon in sich besiegt zu haben. Der Mensch ist *iustus* (Gerechtfertigter) und bleibt *peccator* (Sünder).[23] Als Luther die Ablassthesen formulierte, standen die Fundamente seiner Theologie also längst fest. Diese Theologie hat sich weiterentwickelt. Die grundsätzliche Antithese Luthers war aber längst ausgebildet und blieb stets für ihn bestimmend. Was Luther als Bruch mit sich selbst darstellt, ist ein Bruch mit der Theologie seiner Zeit, der er eine Überschätzung der Fähigkeiten und damit der Gutheit des Menschen attestierte, die ihm von Schuld- und Gnadenspruch des Evangeliums ablenke. Als revolutionär sah er also letztlich den Bruch mit dem anthropologischen Heilsoptimismus seiner Gegenwart an, der durch die scholastische, von Aristoteles geprägte Theologie noch bestätigt würde und den die kirchliche Ablassverkündigung befördere. Evolutionär hingegen war seine eigene theologische Entwicklung: Neue Themen wurden wichtiger, andere Akzente gesetzt; aber es erfolgte eine kontinuierliche, affirmative Weiterentwicklung des Vorherigen, kein Bruch mit der eigenen, vorherigen theologischen Position.

Spätmittelalterliche Traditionen in Luthers Theologie

Hat sich Luthers Theologie aber kontinuierlich und langsam entwickelt, in durchgehender Antithese zu theologischen Positionen, die dem Menschen ein falsches Vertrauen auf sich und die eigenen Werke nahe legen und damit vom Vertrauen auf das Gnadenwort Gottes in Christus abziehen, so stellt sich die Frage, wie diese Theologie im Spektrum jener Positionen zu verorten ist, die im Spätmittelalter vertreten wurden. Luthers Verhältnis zu katholischen Traditionssträngen, die auf ihn gewirkt haben, steht also in Frage. Die Beschäftigung mit Luther war dabei lange Zeit von konfessionellen Interessen bestimmt: Als sich allmählich feste, konkurrierende und voneinander abgegrenz-

Klaus Unterburger

Turmerlebnis und Thesenanschlag: Luthers Gedankensystem entsteht. Hintergründe aus Theologie und Frömmigkeit

35

te Konfessionen ausbildeten, hatten beide Seiten ein Interesse, den Bruch Luthers mit der katholischen Kirche des Spätmittelalters zu betonen.[24] Auf der Seite der Protestanten sah man in Luther den Reformator, der die Kirche aus einer tiefen Schriftvergessenheit gerissen und so aus Niedergang und Verfall befreit habe. Mit Luther breche eine neue Zeit an, er sei der Begründer von Neuzeit und Moderne. Dies konnte man weiterentwickeln, während die Katholiken im finsteren Mittelalter verhaftet geblieben sind. Katholischerseits wollte man zwar durchaus auch die eigene Kontinuität zur mittelalterlichen Kirche bekräftigen, aber zeigen, dass Luther mit seinen Neuerungen im Unrecht gewesen sei. Auch hier begründete Luther die Neuzeit, die aber nun als Abfall und subjektive Auflehnung gegen die kirchliche Autorität verstanden wurde, die aus sich immer neue Subjektivismen, Irrtümern und Spaltungen gebären musste.

Die Forschung der letzten Jahrzehnte hat hiergegen nicht nur ein viel differenzierteres und religiös gefüllteres Bild des Spätmittelalters gezeichnet[25], sondern auf dieser Grundlage auch herausarbeiten können, wie sehr Luther selbst in spätmittelalterlichen Traditionssträngen dachte und lebte. Das heißt dabei nicht, die Eigenständigkeit und Einmaligkeit Luthers und seiner Theologie zu negieren. Aber es hilft doch den Verständnishorizont exakter zu bestimmen, aus dem und vor dem sich Luthers Denken entwickelt hat. Es hilft auch, konfessionelle Annahmen, die lange den Blick auf ihn geprägt haben, zu hinterfragen. Drei spätmittelalterliche Traditionslinien sind zum Verständnis der Genese seiner Theologie dabei von besonderer Bedeutung, (a) eine Augustinusrenaissance, (b) eine geistliche Frömmigkeits- und Erfahrungstheologie („Mystik") und (c) kanonistisch-kirchenrechtliche Traditionen, auf die er sich dann im Streit mit seinen Gegnern um den Ablass bezog.

a) Im Spätmittelalter gab es schon vor Luther Theologen, die sich auf den Lehrer der Gnade, Augustinus, beriefen und der zeitgenössischen Theologie vorwarfen, sie überschätze die Gutheit und Leistungskraft des Menschen und schmälere die Gnade Christi als einzige Möglichkeit zum Heil. Der prominenteste Vertreter dieser

Sichtweise war Gregor von Rimini (ca. 1300–1358), wie Luther ein Augustinereremit, der in Paris lehrte.[26] Versuche aber, eine eindeutige Schultradition von ihm her bis zu Luther in seinem Orden zu konstruieren, sind auf erhebliche Schwierigkeiten gestoßen. Dafür hat man aber festgestellt, dass in der Streitfrage der Orden untereinander, welches die älteste und beste Lebensform sei, Luthers Orden eine immer intensivere Beschäftigung mit Augustinus als spirituellem Vorbild auszeichnete.[27] Von ihm leitete sich der Orden ab, er war der vorbildliche Christ, an dem die Gnade Gottes das Wunder der Bekehrung gewirkt hat. Luther war also von Anfang an mit Augustinus vertraut. Der Mensch könne nicht einfach dem Beispiel Christi *(exemplum)* nachfolgen, da er selbstbezüglicher Sünder bleibe; erst müsse er von der Gnade Christi erfasst werden *(sacramentum)*. Die Tugenden der Heiden ohne Christus sind nichts als glänzende Laster. Wie der spätmittelalterliche Augustinismus denkt Luther deshalb in jener Opposition, nach der der wahrhaft Fromme die eigene Unwürdigkeit erkennt und auf die Gerechtigkeit Christi vertraut, während der Frevler hochmütig selber gerecht sein will.[28]

b) Diese augustinische Tradition ist Luther in seinem Orden auch durch seinen väterlichen Freund und Lehrer Johann Staupitz vermittelt worden, der bereits vorher das Gegensatzpaar von demütigem Empfang der Gnade Christi und pharisäischer Eigengerechtigkeit geprägt hat. Staupitz ist als Theologe ein typischer Vertreter jener Richtung, die die Forschung Frömmigkeitstheologie genannt hat, da sie aus der geistlichen Erfahrung erwachsen ist und zur geistlichen Erfahrung anleiten möchte.[29] Sie ist also auf den praktischen Lebensvollzug ausgerichtet. Im Spätmittelalter erfasste eine intensivierte und verinnerlichte Christusfrömmigkeit, die affektiv an Geburt, Leiden, Sterben und Auferstehen Christi Anteil haben wollte, breitere Kreise auch über die Klöster hinaus. Der erfahrbaren Liebesgemeinschaft mit Christus sollten erbauliche Schriften dienen. Man kann dies auch ‚Mystik‘ nennen, wenn man einen weiten Begriff der Mystik im Sinn von geistlicher Erfahrung verwendet.[30] Luther war in dem Sinn kein Mystiker, der von einer inneren, überrationalen Einheit des menschlichen Intellekts mit Gott ausgeht, die es aufzudecken und wiederherzustellen gelte. Auch lehrte Luther keine Verschmelzung mit Christus – der Mensch wird im Glauben gerade durch die Gerechtigkeit Christi gerecht, die eine andere, fremde, nicht die eigene Gerechtigkeit ist. Dennoch wird die Einheit mit Christus im Glauben mit einer mystischen Terminologie als *commercium sacrum*, als fröhlicher Tausch der Eigenschaften zwischen Seele und Christus und als eheähnliche Einigung beschrieben; vieles davon konnte er bereits bei den Vätern, vor allem Augustinus finden. Dennoch wirkten die Einflüsse einer praktischen Erfahrungstheologie hier verstärkend. Die Sprache des Alltäglichen, nach der unsere Seelensubstanz gleich bleiben und nur neue Eigenschaften äußerlich dazu bekommen würde, wird bewusst verlassen. Die Erkenntnis des Gnadenworts Gottes über uns in Christus hat durchaus eine affektive Dimension für Luther; die Freude darüber war ihm so groß, als seien ihm die Pforten des Paradieses aufgetan worden. So wurde für Luther 1515 die Entdeckung der Mystik Johann Taulers (ca. 1300–1361) wichtig, die er als Bestätigung seiner Theologie las, dazu der *Theologia deutsch*, die er edierte und die er ebenfalls Tauler zuschrieb.[31]

c) Bestimmten die augustinische und frömmigkeitstheologische Position Luthers Grundanliegen, so erarbeitete er sich, als Gegner ihn der Ketzerei und Neuerung und des Ungehorsams gegenüber dem Papst beschuldigten, auch eine kirchenrechtlich-theologische Sicht der Kirche, die ebenfalls mittelalterliche katholische Traditionsströme aufgriff. So sehr der Papst und die ordentlichen Instanzen in Rechtsfragen Gehorsam beanspruchen können, so rechnete das traditionelle Kirchenrecht doch mit einer prinzipiellen Irrtumsfähigkeit eines Papstes oder auch eines Konzils. Wo der Glauben in Gefahr war, durfte und musste widersprochen werden. Gegen einen irrenden Papst konnte man auf ein Konzil hoffen, doch auch jeder weltliche Herrscher hatte das Recht, Widerstand zu leisten.[32] Zwar gab es gegenüber dem spätmittelalterlichem Konziliarismus und den hussitischen Unruhen in Böhmen die Tendenz, dass die Theologen und Kanonisten in der Zeit Luthers und in den Jahrzehnten vor ihm dieses traditionelle Notstandsrecht gegen päpstliche Fehlentscheidungen einschränken wollten. Gerade Kardinal Cajetan, der Luther 1518 in Augsburg verhörte, ist hierfür ein Beispiel. Dennoch ist gerade deshalb zu konstatieren, dass Luthers Standpunkt und seine Auffassung von der Kirche und dem Papstamt ebenso eine katholische Tradition widerspiegelt, wie diejenige Cajetans.[33] Ja, Luther vertrat, auch in seiner Lehre von der Kirche, zunächst stark von Augustinus und seiner christologischen und ekklesiologischen Psalmenauslegung beeinflusst, die ältere, traditionellere Position, während seine Gegner sich vielfach eher auf die jüngere Gegenposition stützten und diese noch verschärften.[34]

Fazit

Augustinische Sünden- und Gnadenlehre, mystischer Christusbezug im Glauben und traditionelles kirchliches Notstandsrecht – dies sind die drei wesentlichsten Traditionsströmungen, in denen der junge Luther stand. Sie prägten seine Ablassthesen und gingen in seine reformatorische Erkenntnis ein. Sich selbst stellte er als Bekehrten dar, der durch die Erkenntnis von Röm 1,16 f. erst mit seiner alten Ausrichtung brechen musste. In den nachgelassenen Schriften Luthers ist ein solcher Bruch mit sich freilich nirgends offenkundig. Vielmehr sind die entscheidenden Positionen und Gegenpositionen von Beginn an da und entwickeln sich dann allmählich weiter. Seine Gnaden- und Bußlehre stand nicht nur hinter den Ablassthesen, sondern auch schon hinter seinen frühen Vorlesungen. Luthers Theologie erwächst so aus Strömungen, die in der Kirche des Spätmittelalters ihre Heimat hatten, auch wenn es natürlich konkurrierende Gegenströmungen gab. Dass Luther päpstlicherseits dann verurteilt und exkommuniziert

Klaus Unterburger

Turmerlebnis und Thesenanschlag: Luthers Gedankensystem entsteht. Hintergründe aus Theologie und Frömmigkeit

39

wurde, ist bestimmt auch durch Zuspitzungen und Radikalisierungen auf Seiten Luthers bedingt; sicherlich noch mehr aber durch Verschärfungen und Neuerungen, die seine Gegner vertraten, die das päpstliche Urteil letztlich forcierten und vorbereiteten. Über Jahrzehnte hinweg wollte eine nicht unerhebliche Mittelpartei sich zudem mit einer konfessionellen Spaltung nicht abfinden: Anders als es die Scharfmacher in beiden Lagern sahen, gab es keinen wirklichen Gegensatz im Glauben, sondern unterschiedliche Schulrichtungen konkurrierten in dessen Auslegung. Diese Mittelpartei hat sich langfristig dann nicht durchgesetzt; die ökumenische Bewegung der letzten Jahrzehnte wirft jedoch die Frage auf, ob deren Diagnose nicht tiefblickender war, als die Urteile der frühen Konfessionalisten.

Anmerkungen

1 Henrike Holsing, Luthers Thesenanschlag im Bild, in: Joachim Ott/Martin Treu (Hg.), Luthers Thesenanschlag – Faktum oder Fiktion (Schriften der Stiftung Luthergedenkstätten in Sachsen-Anhalt 9), Leipzig 2008, 141–172.

2 Johannes Wallmann, Karl Holl und seine Schule, in: Tübinger Theologie im 20. Jahrhundert (ZThK. Beiheft 4), Tübingen 1978; Heinrich Assel, Der andere Aufbruch. Die Luther-Renaissance – Ursprünge, Aporien und Wege: Karl Holl, Emanuel Hirsch, Rudolf Hermann (1910–1935) (Forschungen zur systematischen und ökumenischen Theologie 72), Göttingen 1994; Martin Ohst, Die Lutherdeutung Karl Holls und seiner Schüler Emanuel Hirsch und Erich Vogelsang vor dem Hintergrund der Lutherdeutung Albrecht Ritschls, in: Rainer Vinke / Gerhard May (Hg.), Lutherforschung im 20. Jahrhundert (Veröffentlichungen des Instituts für Europäische Geschichte. Beiheft 62), Mainz 2004, 19–50.

3 Uwe Wolff, Iserloh. Der Thesenanschlag fand nicht statt (Studia Oecumenica Friburgensia 61), Basel 2013.

4 Bernd Möller, Thesenanschläge, in: Ott/Treu (Hg.), Luthers Thesenanschlag (w. Anm. 1), 9–31.

5 Volker Leppin, Die Monumentalisierung Luthers. Warum der Thesenanschlag erzählt wurde und was davon zu erzählen ist, in: Ott/Treu (Hg.), Luthers Thesenanschlag (w. Anm. 1), 69–92.

6 Volker Leppin, „omnem vitam fidelium penitentiam esse voluit". Zur Aufnahme mystischer Traditionen in Luthers erster Ablassthese, in: Ders., Transformationen. Studien zu den Wandlungsprozessen in Theologie und Frömmigkeit zwischen Spätmittelalter und Reformation (Spätmittelalter, Humanismus, Reformation 86), Tübingen 2015, 261–277, hier v. a. 261–266.

7 Klaus Unterburger, Unter dem Gegensatz verborgen. Tradition und Innovation in der Auseinandersetzung des jungen Martin Luther mit seinen theologischen Gegnern (KLK 74), Münster 2015, 121–150.

8 Karl Holl, Die Entstehung von Luthers Kirchenbegriff, in: Ders., Gesammelte Aufsätze zur Kirchengeschichte. I: Luther, Tübingen [4/5]1927, 288–325, hier 310.

9 Ebd. 311.

10 Joseph Lortz, Geschichte der Kirche. Für die Oberstufe höherer Schulen. I–IV, Münster [5/6]1937, hier III 65 f.

11 Ders., Die Reformation in Deutschland. I: Voraussetzungen, Aufbruch, erste Entscheidung, Freiburg – Basel – Wien [5]1962, 181–183.

12 Ebd. 192.

13 Paul Hacker, Das Ich im Glauben bei Martin Luther, Graz u. a. 1966.

14 So zunächst: Ernst Bizer, Luther und der Papst (Theologische Existenz heute 69), München 1958.

15 Ders., Fides ex auditu. Eine Untersuchung über die Entdeckung der Gerechtigkeit Gottes durch Martin Luther, Neukirchen 1958, 104.

16 Oswald Bayer, Martin Luthers Theologie, Tübingen [3]2007, 41–61.

17 Unterburger, Gegensatz (w. Anm. 7), 121–150.

18 Kurt Aland, Die 95 Thesen Martin Luthers und die Anfänge der Reformation, Gütersloh 1983.

19 „Der Ablaß ist, wie gezeigt, allmählich aus der frühmittelalterlichen Bußpraxis herausgewachsen. Man war sich zunächst gar nicht bewußt, daß er etwas Neues darstellte." Bernhard

Klaus Unterburger

Turmerlebnis und Thesenanschlag: Luthers Gedankensystem entsteht.
Hintergründe aus Theologie und Frömmigkeit

41

Poschmann, Der Ablaß im Licht der Bußgeschichte, Bonn 1948, 63. Das Werk ist trotz einer etwas anachronistischen Harmonisierung mit der neuzeitlichen Beichte grundlegend.

20 Andreas Stegmann, Luthers Auffassung vom christlichen Leben (Beiträge zur Historischen Theologie 175), Tübingen 2014, v. a. 139–285.

21 Luther, Vorrede zum ersten Bande der Gesamtausgaben seiner lateinischen Schriften, in: WA 54, 179–187.

22 Luther an Johann von Staupitz, 30. Mai 1518, in: WA 1, 525–527.

23 Luther an Georg Spenlein, 8. April 1516, WA Br. 1, 35, Z. 15–21.

24 Unterburger, Gegensatz (w. Anm. 7), 9–32.

25 Arnold Angenendt, Geschichte der Religiosität im Mittelalter, Darmstadt 1997, 68–87.

26 Manfred Schulze, „Via Gregorii" in Forschung und Quellen, in: Heiko A. Oberman (Hg.), Gregor von Rimini. Werk und Wirkung bis zur Reformation (Spätmittelalter und Reformation 20), Berlin – New York 1981, 1–126; Markus Wriedt, Via Augustini – Ausprägungen des spätmittelalterlichen Augustinismus in der observanten Kongregation der Augustinereremiten, in: Christoph Bultmann / Volker Leppin / Andreas Lindner (Hg.), Luther und das monastische Erbe (Spätmittelalter, Humanismus, Reformation 39), Tübingen 2007, 9–38.

27 Eric Leland Saak, Creating Augustine. Interpreting Augustine and Augustinianism in the Later Middle Ages, Oxford u. a. 2012.

28 Unterburger, Gegensatz (w. Anm. 7), 53–82.

29 Markus Wriedt, Gnade und Erwählung, Eine Untersuchung zu Johann von Staupitz und Martin Luther (Veröffentlichungen des Instituts für Europäische Religionsgeschichte 141), Mainz 1991; Volker Leppin, „Ich hab all mein ding von Doctor Staupitz". Johannes von Staupitz als Geistlicher Begleiter in Luthers reformatorischer Entwicklung, in: Ders., Transformationen (w. Anm. 6), 241–259.

30 Berndt Hamm, Wie mystisch war der Glaube Martin Luthers?, in: Ders., Der frühe Luther. Etappen reformatorischer Neuorientierung, Tübingen 2010, 200–250.

31 Volker Leppin, Transformationen spätmittelalterlicher Mystik bei Luther, in: Ders., Transformationen (w. Anm. 6), 399–417.

32 Thomas Prügl, Der häretische Papst und seine Immunität im Mittelalter, in: MThZ 47 (1996) 197–214.

33 Ulrich Horst, Juan de Torquemada und Thomas de Vio Cajetan. Zwei Protagonisten der päpstlichen Gewaltenfülle (Quellen und Forschungen zur Geschichte des Dominikanerordens 19), Berlin 2012.

34 Unterburger, Gegensatz (w. Anm. 7), 33–51, 81–119.

» „Der Gerechte lebt aus dem Glauben": ein biblischer Schlüsseltext aus exegetischer Sicht damals und heute

Martin Staszak

Einleitung und Methode

Der hier vorgelegte kurze Versuch, die biblischen Schlüsseltexte Hab 2,4; Röm 1,17; Gal 3,11 mit ihrer Wirkungsgeschichte, also der Zitation der Prophetenstelle durch Paulus und ihrer Deutung und Anwendung durch Martin Luther darzulegen, ist selbstverständlich problembelastet. Zum einen, weil das Zitat des Propheten Habakuk seit jeher besondere textliche und historische Schwierigkeiten bereitet und die Theologie und Hermeneutik des Paulus einen eigenen komplexen Forschungsbereich darstellt, zum anderen, weil zusammen mit zahlreichen anderen Faktoren die Wirkungsgeschichte der biblischen Texte in der Theologie Luthers eineinhalb Jahrtausende nach Paulus epochale Folgen für die Kirche hatte. Das Reformationsgeschehen besitzt für uns Heutige noch immer überragende Bedeutung, ist ein präzise datierbarer Teil der neuzeitlichen Geschichte und führte zu kirchlichen Strukturen, in denen wir uns immer noch befinden. Wer also heute in einer Kirche Theologie betreibt oder sich für sie interessiert, betrachtet Luthers Schriftgebrauch durch die Brille der eigenen Kirche und Konfession (einschließlich der Positionierung zu ihr), die Teil der Wirkungsgeschichte Luthers, seiner Theologie und seiner Interaktion mit zahlreichen anderen Akteuren ist. Die historisch-kritische Distanz, die wir einem Vers aus dem Buch Habakuk oder, wenn auch schon gemindert, Sätzen aus den Paulusbriefen entgegenbringen können, verringert sich deshalb beim Thema ‚Luther' oder ‚Reformation' nochmals spürbar; das ist bei dem folgenden Durchgang im Auge zu behalten. Dass Luther und seine Wirkung ihrerseits einen eigenen Forschungszweig darstellen, braucht angesichts der immensen Fachliteratur nicht eigens betont zu werden. So können hier nur sehr wenige und unvollständige Umrisse gezeichnet werden. Methodisch soll die historische Reihenfolge umgekehrt werden. Unsere Untersuchung beginnt bei Luther und geht dann bis zu Habakuk zurück, um zum Schluss die Wirkungskette kurz in ihrer historischen Abfolge zu rekapitulieren. Begründen möchte ich dieses Vorgehen mit der oben beschriebenen Relevanz der Personen und ihrer Texte. Wir beginnen mit dem Teil der Ideengeschichte und ihrer Versprachlichung, der uns am nächsten steht. Anachronismen und Ebenenvermischungen müssen dabei selbstverständlich vermieden werden.

Luther als Exeget von Röm 1, 17 und Gal 3, 11
„Der Gerechte wird aus Glauben leben"

Martin Luthers Schriftauslegung mag heutigen Zeitgenossen näher stehen als die historisch-kritische Exegese mit ihrer auf Objektivität bedachten Distanz. Denn Luthers Ansatz war existentiell ausgerichtet. Die Frage nach der Gerechtigkeit des Menschen vor Gott beantwortete er negativ, sofern sich der Christ selber betrachtet. Nur wenn sich das völlig leere Ich im Glauben an Christus binde, könne es Gerechtigkeit erlangen. Gott betrachte dann nämlich den Menschen zusammen mit Christus, „und dabei wird das Gute in Christus für das Gesamturteil bestimmend."[1] In der Auslegung von Röm 1,17 sah Luther folglich Glaube und Gerechtigkeit als menschliche Eigenschaften bzw. als menschliches Tun: gerecht ist, wer glaubt, ungerecht, wer nicht glaubt.[2] Er parallelisierte dafür die Gerechtigkeit des Menschen, wie sie vor anderen Menschen einerseits und vor Gott andererseits gelte: vor den anderen Menschen versuche jemand gerecht zu werden durch die Gesetzesbeobachtung, was jedoch aufgrund der menschlichen Schwäche und Sünde letztlich nicht gelingen könne; vor Gott gebe es zwar Gerechtigkeit, aber allein durch den Glauben an das Evangelium.[3] Somit sei die im Evangelium geoffenbarte Gerechtigkeit Gottes zwar *causa salutis* (die Ursache des Heils), doch so, dass sich am Glauben an Gottes Wort entscheide, wer und wie jemand gerecht sei und werde.[4] In der Vorlesung über den Galaterbrief von 1516/17 bezeichnete Luther ebenfalls den Glauben als die menschliche Haltung und Tugend der Gerechtigkeit. Jahre später, 1531/35, legte Luther den Galaterbrief erneut aus, in dem Paulus zum ersten Mal die Prophetenstelle Hab 2,4 zitiert hatte: „Der Gerechte wird aus Glauben leben". Für Luther war das Gesetz als Gegenbegriff zum Glauben ein Missverständnis und Irrweg, auf dem die Menschen Gerechtigkeit vor Gott erlangen wollen. Das Gesetz und seine Befolgung könnten nur im irdischen Bereich sinnvoll sein, wenn auch letztlich nicht erfüllbar; es sei jedoch nicht der Weg zur Gerechtigkeit und zum Heil vor Gott, weil nur der Glaube an den unschuldigen, dennoch verurteilten, aber auferstandenen Christus retten könne.[5] Für Luther gab es zwar ein noch vor dem Glaubensakt den Menschen gegebenes Gesetz, das ja erst die Sünde offenbart[6]; anders als bei Paulus gab es für ihn aber keine allen Menschen noch vor dem Glaubensakt geschenkte Gerechtigkeit, durch die Gott seine eigene Gerechtigkeit zuerst offenbaren würde. Bei seiner Auslegung der beiden Paulusbriefe nahm Luther also Hab 2,4 als Deutungsraster zu Hilfe und verstand die Gottesgerechtigkeit als Gerechtigkeit, die durch den Glauben vor Gott gelte und angerechnet werde.[7]

Paulus als Exeget von Hab 2,4

Beim Apostel Paulus finden sich in Röm 1,17 und in Gal 3,11 sprechende Belege dafür, dass den Völkerapostel dasselbe Thema umtrieb wie Luther, allerdings in einem anderen Kontext und mit verschiedener Zielrichtung.

Innerhalb der Paulusbriefe wird Hab 2,4 zweimal in der Bedeutung „Der Gerechte wird aus Glauben leben" zitiert, das erste Mal in Gal 3,11.[8] Der Galaterbrief hatte einen wesentlich konkreteren Abfassungsgrund als der bedeutend längere und ins Grundsätzliche gehende Römerbrief. Die Heidenchristen im kleinasiatischen Galatien wurden von anderen Christen bedrängt, sich beschneiden zu lassen, um auf diese Weise das entscheidende Bundeszeichen des Gottes Israels, der auch Jesu Gott war, zu setzen (neben der Beachtung von jüdischen Fest- und Bußtagen). In der Forschung werden die Gegner des Paulus in judenchristlichen[9] oder in ebenfalls heidenchristlichen Kreisen gesehen.[10] Paulus bekräftigte ‚sein' Evangelium, das er den Galatern gepredigt hatte und entwickelte dafür im dritten Kapitel eine Argumentation, die neben dem Zitat aus Habakuk mehrere andere Schriftstellen enthält und darauf hinausläuft, dass das Gesetz erst 430 Jahre nach dem Glauben Abrahams kam, der ihm von Gott als Gerechtigkeit angerechnet worden sei (Gal 3,6 in Aufnahme von Gen 15,6). Diese Glaubensgerechtigkeit könne aufgrund ihrer zeitlichen Priorität nicht von der Gesetzesgerechtigkeit beseitigt werden. Im Gegenteil, das Gesetz habe nur vorläufigen, pädagogischen Charakter (Gal 3,24–25), bis Abrahams wirklicher Erbe, Christus, komme (3,16 mit Anknüpfung an Gen 15,5.18; 17,7–10). Dieser sei vom Gesetz verurteilt worden (Gal 3,13 in Aufnahme von Dtn 21,23 in der griechischen Übersetzung: verflucht ist jeder, der am Holz hängt), um die Menschen vom Fluch des Gesetzes zu befreien, der darin bestehe, dass jeder verflucht sei, der nicht beharrlich das ganze Gesetz erfülle (Gal 3,10 nach Dtn 27,26). Erst in diesem Zusammenhang erhält die Zitation von Hab 2,4 ihren Platz: durch das Gesetz und seine (immer mangelhafte) Befolgung werde niemand gerecht, denn „der Gerechte wird aus *Glauben* leben". Für Paulus selber war das Tun des Gesetzes nicht strittig, wohl aber seine soteriologische Kraft; diese habe erst der Glaube.[11] Dem Gesetz diese soteriologische Kraft zubilligen zu wollen, wäre bereits eine Gesetzesübertretung, da die Gerechtmachung des schuldigen Menschen vor Gott gar nicht die Bestimmung des Gesetzes sei.[12]

Das Prophetenzitat steht hier also in einem polemischen Kontext[13], da es der nicht evangeliumsgemäßen Gesetzesobservanz der Galater gegenübergestellt wird, die sich offenbar nicht bewusst waren, dass sie das *ganze* Gesetz hätten erfüllen müssen, um aus ihm Gerechtigkeit zu erlangen.[14] Paulus stellte ihnen deswegen als Alternative den Weg des Glaubens an Christus vor Augen, der nach dem Gesetz verurteilt wurde, um die Menschen von der Verurteilung durch das Gesetz zu befreien. Hab 2,4 empfahl sich zusammen mit Gen 15,6 als Schriftbeweis, weil an diesen beiden alttestamentlichen Stellen Gerechtigkeit und Glaube miteinander verknüpft wurden.

Paulus verstand Hab 2,4 also dahingehend, dass hier von einem vertrauensvollen Glauben des Gerechten an Gottes gnädiges Handeln die Rede sei. Er ließ bei der Zitation das auf „aus Glauben" direkt anschließende „an mich" weg, um den Glauben als eigenen theologischen Begriff einzuführen und den Gegenbegriff zu „aus dem Gesetz" zu erhalten, der hier kein Possessivpronomen verträgt.[15]

Im später geschriebenen Römerbrief, mit dem er der römischen Gemeinde seine Verkündigung nahebringen wollte, zitierte Paulus wiederum Gen 15,6 (Röm 4,3) und Hab 2,4 (Röm 1,17), um auf diese Weise Glauben und Gerechtigkeit miteinander verbinden zu können. Allerdings ging er hier über die Argumentationsstruktur des Galaterbriefs deutlich hinaus, indem er den Begriff der Gerechtigkeit Gottes einführte, die im Evangelium offenbart wird. Im weiteren Verlauf des Briefs wird deutlich, dass diese Gerechtigkeit Gottes zum einen Gericht über zwei Perversionen ist: über die kreatürlich-moralische Perversion der Heiden (1,18−32) und über die auf der Heilsgabe der Tora beruhende Anmaßung der jüdischen Seite (2,1−3,8). Zum anderen werde Gottes Gerechtigkeit im Evangelium offenbart, das jeden, der glaubt, rettet, zuerst den Juden und auch den Griechen.[16] Hab 2,4 „Der Gerechte wird aus Glauben leben"[17], steht jetzt im Kontext dieser endzeitlichen Gottesgerechtigkeit, die im Evangelium schon in der Jetztzeit offenbart werde „aus Glauben zu Glauben". Letztere Wendung ist ein Hebraismus und bedeutet soviel wie „zu vollem oder beständigem Glauben".[18]

Neu hinsehen: Luther − I. Historisch-biblische Blickwinkel

Bei Paulus steht das Zitat aus der Schrift des Propheten Habakuk mithin im Kontext seiner Heidenmission. Den Heiden wollte er einen Weg aufzeigen, wie sie vor Gott gerecht sein können, sogar im Sinn einer letztgültigen, eschatologischen Gerechtigkeit[19], ohne dabei das Gesetz Israels einhalten zu müssen. Die existentielle Dimension der Exegese Luthers ist bei Paulus in dieser Form nicht vorhanden. Zudem gibt es gerade im Römerbrief bei Paulus eine Gottesgerechtigkeit, die zwar die soteriologische Kraft des Glaubens nicht mindert, aber nicht nur Gerechtigkeit des Menschen ist, die vor Gott gilt.[20] Die Erwählung Israels und die Heilsgabe der Tora kommen zur Geltung und werden theologisch gewahrt, was bei Luther nicht mehr geschehen ist.[21]

Septuaginta und Pescher Habakuk (Qumrân)

Der Apostel zitierte den Propheten nach der Septuaginta, der griechischen Übersetzung des Alten Testaments (für den griechischen Habakuk kann man die erste Hälfte des zweiten vorchristlichen Jahrhunderts annehmen[22]). Dort heißt es: „der Gerechte wird aus meiner Treue leben."[23] Gegensatz dazu ist in V. 4a derjenige, der sich zurückhält oder zurückzieht, an ihm hat „meine Seele keinen Gefallen". Die Septuaginta ist hier ebenso schwierig zu deuten wie ihre hebräische Vorlage, von der sie überdies erheblich abweicht. Sie führte offenbar Personen ein, die für typisierte, einander entgegengesetzte Verhaltensweisen gegenüber der Ankündigung Gottes in V. 3 stehen, dass die Vision und ihr festgesetzter Zeitpunkt bestimmt eintreffen werden, auch wenn es eine Verzögerung gebe.[24] Ein weiterer inneralttestamentlicher Übersetzungsprozess besteht darin, dass die Septuaginta „durch seine Treue" des hebräischen Textes zu „aus meiner Treue" geändert hat. Sie muss mit dem Wechsel des Possessivpronomens nicht unbedingt eine bewusst abweichende Interpretation bieten, sondern kann den hebräischen Buchstaben *Waw*, der für das Possessivpronomen „sein" steht, als ein *Jod* gelesen haben (das wie ein kurzes *Waw* aussieht), was dann für „mein" steht.[25] Das geschieht zwar zweimal: „meine Seele, meine Treue", aber nicht ein drittes Mal. Mit der Übersetzung „meine Seele hat keinen Gefallen an *ihm*" blieb die Septuaginta in diesem einen Fall bei der dritten Person. Sie könnte mithin in den beiden anderen Fällen tatsächlich im Übersetzungsvorgang den Text umgedeutet und das Prophetenzitat bewusst zu einer Aussage über Gottes Gericht gemacht haben. Im Kontext von V. 3, in dem es um den festgesetzten Zeitpunkt geht, zielte der griechische Text eventuell sogar auf das Endgericht, was in der Deutung durch die Qumrângemeinde rund 150 Jahre später explizit gemacht wurde.[26] Durch die Änderung der Präposition „durch" in „aus" scheint die Septuaginta eine weitere Aussage machen zu wollen. In Nahum-Habakuk wird sonst nirgends so übersetzt. Noch viel sprechender ist die Tatsache, dass es sechs Belegstellen gibt, die aussagen, dass der Mensch durch das Tun von Gottes Satzungen am Leben bleibt (Lev 18,5; Ez 20,11.13.21.25; Neh 9,29). Hier, wie auch in Ez 18,22; 33,12, wo es um die Gerechtigkeit geht[27], wird jedes Mal das kausale „durch" (im Sinn von „kraft des Tuns der Satzungen/der Gerechtigkeit") des Hebräischen mit der in der Septuaginta dafür üblichen Präposition „in" übertragen; das „aus" in Hab 2,4 ist ohne Parallele. Damit scheint mir die griechische Übersetzung die Bedeutung der vorgefundenen hebräischen Präposition bewahrt zu haben. Es ging ihr, anders als Paulus, nicht um den Glauben des Gerechten an Gott, sondern um Gottes Treue, aus der heraus der Gerechte leben wird.[28]

In den Qumrân-Schriften fand sich ein Kommentar zum Buch Habakuk, der den biblischen Text fortlaufend zitiert und mit Erklärungen versieht, die sich auf die Theologie und auf kaum näher zu klärende Erlebnisse der Qumrân-Gemeinde beziehen. Der Kommentar kann in die zweite Hälfte des ersten vorchristlichen Jahrhunderts datiert werden.[29] Zu Hab 2,4 lautet der *Pescher* (Erklärung): „Seine (d.h. des Textes) Erklärung bezieht sich auf alle, die das Gesetz tun im Haus Juda, die Gott erretten wird aus dem Haus des Gerichts wegen ihrer Mühsal und ihrer Treue zum Lehrer der Gerechtigkeit" (1 QpHab 8,1–3).

Offenbar wurde „der Gerechte" hier kollektiv verstanden[30], einmal als diejenigen, die die Tora praktizieren, zum anderen als diejenigen, die dem Lehrer der Gerechtigkeit trotz aller Schwierigkeiten die Treue gehalten haben. Dieser Lehrer war ein Priester, der in der Gründungsgeschichte der Qumrângemeinde eine entscheidende Rolle spielte und die von Gott bevollmächtigte Gesetzesauslegung gab. Die Schwierigkeiten beziehen sich auf seine Widersacher, den Lügenprediger und den Frevelpriester.[31] Deutlich wird, dass das Prophetenwort in Qumrân endzeitlich-forensisch gedeutet wurde: es ging um die Rettung aus dem Gericht Gottes, wofür mit der wahren Tora-Observanz in der Nachfolge des Lehrers der Gerechtigkeit zugleich ein Kriterium angegeben wurde.

Das Prophetenzitat Hab 2,4

Ursprung des wichtigen Schriftzitats ist eine Botschaft Gottes an den Propheten Habakuk. Diese Botschaft sollte der Prophet auf Tafeln schreiben, damit der Ausrufer damit loslaufen könne (2,2).[32] Inhalt der Botschaft ist dann V. 4 und der erste Teil von V. 5, die sentenzenartigen Charakter haben.[33] Dieser erste Teil von 2,5 lässt sich übersetzen: „Wehe dem Treulosen, dem anmaßenden Mann, er wird keinen Erfolg haben, der wie die Scheol seinen Rachen aufreißt, er, der wie der Tod nicht satt wird!"[34]

V. 4 widersetzt sich einer Übersetzung und Deutung indes noch stärker. Man könnte übersetzen: „Siehe, sie ist überheblich, sie ist nicht redlich, seine Seele in ihm, doch ein Gerechter wird durch seine Treue leben." Allerdings entsteht hier die Schwierigkeit, dass in der ersten Vershälfte unklar bleibt, von wem die Rede ist. Die Pronomina auf den Frevler in 1,4 zu beziehen[35], erfordert selbst bei einer umfangreichen Literarkritik[36] einen Sprung über acht Verse hinweg. Will man sich gleichsam in V. 4 ein solches Referenzwort schaffen, muss man das Wort, das für „sie ist überheblich" steht, in ein *masculinum* ändern. Dann würde es heißen: „Siehe, ein Überheblicher, nicht redlich ist sein Begehren in ihm; doch ein Gerechter wird durch seine Treue leben." Eine andere Möglichkeit entsteht dadurch, dass das Wort für „siehe" an mehreren Stellen die Funktion einer konditionalen Konjunktion („wenn") haben kann, was für Hab 2,4 auch durch die griechische Übersetzung bestätigt wird. In diesem Fall ließe sich der überlieferte hebräische Text beibehalten und übersetzen: „Wenn es vermessen/aufgeblasen ist, ist sein Begehren nicht redlich in ihm; doch ein Gerechter wird durch seine Treue leben."[37] Der Begriff der Treue bedarf einer Erörterung. Es könnte sich ebenso gut um Beständigkeit handeln, für die dann Leichtsinn oder Unzuverlässigkeit die Gegenbegriffe wären. Man kann davon ausgehen, dass hier ein zwischenmenschliches Verhalten gemeint war: Beständigkeit, Verlässlichkeit, Treue, die jedoch gleichzeitig Treue zu Gottes Gebot sind, das diese Verhaltensweisen gebietet. Es ging also nicht einfachhin um Glaubenstreue in einem explizit religiösen Sinn.[38] Der Überhebliche wäre dann jemand, der keine Treue kennt, aber auch keine Rücksichtnahme. Da die antibabylonische Kritik, die erst mit der Eroberung Jerusalems 586 v. Chr. möglich wurde, eine spätere Deutung und Aktualisierung ist, handelt es sich bei der Sentenz in Hab 2,4 um eine Kritik an innerjudäischen Zuständen vor dieser Zeit. Sie dürfte sich gegen König Jojakim gerichtet haben (609/608−598), der eigentlich Eljakim hieß, aber von Pharao Necho II. seinen Thronnamen erhielt, also Vasall der Ägypter war und das Land stark besteuerte, um den enormen Tribut zahlen zu können (2 Kön 23,35).[39] Etwas allgemeiner kann sich die Kritik auch gegen die äyptenfreundliche Oberschicht in Jerusalem gerichtet haben, die sich aufgrund alter Handelsbeziehungen zu dem Land am Nil eigene wirtschaftliche Vorteile versprach, ohne auf die Lage der restlichen Bevölkerung Rücksicht zu nehmen.[40]

Zusammenfassung:
Die Wirkungsgeschichte des Sinnüberschusses

Der Prophet Habakuk hat im sechsten vorchristlichen Jahrhundert innerjudäische Zustände kritisiert, die man als soziale Schieflage bezeichnen könnte. Dem Überheblichen wurde der Gerechte mit seiner Treue zu Gottes Gebot und zu seinen Mitmenschen gegenübergestellt. Der redaktionell überarbeitete Kontext der berühmten Stelle 2, 4 und die fast unüberwindlichen sprachlichen Schwierigkeiten begünstigten die Mehrdeutigkeit der prophetischen Aussage. Die griechische Übersetzung tendierte zu einer eschatologisch-forensischen Deutung und änderte die Treue des Gerechten in die Treue Gottes, wobei sie einen Begriff gebrauchte, der auch „Glauben" bzw. „gläubiges Vertrauen" bedeuten kann.

In der Qumrângemeinde wurde die eschatologisch-forensische Deutung vorangetrieben und auf die eigene Gemeindewirklichkeit bezogen. Der Apostel Paulus seinerseits bediente sich des in der Urchristenheit bereits umlaufenden Habakukzitats, um im Anschluss an die griechische Übersetzung vermittels der Akzentuierung des Glaubensaspekts sein Evangelium von der (ebenfalls eschatologisch verstandenen) Glaubensgerechtigkeit als schriftgemäß abzustützen. Der Glaube wird hier zur Rezeptionsform der sich offenbarenden Gerechtigkeit Gottes. Paulus lag dabei an der Heidenmission, die nicht durch die Beobachtung des jüdischen Gesetzes beeinträchtigt werden sollte.

Der Reformator Martin Luther griff dann sowohl das Propheten- als auch das Pauluszitat auf, um die Haltung des Christusglaubens als den Weg der Rettung aufzuzeigen, der dem der Sünde verfallenen Menschen einzig offenstehe. Dieser Glaube wurde jetzt, im Gegensatz zum Tun von Werken, zur entscheidenden Haltung des Menschen, um vor Gott als gerecht gelten zu können.

Die beispiellose Karriere des Satzes aus Hab 2, 4, der im Original nicht mehr als drei Worte umfasst, zeigt das fruchtbare Potential von versprachlicher Gottes- und Glaubenserfahrung mit ihren Polysemien (Mehrdeutigkeiten) auf, die weitergegeben, übersetzt und aufgrund des Sinnreichtums und Sinnüberschusses in den verschiedensten Kontexten neu gedeutet und zum Auslöser neuer Sinnstiftung und neuen Handelns werden kann. Mit Luther erreichte dieser Prozess einen vorläufigen Höhepunkt, abgeschlossen ist er indes nicht.[41]

Anmerkungen

1 Volker Stolle, Luther und Paulus. Die exegetischen und hermeneutischen Grundlagen der lutherischen Rechtfertigungslehre im Paulinismus Luthers (Arbeiten zur Bibel und ihrer Geschichte 10), Leipzig 2002, 143.

2 So in der Vorlesung zum Römerbrief: WA 56, 172, wobei Luther bezeichnenderweise auch Mk 16,16 heranzieht („Wer glaubt und sich taufen lässt, wird gerettet werden. Wer aber nicht glaubt, wird verdammt werden.")

3 Sehr ähnlich argumentiert Luther im Septembertestament von 1522; dazu Stolle, Luther und Paulus (w. Anm.1), 262–263: Israels Tora steht bei Luther paradigmatisch für das universelle Gesetz überhaupt, das vom Menschen nicht erfüllt werden könne, weshalb sein Leben verwirkt sei. Die Tora wurde für Luther sogar „zum universalen Exponent der Front aller Verderbensmächte, welche die Sünde zum Kampf gegen Gott mobilisiert hat." (ebd. 320 mit der Quellenangabe). Da Christus das Gesetz erfüllt habe, habe er die Menschen aus der Sündenverlorenheit retten können. Gesetz, Sünde, Evangelium und Glaube bilden bei Luther also einen sachlichen Zusammenhang; dazu Ders., Nomos zwischen Tora und Lex. Der paulinische Gesetzesbegriff und seine Interpretation durch Luther in der zweiten Disputation gegen die Antinomer vom 12. Januar 1538, in: Michael Bachmann (Hg.), Lutherische und Neue Paulusperspektive (Wissenschaftliche Untersuchungen zum Neuen Testament 182), Tübingen 2005, 41–67, hier 45–50.

4 WA 56,171–172. Auf Luthers nicht ganz kohärente Interpretation der Gerechtigkeit Gottes als Gabe oder als Gerechtigkeit, die vor Gott gilt, verweist Klaus Haacker, Der Brief des Paulus an die Römer (Theologischer Handkommentar zum Neuen Testament 6), Leipzig 1999, 39.

5 Eine ältere Darstellung des Sachverhalts findet sich bei: Albrecht Peters, Glaube und Werk. Luthers Rechtfertigungslehre im Lichte der Heiligen Schrift (Arbeiten zur Geschichte und Theologie des Luthertums 8), Berlin – Hamburg 1967, 30–34, 207–213 (mit Verweis auf die entsprechenden Werke Luthers).

6 Vgl. die differenzierende Darstellung bei: Oswald Bayer, Martin Luthers Theologie. Eine Vergegenwärtigung, Tübingen 2003, 53–57.

7 Vgl. Stolle, Luther und Paulus (w. Anm.1), 114. Stolle, Nomos (w. Anm. 3), 47–49.

8 Zur Zitation von Hab 2,4 durch Hebr 10,38 vgl. jetzt ausführlich Stephen Hultgren, Habakkuk 2:4 in Early Judaism, in Hebrews, and in Paul (Cahiers de la Revue Biblique 77), Pendé 2011, 17–42.

9 François Vouga, An die Galater (Handbuch zum Neuen Testament 10), Tübingen 1998, 161; schon Franz Mußner, Der Galaterbrief (Herders theologischer Kommentar zum Neuen Testament 9), Freiburg u. a. 1974, 25.

10 So Udo Borse, Der Brief an die Galater (Regensburger Neues Testament), Regensburg 1984, 22.

11 Roland Bergmeier, Vom Tun der Tora, in: Michael Bachmann (Hg.), Lutherische und Neue Paulusperspektive (w. Anm. 3), 161–181, hier 162. Es besteht kein Anlass, Paulus zu unterstellen, er habe „aus Glauben" zu „der Gerechte" gezogen, also: „der aus Glauben Gerechte wird leben" (gegen Ulrich Wilckens, Der Brief an die Römer [Evangelisch-katholischer Kommentar zum Neuen Testament VI/1], Zürich u. a. 1978, 90; Dieter Zeller, Der Brief an die Römer [Regensburger Neues Testament], Regensburg 1985, 44). Das würde eine schon bestehende

Glaubensgerechtigkeit voraussetzen und dem Evangelisierungs- und Missionsstreben des Apostels eher zuwiderlaufen; dazu auch Haacker, Brief (w. Anm. 4), 44.

12 Zu dieser Argumentation vgl. Michael Bachmann, Zur Argumentation von Galater 3.10–12, in: New Testament Studies 53 (2007) 524–544.

13 Dazu Hultgren, Habakkuk 2:4 (w. Anm. 8), 120 mit dem richtigen Hinweis, dass das Zitat in Röm 1,17 nicht von Polemik gefärbt ist.

14 Mußner, Der Galaterbrief (w. Anm. 9), 25; Borse, Der Brief an die Galater (w. Anm. 10), 18.

15 Borse, Der Brief an die Galater (w. Anm. 10), 128–129; Vouga, An die Galater (w. Anm. 9), 75 spricht von einer existentiellen Glaubensproblematik. Zu Recht weist Wolfgang Kraus, Hab 2,3–4 in der hebräischen und griechischen Texttradition mit einem Ausblick auf das Neue Testament, in: Thomas Scott Caulley/Hermann Lichtenberger (Hg.), Die Septuaginta und das frühe Christentum (Wissenschaftliche Untersuchungen zum Neuen Testament 277), Tübingen 2011, 153–173, hier 169–170 die Deutung von Dietrich-Alex Koch, Der Text von Hab 2 4 b in der Septuaginta und im Neuen Testament, in: Zeitschrift für die neutestamentliche Wissenschaft 76 (1985) 68–85, hier 83, ab, wonach der Glaube bei Paulus immer schon expliziter Christusglaube sei.

16 Heinrich Schlier, Der Römerbrief (Herders theologischer Kommentar zum Neuen Testament 6), Freiburg u. a. 1977, 44 bezeichnet die Gottesgerechtigkeit zutreffend als Handeln und Gabe Gottes.

17 Theologisch überzogen ist die Deutung durch Stephen L. Young, Romans 1.1–5 and Paul's Christological Use of Hab. 2.4 in Rom. 1.17: An Underutilized Consideration in the Debate, in: Journal for the Study of the New Testament 34 (2012) 277–285, wonach Paulus mit dem Zitat auf die Auferstehung Jesu, des Gerechten, anspiele.

18 Schlier, Der Römerbrief (w. Anm. 16), 45 mit dem zutreffenden Verweis u. a. auf Ps 84, 8. Allerdings wird im Röm nicht „aus Glauben" durch „zu Glauben" verstärkt, sondern ist umgekehrt „zu Glauben" das Aussageziel. Das Schriftzitat widerspricht dem nicht, wenn man dessen „er wird leben" als Parallele zu „zu Glauben" auffasst.

19 Dazu Hultgren, Habakkuk 2:4 (w. Anm. 8), 121.

20 Die Theozentrik und die Initiative Gottes, die zur Rettung führt, unterstreicht Torsten Jantsch, God and His Faithfulness in Paul. Aspects of the History of Research in the Light of the Letter to the Romans, in: Christoph Heilig/Jay Th. Hewitt/Michael F. Bird (Hg.), God and the Faithfulness of Paul. A Critical Examination of the Pauline Theology of N. T. Wright (Wissenschaftliche Untersuchungen zum Neuen Testament. 2. Reihe 413), Tübingen 2016, 463–488, hier 470.

21 Zur Rechtfertigungslehre bei Paulus und Luther s. auch den Beitrag *Die paulinische Rechtfertigungslehre. Zankapfel oder Chance für die Ökumene?* von Steffen Jöris in diesem Band.

22 Hultgren, Habakkuk 2:4 (w. Anm. 8), 16, hier Anm. 41; Septuaginta Deutsch. Das griechische Alte Testament in deutscher Übersetzung, Stuttgart 2009, 1203.

23 So in Anlehnung an Vouga, An die Galater (w. Anm. 9), 75, der an die „Bewahrung des Gerechten durch die Treue Gottes" denkt. Ein Genitivus objectivus (Vertrauen in mich, Glaube an mich) scheint mir weniger wahrscheinlich, gerade wegen der Parallele zu V. 4 a, wo von „meiner (Gottes) Seele" die Rede ist (gegen Kraus, Hab 2,3–4 [w. Anm. 15], 165).

24 Das Subjekt ist nicht ein „Kommender" im Anschluss an 2,3; es handelt sich bei dem Partizip mit finitem Verb um eine Übersetzungskonvention der Septuaginta, mit der sie hebräischen

Infinitiv mit finitem Verb überträgt (so zutreffend Kraus, Hab 2, 3–4 [w. Anm. 15], 161). Es ließe sich für die in Frage stehenden Verben auf Jer 36, 29 (LXX 43, 29) und Ps 126,6 (LXX 125, 6) verweisen. Es liegt hier also kein durch die Septuaginta eingetragener messianischer Sinn vor, wie z. B. Walter Dietrich, Nahum, Habakuk, Zefanja (Internationaler Exegetischer Kommentar zum Alten Testament), Stuttgart 2014, 115 (zu 3 b) meint.

25 So auch Joseph Fitzmyer, Habakkuk 2:3–4 and the New Testament, in: Maurice Carrez / Joseph Doré / Pierre Grelot (Hg.), De la Tôrah au Messie. Études d'exégèse et d'herméneutique bibliques offertes à Henri Cazelles, Paris 1981, 447–455, hier 451. Fast schon targumartig mutet die Argumentation von Mark A. Seifrid, Paul's Use of Habakkuk 2:4 in Romans 1:17: Reflections on Israel's Exile in Romans, in: Sang-Won (Aaron) Son (Hg.), History and Exegesis. New Testament Essays in Honor of Dr. E. Earle Ellis for His 80th Birthday, New York, London 2006, 133–149, hier 138–139, an, der hebräische Text bedeute „But the righteous one shall live by the faithfulness of the vision/Yahweh", weshalb die Septuaginta mit ihrer Änderung in die erste Person den Sinn des Textes richtig bewahrt habe. Zu einer völligen Ebenenvermischung kommt es dann, wenn Seifrid meint, Paulus bewahre ebenfalls den ursprünglichen Sinn, wenn er das Possessivsuffix ganz auslässt; denn: „To ,live by my (i.e. the Lord's) faithfulness' is to live by faith." (Hervorhebungen vom Autor).

26 Hultgren, Habakkuk 2:4 (w. Anm. 8), 9–10.

27 Die Belegstellen finden sich bei Ernst Jenni, Die hebräischen Präpositionen I, Die Präposition Beth, Stuttgart 1992, 104 (Kategorie 1615).

28 Dazu auch Dietrich, Nahum, Habakuk, Zefanja (w. Anm. 24), 115 (zu 4c). Damit ist die Übersetzung von Kraus, Hab 2, 3–4 (w. Anm. 15), 165 „der Gerechte aber wird aufgrund seines Vertrauens auf mich leben" fraglich geworden, sowohl was die Übertragung der Präposition als auch was seine Wahl des Genitivus objectivus angeht. Spätere Rezensionen der Septuaginta haben Angleichungen an den hebräischen Text vorgenommen. Zu den griechischen Textzeugen gibt Koch, Der Text von Hab 2 4 b (w. Anm. 15), 68–85 einen ausführlichen Überblick.

29 Maurya P. Horgan, Habakkuk Pesher (1 QpHab), in: James H. Charlesworth (Hg.), The Dead Sea Scrolls. Hebrew, Aramaic, and Greek Texts with English Translation, Volume 6B: Pesharim, Other Commentaries, and Related Documents, Tübingen – Louisville 2002, 157–185, hier 157; Text und Übersetzung ebd., 160–185.

30 Peter B. Hartog, Re-Reading Habakkuk 2:4 B: Lemma and Interpretation in 1 QPHAB VII 17– VIII 3, Revue de Qumrân 26 (2013) 127–132 lehnt eine kollektive Deutung des „Gerechten" ab; der Pescher habe Hab 2, 4 b in dem Sinn verstanden: „the righteous shall give life through faith in him". Dementsprechend seien die Gesetzestreuen diejenigen, die vom Lehrer der Gerechtigkeit Leben empfangen. Hartog übersieht jedoch, dass Hab 2, 4 a in 1 QpH 7, 15–16 ebenfalls kollektiv gedeutet wird.

31 Dazu Karin Finsterbusch, ירה III jrh, in: Heinz-Josef Fabry / Ulrich Dahmen (Hg.), Theologisches Wörterbuch zu den Qumrantexten, Bd. II, Stuttgart 2013, 269–275, hier 271–273.

32 So dürfte die zutreffende Übersetzung lauten; vgl. dazu: Dietrich, Nahum, Habakuk, Zefanja (w. Anm. 24), 111 und 115. Die oft angeführte Begründung der Alternativübersetzung „damit man es flüssig / fortlaufend lesen kann", wird dem Text nicht gerecht.

33 Das Thema vom Versammeln aller Völker und Nationen im zweiten Teil von V. 5 gehört einer anderen Schicht des Buches an, die an der Weltmacht Babylon Kritik übt. Dazu: ebd., 159–162.

34　Der hebräische Text ist dafür wie folgt verändert worden: die ersten beiden Worte, die in der griechischen und syrischen Übersetzung fehlen, sind nicht übersetzt; das folgende Wort „der Wein" wurde zu einem im Hebräischen ähnlichen „Wehe" verändert, da ab V. 6 b (bis 19) fünf Wehe-Rufe folgen.

35　So Stefan Schreiner, Erwägungen zum Text von Hab 2 4–5, in: Zeitschrift für die alttestamentliche Wissenschaft 86 (1974) 538–542. Auch Klaus Seybold, Habakuk 2,4 b und sein Kontext, in: Siegfried Kreuzer / Kurt Lüthi (Hg.), Zur Aktualität des Alten Testaments. Festschrift für Georg Sauer zum 65. Geburtstag, Frankfurt u. a. 1992, 99–107, hier 106, muss für das Referenzwort in das erste Kapitel zurückgehen, wenn er mit W. Rudolph das Wort für „sie ist überheblich" bzw. „der Überhebliche" in „Strafe" ändert.

36　Eckart Otto, Art. Habakuk / Habakukbuch, in: Theologische Realenzyklopädie 14, Berlin– New York 1985, 300–306, hier 301 f.

37　Dazu ausführlich Kraus, Hab 2,3–4 (w. Anm. 15), 157–158. Allerdings entsteht hier wieder das Problem, dass es keine Referenz gibt, also nicht klar wird, von wem die Rede ist. Kraus meint deshalb „V. 4 hat Menschen mit zwei unterschiedlichen Reaktionen auf diese Ankündigung [sc. V. 3] im Blick." (ebd., 158). Es stellt sich jedoch die Frage, ob V. 4 tatsächlich Reaktionen auf V. 3 ausdrückt oder nicht eher mit V. 5a zusammengehört, was dann selbstverständlich Auswirkungen auf die Übersetzung und Interpretation hat. – Mit „Begehren" wird dasselbe Wort des hebräischen Textes übersetzt wie „der Rachen" in V. 5. Es handelt sich dabei ursprünglich um die Kehle bzw. den Rachen als die Körperteile des heftigen und begehrenden Atems. Die Bedeutung „Seele" oder „Geist" scheint mir an dieser Stelle deshalb nicht im Vordergrund zu stehen. Überwörtlich ist die Deutung von Robert D. Haak, Habakkuk (Supplements to Vetus Testamentum 44), Leiden u. a. 1992, 57–59, der in V. 4 an einen geschwollenen, nicht glatten Schlund denkt, dann jedoch kaum noch eine Beziehung zum zweiten Versteil herstellen kann: „but the righteous one because of its fidelity will live". Andere Übersetzungsvorschläge lauten: „Behold, he whose personality within him is not upright will fly away (i. e. pass away, perish)", so John Adney Emerton, The Textual and Linguistic Problems of Habakkuk II. 4–5, in: The Journal of Theological Studies 28 (1977) 1–18, hier 17. Aron Pinker, Habakkuk 2.4: An Ethical Paradigm or a Political Observation?, in: Journal for the Study of the Old Testament 32 (2007) 91–112 gibt einen Überblick über die zahlreichen Versuche der Übersetzung und Deutung von Hab 2,4–5 und will „der Überhebliche" in „Ophel" ändern, worunter die Verbindung zwischen der Davidsstadt und dem Tempel, hier „der Hof" zu verstehen sei; folglich wird „der Gerechte" bei ihm zu König Zidkija.

38　So schon mit Alfred Jepsen, אמן ʾāman, in: Theologisches Wörterbuch zum Alten Testament I, Stuttgart u. a. 1973, 313–348, hier 343, und Fitzmyer, Habakkuk 2:3–4 and the New Testament (w. Anm. 25), 448, gegen E. Ray Clendenen, Salvation by Faith or by Faithfulness in the Book of Habakkuk?, in: Bulletin for Biblical Research 24/4 (2014) 505–513, hier 511. Der Bezug auf Gen 15,6 (Abrahams Glaube, der ihm als Gerechtigkeit angerechnet wird) steht in einem anderen Kontext als Habakuks ethische Botschaft. Clendenen möchte eine harmonisierte Lesart stark machen, die von Habakuk über den Pescher Habakuk aus Qumrân zu Paulus führt. Seybold, Habakuk 2,4b und sein Kontext (w. Anm. 35), 104–107, interpretiert die Stelle aus dem von ihm angenommenen ursprünglichen Kontext eines nachexilischen Klagepsalms heraus, in dem es um das Gebet eines Angeklagten gehe. Die Treue des Beters sei insofern als Glaubenstreue zu deuten, als er sein ganzes Vertrauen auf Gott setze, der ihn freisprechen könne. Auch bei Seybolds Deutung kann man fragen, ob sie nicht zu stark von der Wirkungsgeschichte dieses Verses beeinflusst ist.

39 Herbert Donner, Geschichte des Volkes Israel und seiner Nachbarn in Grundzügen, Band 2 (Altes Testament Deutsch, Ergänzungsreihe 4/2), Göttingen 1995, 403. Auch hier gehen die Meinungen weit auseinander: Rainer Albertz, Exilische Heilsversicherung im Habakukbuch, in: Klaus Kiesow / Thomas Meurer (Hg.), Textarbeit. Studien zu Texten und ihrer Rezeption aus dem Alten Testament und der Umwelt Israels (Alter Orient und Altes Testament 294), Münster 2003, 1–20, hier 8, hält 2, 1–5 a nicht für vor-, sondern für nachexilisch.

40 Joel Weinberg, The Babylonian Conquest of Judah: some Additional Remarks to a Scientific Consensus, in: Zeitschrift für die alttestamentliche Wissenschaft 118 (2006) 597–610, hier 603.

41 Dazu Klaus Haacker, Verdienste und Grenzen der „neuen Perspektive" der Paulus-Auslegung, in: Bachmann (Hg.), Lutherische und Neue Paulusperspektive (w. Anm. 3), 1–15, hier 12–15.

» Die paulinische Rechtfertigungslehre: Zankapfel oder Chance für die Ökumene?

Steffen Jöris

Die Erlösung des Menschen geschieht allein durch die Gnade Gottes *(sola gratia)*. Zu dieser Erkenntnis gelangte der Augustinereremit Martin Luther nicht zuletzt aufgrund der Auseinandersetzung mit den zur damaligen Zeit bestehenden exzessiven Ablasspraktiken der römisch-katholischen Kirche. Zwar findet sich dieser Grundsatz bereits bei dem Kirchenlehrer Augustinus[1], jedoch wurde er in der ausformulierten Theologie der Rechtfertigungslehre zum lutherischen Eckpfeiler der Reformation. Demnach ist der Glaube an Jesus Christus *(sola fide)* das einzige Kriterium für das Wirken der Gnade Gottes im Menschen. Am 31.10.1999 bestätigte die *Gemeinsame Erklärung zur Rechtfertigungslehre* (GER) vom lutherischen Weltbund und der katholischen Kirche den Grundsatz der Rechtfertigungslehre von der alleinigen Heilswirkung der Gnade Gottes. Trotz dieser grundsätzlichen Einigung ist die GER darauf bedacht, die unterschiedlichen Ausgestaltungen der Rechtfertigungslehre auf katholischer und lutherischer Seite zu benennen und verweist außerdem auf das Weiterbestehen anderer theologischer Streitfragen.[2] Diese Erklärung führte mitunter zu heftigen theologischen Diskussionen.[3] Besonders die weichen Formulierungen und die Betonung der unterschiedlichen Ausprägungen der Rechtfertigung in der katholischen und lutherischen Tradition riefen Kritik hervor. Ein prägnantes Beispiel ist der Streit um §18 der GER, wo „die *einzigartige* kriteriologische Funktion der Rechtfertigungslehre im Blick auf *die gesamte Lehre und Praxis der Kirche* für den katholischen Partner suspendiert [wurde,] mit Hinweis darauf, daß *Katholiken sich von mehreren Kriterien in Pflicht genommen sehen*", ohne dass diese

Kriterien explizit benannt werden.[4] Unter der Rubrik *Biblische Rechtfertigung* (§§ 8–12) verweist die GER interessanterweise auf eine Vielfalt neutestamentlicher Aussagen zum Thema.[5] Dabei ist wohl unbestritten, dass für die Ausformulierung der (vor allem lutherisch-reformatorischen) Rechtfertigungslehre die Rezeption des Apostels Paulus von zentraler Bedeutung ist, hat doch Luthers Lektüre seiner Briefe erst zu der Ausformulierung dieser Lehre und ihrer Konsequenzen geführt.[6] Hier stellt sich die Frage, wie die heutige neutestamentliche Wissenschaft die biblischen Zeugnisse des Apostels mit Blick auf die Rechtfertigungslehre versteht.[7]

Die folgenden Ausführungen möchten daher einen Überblick über jüngere Trends in der neutestamentlichen Exegese, insbesondere der paulinischen Forschung, geben und aufzeigen, dass eine neue Perspektive auf diese Schriften hilfreich sein kann, die theologische Diskussion um die Rechtfertigungslehre in neuem Licht zu betrachten.

Die neutestamentliche Exegese des 20./21. Jahrhunderts

Nun ist das Fach der neutestamentlichen Wissenschaft innerhalb des Fächerkanons der Theologie wahrlich nicht vom Himmel gefallen. Zwar blickt die (biblische) Schriftauslegung auf eine lange (jüdisch-)christliche Traditionsgeschichte zurück[8], aber das heutige Selbstverständnis des Faches als historische und textwissenschaftliche Forschung mit einer größeren Methodenreflexion etablierte sich mit dem Aufkommen eines historisch-kritischen Ansatzes. Dieser Ansatz hat letztendlich zu dem Anspruch geführt, die biblischen Texte in ihrem ursprünglichen historischen Kontext zu verorten und aus diesem Kontext heraus auszulegen. Im Laufe der Zeit erfolgte daher eine Umstrukturierung des Fachs, welches nun methodisch und inhaltlich näher an die Geschichtswissenschaft gerückt ist.[9] Ein einfaches Beispiel für diese Veränderung ist die größere Beschäftigung mit außerbiblischen Quellen, vornehmlich den Schriftrollen vom Toten Meer, aber auch anderer frühjüdischer und nicht-jüdischer Literatur[10], um neue Erkenntnisse und eine bessere Quellenlage für die Rekonstruktion des antiken Umfelds der biblischen Texte zu erlangen. Diesem historischen steht oftmals ein theologischer Anspruch gegenüber, existentielle (z. B. jesuanische) Wahrheiten aus diesen Texten heraus zu formulieren, die einen autoritativen Aussagewert besitzen. Einfacher ausgedrückt: wir bemühen uns zwar um die Methodik der Geschichtswissenschaften, aber unsere Fragen sind weiterhin theologischer Natur. Dies führt oftmals dazu, dass wir unsere theologischen Fragen in die damaligen Texte hineinprojizieren.

Das wohl markanteste Beispiel für diese Diskrepanz ist die Geschichte der Frage nach dem historischen Jesus. Dieser Forschungsbereich, der versucht die historische Person Jesu und seine Lehren von der literarischen Figur des verkündeten Christus und dessen Theologie zu lösen, hat im Laufe des 19. und 20. Jahrhunderts ganz unterschiedliche Jesusbilder entworfen und als historische Rekonstruktion des Mannes von Nazareth ausgegeben.[11] Natürlich ist diese historische Erforschung der Person Jesu motiviert von theologischen Rückfragen und so verwundert es nicht, dass die diversen Rekonstruktionen dieses Mannes und seiner Lehren jeweils sehr unterschiedlich ausfallen. Dennoch ist dieser Forschungsbereich geprägt von einer ständigen Reflexion der angewandten Methodik, und es wird ein offener Diskurs über die Zulässigkeit von Kriterien zur historischen Rekonstruktion geführt. Das derzeit bedeutsamste Kriterium bei der historischen Jesusforschung ist die Verortung des Juden Jesus innerhalb des antiken Judentums.[12] Dieser kulturellen Verortung ging in der Forschungsgeschichte allerdings die irrtümliche Annahme voraus, dass der historische Jesus nur in der Trennung vom antiken Judentum rekonstruierbar wäre.[13] Heute ist diese Herangehensweise der (älteren) Exegese nicht mehr haltbar und die Forschung hat begonnen, den Juden Jesus vor seinem galiläischen Kontext des 1. Jahrhunderts zu rekonstruieren.[14] Mittlerweile findet eine verstärkte Rückfrage nach den jüdischen Wurzeln nicht nur bei dem Mann aus Nazareth statt, sondern auch die frühchristlichen

Zeugnisse werden vermehrt als jüdische Zeugnisse wahrgenommen.[15] Im Bereich der paulinischen Forschung findet eine solche ‚Rejudaisierung' des Mannes aus Tarsus ebenfalls statt, obwohl sie dem vielerorts gängigen Narrativ vom Völkerapostel Paulus, der sich vom Judentum abwendet und losgelöst vom jüdischen Gesetz die Heidenmission begründet, widerspricht.

Die Rechtfertigungslehre bei Martin Luther

Bevor der Blick auf den Apostel Paulus gerichtet wird, ist eine kurze theologische Skizzierung der Rechtfertigungslehre bei Luther hilfreich, um diese mit neueren Trends in der paulinischen Forschung zu vergleichen. Dabei geht es nicht um eine Kritik des Theologen Martin Luther, sondern um eine Skizzierung der exegetischen Prämissen seiner Rechtfertigungslehre.[16]

Die lutherische Rechtfertigungslehre beruht auf einer Unterscheidung zwischen menschlicher und göttlicher Gerechtigkeit. Dabei ist die menschliche Gerechtigkeit durch menschliche Werke geprägt und besitzt lediglich eine innerweltliche Funktion und keine soteriologisch-eschatologische, also das Seelenheil betreffende Relevanz. Selbst die biblischen Gebote (z. B. der Dekalog) dienen nicht als Mittel zur Erlösung des Menschen, sondern zur Aufdeckung seiner Sünde. Im Gegensatz zu dieser menschlichen Gerechtigkeit steht eine Form göttlicher Gerechtigkeit, die nicht aktiv vom Menschen erlangt werden kann, sondern ohne äußere Einwirkungen im Menschen als Geschenk (*sola gratia*) allein durch den Glauben (*sola fide*) wirkt. Diese theologische Erkenntnis zieht Luther aus seiner Lektüre der paulinischen Briefe, vornehmlich dem Galater- und Römerbrief, indem er Paulus gegen das Judentum abgrenzt, das für ihn eine Erlösung des Menschen durch die Befolgung des Gesetzes (Tora) propagiert (Werkegerechtigkeit). Eine solche Lektüre der paulinischen Briefkorrespondenz geht von mehreren Grundannahmen aus, die in der jüngeren Paulusforschung stark diskutiert werden. Zunächst ist die Dichotomie zwischen Paulus und *dem Judentum* problematisch. Obwohl weiterhin über einheitliche Formen innerhalb des antiken Judentums gestritten wird, ist die Pluralität und Diversität antiker jüdischer Strömungen kaum noch zu leugnen. Als nächstes stellt sich im Hinblick auf die Rechtfertigungslehre die Frage nach der Bedeutung des Gesetzes im antiken Judentum, besonders die Frage, ob eine strikte Befolgung der Tora als Kriterium für die Erlösung ausschlaggebend war oder nicht. Letztlich spielt der historische Kontext der paulinischen Briefkorrespondenz eine erhebliche Rolle, da diese Korrespondenz in besonderem Maße Gelegenheitsschriften beinhaltet, die an ganz bestimmte Adressatenkreise gerichtet waren.

Antikes Judentum – antike Judentümer?

Aus bibelwissenschaftlicher Sicht ist es schwer, das antike Judentum adäquat zu charakterisieren. Traditionell wurde eine Unterteilung in die Gruppen der Pharisäer, Sadduzäer, Essener und Zeloten gemäß des Berichts des jüdisch-römischen Historikers Flavius Josephus vorgenommen (vgl. Bell. 2.19–166; Ant. 13.171–173; 18.11–25). Zusätzlich wurde zwischen einem (stark pharisäisch geprägten) palästinensischen Judentum und einem hellenistischen Diasporajudentum unterschieden. In der heutigen Forschung werden beide Unterteilungsschemata als unzureichend bewertet. Obwohl die erwähnten jüdischen Gruppierungen nicht nur bei Josephus auftauchen, können kaum gesicherte Informationen aus den Quellen entnommen werden und die Genauigkeit von Josephus' Bericht bleibt, mit Blick auf seinen römischen Adressatenkreis, mehr als fragwürdig.[17] Außerdem finden sich bereits weitere Bezeichnungen in den neutestamentlichen Quellen (z. B. Schriftgelehrte, Herodianer), wodurch eine stringente Unterteilung in diese Gruppierungen nicht ausreicht.[18] Seit der Arbeit von Martin Hengel wird das palästinensische Judentum ebenfalls nicht mehr in seiner Abgrenzung zum Hellenismus definiert, da Hengel nachweisen konnte, dass es genügend kulturelle Berührungspunkte mit dem Hellenismus gab und dessen Einflüsse innerhalb des Judentums, auch in Palästina, auszumachen sind.[19] Neuerdings wird in der Paulusforschung sogar der Begriff des Diasporajudentums nicht nur mit Blick auf die Beziehungen zwischen Judentum und Hellenismus, sondern auch aufgrund von Einflüssen lokaler Kulturen neu diskutiert.[20]

Bei diesen Unsicherheiten zur Bestimmung des antiken Judentums stellt sich die Frage, ob es eine Möglichkeit gibt, verbindende Charakteristika des antiken Judentums zu benennen. Gerade die Einhaltung und Heilsbedeutung der Tora erschien in diesem Zusammenhang als ein unumstößliches Charakteristikum, diente sie doch mit Blick auf die lutherische Rechtfertigungslehre im Sinne einer Werkegerechtigkeit als wichtiges Gegenbild zur ,paulinischen' Heilsvorstellung „Gnade von Gott durch Glauben allein". Ed Parish Sanders brachte diese Vorstellung der exklusiven Heilsbedeutung der Tora für das antike Judentum jedoch ins Wanken.[21] Er prägte den Begriff des Bundesnomismus *(covenantal nomism)* und erklärte den Bund zwischen Gott und Israel als Heilszusage, die Befolgung der Tora diene ihm zufolge lediglich zum Verbleib *(staying-in)* im Judentum. Damit war für Sanders der (wenn auch kleinste) gemeinsame Nenner des Judentums nicht mehr die Werkegerechtigkeit, sondern der Bund zwischen Gott und seinem Volk, also ein positiver Zuspruch Gottes gegenüber seinem Volk aus Gnade. Zwar geht die heutige Forschung zu Recht von einer Pluralität innerhalb des Judentums und seiner verschiedenen Strömungen aus und ist daher sehr zurückhaltend mit solchen umfassenden Charakteristika[22], aber die Annahme, dass auch das antike Judentum eine Gerechtigkeit aus Gnade kennt, weckte in der paulinischen Forschung weitere Rückfragen an die Rechtfertigungslehre. Speziell wurde versucht, die Frage nach dem paulinischen Verständnis des Gesetzes differenziert zu beantworten.

Neue Perspektiven auf Paulus?

Seit nunmehr drei Jahrzehnten existiert ein heterogener Forschungszweig, der sich unter dem Label einer *New Perspective on Paul* um alternative Blickrichtungen auf das Themengebiet ‚Rechtfertigung' bei Paulus bemüht.[23] Dabei gab Sanders' Studie den Anstoß für die entscheidenden Fragen, wie Paulus als Jude selbst das Judentum versteht und gegen was genau er seine Kritik richtet. James D.G. Dunn, der Namensgeber dieses neuen Forschungszweigs, griff Sanders Studie auf und sieht in Paulus einen Juden, der den Bund Israels, und damit die Heilszusage dieses Bundes aufgrund des Christusereignisses, für nicht-jüdische Christusgläubige öffnen will, keineswegs aber mit dem Judentum bricht. Paulus' Kritik an den „Werken des Gesetzes" (Gal 2,16) versteht Dunn lediglich als Kritik an den sozialen Vorschriften, die das Judentum von den Heiden trennt *(boundary markers)*, vornehmlich die Beschneidung, die Speisegebote und das Sabbatgebot.[24] Dunns Kritiker verweisen allerdings darauf, dass eine solche Interpretation zwar auf die Wendung „Werke des Gesetzes" passen könnte (Gal 2,16), nicht aber auf die allgemeineren Reflexionen über das Gesetz an sich (Röm 3,20; Gal 2,21).[25] Darüber hinaus wird gegenüber Dunn und anderen Vertretern der *New Perspective* die Kritik laut, dass zwar ein großes Augenmerk auf soziokulturelle Konfliktpunkte gelegt wird, dabei aber die soteriologisch-eschatologische Argumentation in der paulinischen Briefkorrespondenz zu stark in den Hintergrund rückt.[26]

Obwohl dieser exegetische Disput keineswegs beigelegt ist, haben diese neuen Anfragen in der Paulusforschung das Interesse verstärkt, die paulinische Briefkorrespondenz aus ihrer Zeit und historischen Begebenheit heraus zu verstehen, ohne sie sofort theologisch zu überfrachten. Ein historisches Faktum spielt dabei eine gewichtige und immer neu zu definierende Rolle: Paulus war als Jude Teil des Judentums.

Der jüdische Paulus

In der Paulusforschung etabliert sich zunehmend der Trend, den jüdischen Paulus vollständig zu rehabilitieren und innerhalb des antiken Judentums zu verorten und zu belassen.[27] Bislang operierte die Paulusforschung immer mit der Annahme, Paulus stehe aufgrund seiner Bekehrung und seiner gesetzeskritischen Aussagen für das Christentum in Abgrenzung vom oder zumindest in Kritik gegenüber dem Judentum. Die neue, jüdische Perspektive (auch *Radical New Perspective* genannt) ist bemüht, diese Grundannahme zu revidieren. Sie verweist darauf, dass bereits die gebrauchte Terminologie in der paulinischen Forschung höchst problematisch ist. Begriffe wie ‚Juden', ‚Christen' oder gar ‚Judenchristen' und ‚Heidenchristen' sowie ‚Kirche' gehen von der Tatsache aus, dass ein Christentum unabhängig vom Judentum zur Zeit des Paulus existierte und in den Quellen erfassbar ist.[28] Dies ist jedoch ein anachronistischer Rückschluss, den die paulinischen Briefe nicht unterstützen.[29] Was aus der paulinischen Korrespondenz und der Apostelgeschichte allerdings hervorgeht, ist Paulus' jüdische (gar pharisäische) Prägung und Erziehung (Phil 3, 5; Apg 22, 3). Als Jude von Tarsus kam er natürlich mit der größeren hellenistischen Welt in Berührung, sein prägender kultureller Hintergrund blieb allerdings die jüdische Welt.[30] Daher waren auch die Synagogen erste Anlaufpunkte auf seinen Reisen (vgl. Apg 13, 5; 14, 1).

Natürlich bleibt weiterhin die Frage nach der Deutung der gesetzeskritischen Aussagen in den paulinischen Briefen, die zweifelsohne auf einen Konflikt hindeuten. Allerdings ist diese Frage ebenso abhängig von der eingenommenen Perspektive. Selbstverständlich übt Paulus Kritik, die in irgendeiner Weise mit dem Gesetz zusammenhängt. Aber tut er dies von außen, *gegen* die Juden oder handelt es sich vielmehr um einen *inner*-jüdischen Konflikt, den Paulus als Jude *mit* Juden führt? Diese entscheidende Frage kann nur geklärt werden, wenn die Bedeutung und Einhaltung des jüdischen Gesetzes zur Zeit des Paulus eindeutig ist. Hier trifft die Exegese aber bereits auf eine ambivalente

Quellenlage. Zunächst ist bekannt, dass der Umfang des Gesetzes für die verschiedenen jüdischen Gruppierungen (beispielsweise die Sadduzäer und Pharisäer) divergierte.[31] Unabhängig von dieser Tatsache finden sich in den antiken jüdischen Quellen (vgl. CD X,14–XI,21)[32] und natürlich in den Evangelien (ebenfalls als jüdische Zeugnisse) halachische Dispute (vgl. Mk 2,23–28; Mt 12,1–8; Lk 6,1–5 oder Mk 7,1–23) über die Auslegung des Gesetzes. Aufgrund dieser Dispute in den Evangelien stand lange Zeit die Frage im Raum, ob Jesus das Gesetz bricht. Heutzutage herrscht zumindest Einigkeit darüber, dass der Jude Jesus mit den Pharisäern in einen halachischen (und damit inner-jüdischen) Disput eintritt, übrigens ein Disput, der auch nur in einem jüdischen Kontext von Bedeutung ist. Um jeglichen Missverständnissen vorzubeugen, bemüht sich Matthäus sogar noch um eine unmissverständliche Bestätigung der Tora (Mt 5,17–19). Die hinter diesen halachischen Disputen stehende Ambivalenz der jüdischen Gesetzesauslegungen lässt sich auch an den Beispielen der Gesetzeslehrer Hillel und Shammai nachvollziehen, die beide unterschiedliche Schulen gründeten und verschiedene Auslegungen der Tora vertraten.[33] Aber auch unabhängig von diesen Einzelbeispielen ist es wahrscheinlich, dass die Befolgung des Gesetzes nicht eindeutig festgeschrieben und von verschiedensten halachischen Disputen geprägt war.[34] Zwar bleibt auch hier die Frage offen, wie die allgemeineren Reflexionen über das Gesetz zu deuten sind (Röm 3,20; Gal 2,21), allerdings zeigen die antiken Quellen ein ambivalentes Verständnis des Gesetzes, was Zweifel an einer allgemein-kritischen Gesetzeshaltung des Paulus aufkommen lässt. Gerade die ambivalenten Ausführungen in Gal 3 könnten auf eine kritische Haltung des Paulus an der soteriologischen Funktion der Tora (besonders dem Selbstzweck bestimmter Halachot) hinweisen, ohne allerdings ihre heilsgeschichtliche Relevanz zu leugnen.[35]

Nun bleiben allerdings noch die paulinischen Aussagen zur Bedeutung(slosigkeit?) der Beschneidung (vgl. Gal 5,6). Aber auch diese Aussagen können von den Vertretern einer jüdischen Perspektive auf

Paulus anhand von anderen jüdischen Zeugnissen der Antike erklärt werden, da Paulus diese Aussagen nur gegenüber Nicht-Juden tätigt und nicht die Bedeutung der Beschneidung für Juden an sich in Frage stellt.[36] Ferner ist die Beschneidung zwar ein äußeres Merkmal männlicher Juden, allerdings besitzt sie keinen äußeren Selbstzweck, sondern verlangt nach einer grundlegenden Öffnung gegenüber Gott (vgl. Deut 10,16; Jer 4,4; Röm 2,28–29).[37] Ebenso tradiert das frühe (jüdische) Christentum den jüdischen Gedanken einer Öffnung des göttlichen Heilszuspruchs für Israel auf alle Völker, wie der universale Missionsauftrag am Ende des (judenchristlichen) Matthäusevangeliums belegt.[38] Es ist möglich, dass Paulus ebenfalls eine jüdische Tradition einer eschatologischen Öffnung des Heils an alle Völker vertrat, wenn er sich an seinen nicht-jüdischen Adressatenkreis wendet. Hierzu ist beispielsweise die jüdische Tradition der eschatologischen Pilgerschaft der Völker zu Gott hin eine mögliche (jüdische) Theologie (vgl. Jes 2,2).[39] Mit dieser neuen Blickrichtung möchten die Vertreter der *New Perspective* und vor allem der *Radical New Perspective* oder besser der *Jewish Perspective* darauf aufmerksam machen, dass Paulus die Beschneidung und die radikale Tora-Observanz für Nicht-Juden verneint, dadurch aber nicht automatisch die Bedeutung der Tora für Juden in Abrede stellt. Im Gegenteil, Paulus schafft durch seine christologisch geprägte Theologie eine größere Gruppenzusammengehörigkeit, die die alten Unterschiede zwischen Juden und Nicht-Juden durch das Christusereignis überwindet.[40] Dadurch öffnet er die Heilszusage Gottes und seine gegebene Gnade durch seinen Bund für alle Völker.[41]

Die Rechtfertigungslehre – status quaestionis

Natürlich erheben die hier vorgetragenen Ausführungen keinen Anspruch auf Vollständigkeit und wollen auch keinen allseits anerkannten exegetischen Forschungskonsens wiedergeben.[42] Dennoch stellen sie Anfragen an die Intentionen des Apostels Paulus in seiner damaligen historischen Situation, denn die paulinischen Aussagen zur Rechtfertigung sind „einem ganz bestimmten geschichtlichen Kairos" zuzuordnen, dem es zunächst um ein inklusivistisches Verständnis der Jesus-Gemeinschaft geht.[43] Demnach war der jüdische Apostel Paulus um die Einheit der frühen Gemeinden bemüht, die aus unterschiedlichen Juden und Nicht-Juden bestanden. Aufgrund dieses *ökumenischen* Anliegens des Apostels ist es schon eine gewisse Ironie, dass seine Schriften für einen konfessionellen Disput herangezogen werden. Ebenso verwunderlich ist es aufgrund der Pluralität und Diversität der biblischen Zeugnisse, wenn über exegetische Details einer *Lehre der Rechtfertigung* gestritten wird. Es gab, gibt und wird wohl zu allen Zeiten eine theologische Debatte über dieses Thema geben, aber die theologisch-exegetisch entscheidende Frage in Bezug auf die paulinische Grundlage dieses Disputs wäre, ob der Apostel für die Einheit seiner Gemeinden aus einer jüdischen und jüdisch-bleibenden Perspektive heraus argumentiert. Die hier suggerierte Antwort ist ,Ja', womit den paulinischen Briefen gleichzeitig auch eine zutiefst jüdische Auffassung zugrunde liegen würde: die Erlösung des Menschen kommt von Gottes Gnade. Auch wenn sich die exegetische Forschung weiterentwickelt hat, so kann die Theologie Martin Luther für die Betonung dieses Gedankens nur dankbar sein. Daher bräuchte die Rechtfertigungslehre aus exegetischer Sicht nicht im Zentrum konfessioneller Grabenkämpfe stehen.

Anmerkungen

1   Obwohl Luther selbst auf Augustinus verwies, bemängelte er beim Kirchenvater, dass dieser sich nur in Abgrenzung zu den Pelagianern auf die Rechtfertigung durch Gottes Gnade berief, vgl. Luthers Kommentar zu Galater 2,16 a von 1519.

2   Diese Streitfragen sind häufig ekklesiologischer Natur, siehe § 43 der Gemeinsamen Erklärung zur Rechtfertigungslehre (GER).

3 Vgl. Johannes Wallmann, Der Streit um die „Gemeinsame Erklärung zur Rechtfertigungslehre",
in: Zeitschrift für Theologie und Kirche. Beihefte 10 (1998) 207–251.

4 Michael Theobald, Rechtfertigung und Ekklesiologie nach Paulus. Anmerkungen zur *Gemeinsamen Erklärung zur Rechtfertigungslehre*, in: Zeitschrift für Theologie und Kirche 95 (1998)
103–117, hier 103.

5 Hierzu ebd., 103–106. Exegetische Einschätzungen zur GER finden sich in folgendem Sammelband: Thomas Söding (Hg.), Worum geht es in der Rechtfertigungslehre? Das biblische
Fundament der „Gemeinsamen Erklärung" von katholischer Kirche und Lutherischem Weltbund (QD 180), Basel 1999.

6 Eine pointierte Darstellung von Luthers paulinischem Bezug findet sich bei: Otto Hermann
Pesch, Paulus – der Heilige der Reformation, in: Welt und Umwelt der Bibel 1 (2009) 54–59.
Eine längere Analyse findet sich auch bei: Volker Stolle, Luther und Paulus. Die exegetischen
und hermeneutischen Grundlagen der lutherischen Rechtfertigungslehre im Paulinismus
Luthers (Arbeiten zur Bibel und ihrer Geschichte 10), Leipzig 2002.

7 Vgl. Karl-Wilhelm Niebuhr, Die paulinische Rechtfertigungslehre in der gegenwärtigen exegetischen Diskussion, in: Söding (Hg.), Worum geht es in der Rechtfertigungslehre? (w. Anm. 5),
106–130.

8 Vgl. den Überblick in Georg Fischer, Wege in die Bibel. Leitfaden zur Auslegung, Stuttgart 2008,
36–53.

9 In jüngerer Zeit gibt es auch eine vermehrte Hinwendung zur Methodik der Literaturwissen-
schaften und anderer Fächer, vgl. ebd., 66–86. Für das Zusammenspiel von historischen
und literarischen Fragestellungen vgl. Jens Schröter, Zum gegenwärtigen Stand der neutestamentlichen Wissenschaft: Methodologische Aspekte und theologische Perspektiven, in:
New Testament Studies 46 (2000) 262–283.

10 Hier sei vor allem die sog. Literatur der Periode des Zweiten Tempels erwähnt. Darunter
fallen u.a. das Henochbuch, das Jubiläenbuch, die Psalmen Salomos sowie die Schriftrollen
vom Toten Meer und sogar die späte Schrift 4 Ezra.

11 Für einen kurzen Überblick der Forschungsgeschichte der historischen Jesusforschung vgl.
Angelika Strotmann, Der historische Jesus: eine Einführung, Paderborn 2012, 21–34.

12 Natürlich wird dabei das antike Judentum nicht als statische, sondern als plurale Entität mit
verschiedenen Strömungen und Ausprägungen wahrgenommen.

13 Vgl. Strotmann, Der historische Jesus (w. Anm. 11), 29–30.

14 Vgl. Craig A. Evans, Assessing Progress in the Third Quest of the Historical Jesus, in: Journal
for the Study of the Historical Jesus 4 (2006) 35–54.

15 Stellvertretend sei hier auf das Lukasevangelium verwiesen, welches besonders in der deutschen Exegese als heidenchristliches Evangelium galt. Gegen dieses traditionelle Narrativ
vgl. Matthias Blum, Der Evangelist Lukas als erzählender Theologe, in: Bibel und Kirche 62
(2007) 160–166.

16 Die folgenden Aussagen sollen nicht als Kritik an der Person Luthers missverstanden werden. Jeder Exeget ist ein Kind der jeweiligen Zeit und so sollten die Ausführungen Martin
Luthers zur Rechtfertigungslehre immer im Spiegel des 16. Jh. betrachtet werden, denn vor
diesem historischen Hintergrund verdienen sie durchaus eine umfassende Würdigung.

17 James S. McLaren, Josephus's summary statements regarding the Essenes, Pharisees and
Sadducees, in: Australian Biblical Review 48 (2000) 31–46.

Steffen Jöris

Die paulinische Rechtfertigungslehre.
Zankapfel oder Chance für die Ökumene?

71

18   Jacob Neusner, The Rabbinic Traditions about the Pharisees Before 70, Leiden 1971; Ders.,
      From Politics to Piety: The Emergence of Pharisaic Judaism, New Jersey 1973; Anthony J.
      Saldarini, Pharisees, Scribes and Sadducees in Palestinian Society: A Sociological Approach,
      Wilmington 1988. Vgl. Saldarinis passende Darstellung der Ambivalenz des Bildes der Pha-
      risäer in der Forschung (ebd., 3). Vgl. außerdem Lester L. Grabbe, Sadducees and Pharisees,
      in: Jacob Neusner/Alan J. Avery-Peck (Hg.), Judaism in Late Antiquity: Part Three: Where
      We Stand: Issues and Debates in Ancient Judaism, Volume One, Leiden 1999, 34–62; Steve
      Mason, Revisiting Josephus's Pharisees, in: Ebd., 23–56; Roland Deines, The Social Profile of
      the Pharisees, in: Reimund Bieringer u. a. (Hg.), The New Testament and Rabbinic Literature
      (JS)Sup 136), Leiden 2010, 111–132.
19   Martin Hengel, Judentum und Hellenismus. Studien zu ihrer Begegnung unter besonderer
      Berücksichtigung Palästinas bis zur Mitte des 2. Jh.s v. Chr. (WUNT 19), Tübingen 1969.
20   Vgl. die Ansätze bei Kathy Ehrensperger, Paul at the Crossroads of Cultures: Theologizing in
      the Space-Between (LNTS 456), London 2013. Ehrensperger kritisiert das synkretistische Mo-
      dell des Hellenismus (ebd., 20–29) und bezweifelt, dass die Bezeichnung des Apostels als
      hybrider Jude (im Sinne eines kulturell gemischten Diasporajudentums) hilfreich sei (ebd.,
      36–38).
21   Ed Parish Sanders, Paul and Palestinian Judaism: A Comparison of Patterns of Religion, Min-
      neapolis 1977.
22   Vgl. auch die kritischen Stimmen zu Sanders' These in Donald A. Carson/Peter T. O'Brien/
      Mark A. Seifrid, Justification and Variegated Nomism. The Complexities of Second Temple
      Judaism (WUNT II 140), Tübingen 2001. Möglicherweise ist der Plural Judentümer sogar an-
      gemessener: vgl. Jacob Neusner, From Judaism to Judaisms: My Approach to the History of
      Judaism, in: Ders., Ancient Judaism. Debates and Disputes, Atlanta (GA) 1990, 181–221.
23   Für eine umfassende Einführung in diese Forschungsrichtung vgl. Ivana Bendik, Paulus in
      neuer Sicht? Eine kritische Einführung in die New Perspective on Paul (Judentum und Chris-
      tentum 18), Stuttgart 2010. Eine gute Einführung über die Auswirkungen der New Perspec-
      tive bietet Klaus Haacker, Verdienste und Grenzen der „neuen Perspektive" der Paulus-Aus-
      legung, in: Michael Bachmann (Hg.), Lutherische und Neue Paulusperspektive. Beiträge zu
      einem Schlüsselproblem der gegenwärtigen exegetischen Diskussion (WUNT 182), Tübin-
      gen 2005, 1–15.
24   James D. G. Dunn, The New Perspective on Paul, in: Bulletin of the John Rylands Library 65
      (1983) 95–122. Vgl. auch die gesammelten Aufsätze: James D. G. Dunn, The New Perspective
      on Paul. Collected Essays (WUNT 185), Tübingen 2005.
25   Jörg Frey, Das Judentum des Paulus, in: Oda Wischmeyer (Hg.), Paulus. Leben – Umwelt –
      Werk – Briefe, Tübingen 2012, 25–65, hier 59 f.
26   Ebd., 39 f.
27   Vgl. Mark D. Nanos/Magnus Zetterholm (Hg.), Paul within Judaism: Restoring the First-Cen-
      tury Context to the Apostle, Minneapolis 2015.
28   Anders Runesson, The Question of Terminology: The Architecture of Contemporary Discus-
      sions on Paul, in: Ebd., 53–77.
29   Ebd., 59–68.
30   Ehrensperger, Paul at the Crossroads of Cultures (w. Anm. 20), 138 und 222. Wobei die Aus-
      drücke „hellenistische" und „jüdische" Welt bereits schwierige Simplifikationen darstellen.

31   Vgl. Frey, Das Judentum des Paulus (w. Anm. 25), 22 f.

32   4 QMMT und 11 Q19 XLVIII–LXVI (Tempelrolle) sind weitere Beispiele für die Interpretation der Tora in den Schriftrollen vom Toten Meer. Vgl. auch den Überblick über die Entwicklung des Gesetzes in Simone Paganini, „Ich aber sage euch ...": Von der Tora bis Jesus. Die Interpretation des Gesetzes in Israel in der Zeit des zweiten Tempels, in: Wilhelm Guggenberger/ Simone Paganini (Hg.), Jesus nachfolgen. Auf der Suche nach christlichen Lebensformen, Innsbruck 2010, 11–33 sowie den Sammelband Jörg Frey/ Enno Edzard Popkes (Hg.), Jesus, Paulus und die Texte von Qumran (WUNT II 390), Tübingen 2015.

33   Paul Mandel, Hillel, in: John J. Collins/ Daniel C. Harlow (Hg.), The Eerdmans Dictionary of Early Judaism, Grand Rapids 2010, 742 f.; Ders., Shammai, in: Ebd., 1224 f.

34   Dies ist sehr anschaulich verdeutlicht in Karin Hedner Zetterholm, The Question of Assumptions: Torah Observance in the First Century, in: Nanos/Dies. (Hg.), Paul within Judaism (w. Anm. 27), 79–103.

35   Vgl. in diesem Band den Beitrag von Martin Staszak „Der Gerechte lebt aus dem Glauben": ein biblischer Schlüsseltext aus exegetischer Sicht damals und heute. Vgl. auch Michael Bachmann, Zur Argumentation von Galater 3.10–12, in: New Testament Studies 53 (2007) 524–544.

36   Mark D. Nanos, The Question of Conceptualization: Qualifying Paul's Position on Circumcision in Dialogue with Josephus's Advisors to King Izates, in: Ders./Zetterholm (Hg.), Paul within Judaism (w. Anm. 27), 105–152.

37   Die Befolgung der Tora in Zusammenhang mit der Beschneidung wird auch in den rabbinischen Quellen vorausgesetzt, vgl. Jens-Christian Maschmeier, Rechtfertigung bei Paulus. Eine Kritik alter und neuer Paulusperspektiven (BWANT 189), Stuttgart 2010, 283.

38   Der jüdische Einfluss beim Matthäusevangelium ist besonders bei der Stärkung der Tora zu erkennen (Mt 5,17–19). Für weitere Gründe vgl. Ulrich Luz, Das Evangelium nach Matthäus (Mt 1–7) (EKK I/1) Neukirchen-Vluyn 2002, 85–88.

39   Caroline J. Hodge, The Question of Identity: Gentiles as Gentiles – but also Not – in Pauline Communities, in: Nanos/Zetterholm (Hg.), Paul Within Judaism (w. Anm. 27), 153–173, hier 168–169.

40   Dies wird besonders bei der πνεῦμα-Theologie und den ἐν τῷ Χριστῷ-Aussagen (in Christus) deutlich; vgl. James D. G. Dunn, The Theology of Paul the Apostle, Edinburgh 1998, 396–401 und Hildegard Scherer, Geistreiche Argumente. Das Pneuma-Konzept des Paulus im Kontext seiner Briefe (NTA 55), Münster 2011, 253–260.

41   Natürlich wird auch in der Exegese kritisch hinterfragt, ob Paulus dieses eschatologische Verständnis zugrunde legt: vgl. Terence L. Donaldson, Paul Within Judaism: A Critical Evaluation from a ‚New Perspective' Perspective, in: Nanos/Zetterholm (Hg.), Paul Within Judaism (w. Anm. 27), 277–301.

42   An dieser Stelle sei noch auf eine Arbeit zur Neuen Perspektive aus griechisch-orthodoxer Sicht hingewiesen, die ebenfalls mit einer ökumenischen Würdigung schließt: Athanasios Despotis, Die „New Perspective on Paul" und die griechisch-orthodoxe Paulusinterpretation (Veröffentlichungen des Instituts für Orthodoxe Theologie 11), St. Ottilien 2014. Ebenso gibt es andere Versuche, die paulinische Theologie als Zeugnis aus dem Judentum heraus zu verstehen: vgl. Antonio Pitta, Paul within Judaism: Identity and Tensions, in: Rivista Biblica 61 (2013) 161–188.

43   Vgl. Theobald, Rechtfertigung (w. Anm. 4), 112.

» Ist die Schrift allein genug? Überlegungen zum sola scriptura aus katholischer Sicht

Robert Mucha

Die ‚Solas' des Protestantismus waren und sind theologische Pauken-schläge, die auch nach einem halben Jahrtausend noch nachhallen. *Sola fide, sola gratia, sola scriptura* und – diese drei zusammenfassend – *solus Christus* sind *identity marker* des Protestantismus geworden: In zum Teil schärfster Auseinandersetzung mit dem Katholizismus wur-den sie verteidigt und hielten sich in der theologischen Debatte als urreformatorische Bekenntnisformeln, die das In- und Zueinander von Glaube, Gnade und Schrift als Heilswege zu Christus hin beschreiben. War die *sola-gratia*-Debatte eine vornehmlich systematisch geführte Diskussion, so ist der Diskurs über das *sola scriptura* eine Auseinan-dersetzung, die Exegese und Dogmatik zugleich betrifft: Die Heilige Schrift wird laut protestantischer Lehre als die allein maßgebliche Quelle der Offenbarung betrachtet. Doch was bedeutet dies genau und welche Auswirkungen hatte und hat diese Denkweise auf das Gespräch zwischen den Konfessionen?

Dieser Beitrag versucht von einem katholischen Blickwinkel auf das *sola scriptura* aus die Frage zu klären, welchen Stellenwert die Schrift im Christentum einnimmt und wie sie als Offenbarungszeugnis zu be-werten ist.

1. Was bedeutet „sola scriptura"? – Schriftverständnis in protestantischer und katholischer Lehre

Zu Beginn stehen wichtige formale Unterscheidungen der Begrifflichkeiten. Das Evangelium, die frohe Botschaft des christlichen Glaubens, ist durch und im inkarnierten Christus selbst gegeben. Das Christentum ist keine Buchreligion wie der Islam[1], sondern eine Offenbarungsreligion, die die Person Jesus von Nazareth als die menschgewordene Liebe Gottes erkennt.[2] Das Evangelium ist durch Jesus Christus geoffenbart und von der Kirche tradiert worden.[3] Die Frage, auf welche Weise dies geschah, berührt im Kern bereits die Frage nach dem *sola scriptura*: Es steht seit der Reformation für ein bestimmtes Vorverständnis bezüglich der Offenbarungsmedien und schließt die Tradition als weiteres Offenbarungsmedium explizit aus. Es sollen in Folge die evangelische und katholische Position skizziert werden.

1.1. Sola scriptura – Offenbarung allein durch die Schrift

Das Evangelium ist die Selbstmitteilung Gottes in Jesus Christus. Es ist nicht als materielle Schrift zu verstehen oder als Literaturgattung, sondern stellt eine übergeordnete Offenbarung Gottes dar (siehe in Folge auch Abb.1). Für Luther und die Reformatoren ist das Evangelium der Ausgangspunkt ihrer Überlegungen. Die Schrift ist so verstanden Konkretion und Bewahrung dieses Evangeliums und Christus ist als der Logos – das Wort Gottes – Inhalt und Mitte der Schrift.[4] Die Schrift enthält also das geoffenbarte Evangelium, das Christus selbst ist. ‚Schrift' ist damit in erster Linie nicht als etwas Materielles zu verstehen, sondern als Überlieferungsmedium, das das Evangelium und folglich Christus selbst bezeugt. Materiell betrachtet liegt sie uns in den Texten vor, die wir als das Alte und Neue Testament kennen. Es sind Texte, die inspiriert sind – das bedeutet: Sie erhalten ihre Dignität von Gott selbst. Aus ihnen sind wiederum Traditionen deutbar – etwa der Auftrag, das Abendmahl zum Gedächtnis Jesu zu begehen, oder Weisungen, wie einander zu vergeben.[5]

Robert Mucha

Ist die Schrift allein genug?
Überlegungen zum sola scriptura aus katholischer Sicht

75

Wer die Schriften liest und immer besser verstehen lernt, erhält einen individuellen Zugang zum Heil.[6] Luthers Vorstellung der *claritas scripturae*, des für jeden und jede erkennbaren Sinns der Schrift[7], macht den schriftkundigen Menschen zu einem gotteserkenntnisfähigen Subjekt, zu einem mündigen Gläubigen, der nicht zwingend auf die Autorität einer Institution angewiesen ist, sondern sich vielmehr selbst ‚erlesen‘ kann, was zum Heilserwerb nötig ist.[8] Diese absolute Stellung der Schrift als alleiniges Offenbarungsmedium *(sola scriptura)* geht noch weiter. Protestantische Christen gehen von einem aufeinander bezogenen Moment aus: Jesus Christus inspiriert die Schrift – die Schrift wiederum lehrt das Wesen Jesu. *Solus Christus* und *sola scriptura* gehörten bereits für Luther eng zusammen.[9] Der Schrift kommt somit eine Bedeutung zu, die man analog vielleicht mit der Gegenwartsform Christi in der Eucharistie vergleichen kann: Christus ist anwesend und der Verzehr der konsekrierten Hostie stärkt die Beziehung zu Christus. Analog die Schrift im Protestantismus: Durch die Worte der Schrift ist Jesus präsent und durch die Lektüre kann man mit ihm in Beziehung treten.[10]

Dieser absolute Schriftbezug (erwähnt etwa in WA 7, 98,40) ist von Luther auch mit einer abgrenzenden Intention verfasst worden. Es wurde explizit versucht, gegen Auswüchse kirchlicher (katholischer) Entwicklungen vorzugehen, wie zum Beispiel den Ablasshandel oder die Fokussierung auf den Heiligenkult und damit einhergehende bizarre Formen von Reliquienverehrung. Die einzig ‚reine‘ Quelle, die nach Ansicht Luthers und der Reformatoren wirklich zur Mitte des christlichen Glaubens, dem Evangelium, zurückführen konnte, war das Wort Gottes.[11] Als mitgehender Anfang hatte es den Zauber des Anfangs durch die Zeiten hindurch konserviert. Dies schien der geeignete Referenzpunkt zu sein, sich von dem Unkraut der Jahrhunderte und einer scheinbar nicht-jesuanischen Entwicklung zu entledigen.[12]

Zwar erkannte der Protestantismus Traditionen, die aus der Schrift heraus entwickelt werden konnten, an (vgl. Abb. 1), aber schloss ka-

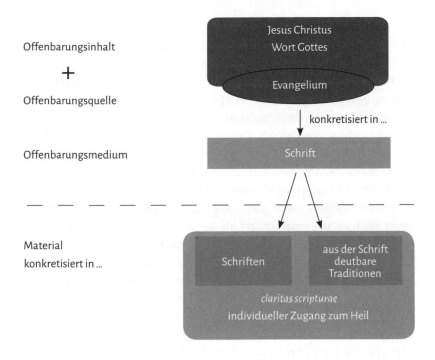

Abbildung 1: *sola scriptura*

tegorisch andere Formen der Traditionslegitimation aus.[13] Die Immunisierung gegen das katholische Verständnis von Tradition und ihre Traditionen hatte zur Folge, dass die protestantische Konfession in der Frage des Schriftprinzips nicht von ihrem Standpunkt abwich und abweichen konnte.

Eine positive Folge dieser Denkart war die Aufnahme des humanistischen Ideals, an den Originalquellen zu arbeiten *(ad fontes!)* und die Schrift in verschiedene Sprachen zu übersetzen und zu verbreiten.[14] Problemlagen dieser Deutungsart vorerst aussparend, ist nun ein Blick auf die katholische Seite zu werfen.

Robert Mucha

Ist die Schrift allein genug?
Überlegungen zum sola scriptura aus katholischer Sicht

77

1.2. Katholisches Schriftverständnis – Zwischen Tradition und Inspiration

Auch der Katholizismus setzt in der Frage nach der Quelle der Offenbarung beim Evangelium an (siehe in Folge dazu Abb. 2). Das Evangelium ist Zentrum des Glaubens – somit ist die Offenbarungsquelle beider Konfessionen gleich. Der Unterschied zum *sola scriptura*-Denken des Protestantismus besteht beim Katholizismus in der Vorstellung einer zweifachen Ausdrucksweise der göttlichen Offenbarung in Schrift und Tradition.[15] Dieser Gedanke ist nicht vom Christentum erfunden worden: Auch das Judentum kennt die verschriftlichte Form der Tora, die materialiter als Rolle in einem eigens dafür vorgesehenen Schrein aufbewahrt wird, und die Mischna, die mündliche Tora, die aus Interpretationen und sich im Leben der Gläubigen realisierenden und konkretisierenden Erfahrungen mit der Tora Gottes besteht. Mit der Schrift, die sich in den verschiedenen Schriften niederschlägt, verhält es sich ansonsten analog zum protestantischen Verständnis.

Was aber bedeutet Tradition? Die Tradition ist das Bewusstsein darüber, dass das Evangelium empfangen wurde und weitergetragen wird. Sie lässt sich wohl am treffendsten mit der Vorstellung des sich ereignenden Evangeliums in der Zeit beschreiben. Walter Kasper definiert Tradition als das „in der Kirche lebendige Evangelium"[16]. Die Tradition besteht aus verschiedenen Traditionen – Auslegungsweisen, Lesarten, Interpretationen des göttlichen Wortes.[17] Sie ist kein museales Relikt, das von einer Generation an die andere übergeben wird und *semper idem* das Dasein eines verstaubten Artefakts fristen muss. Tradition ist vielmehr die Konkretion und kreative – damit auch vielfältige und wandelbare – Deutung des Glaubens in der Geschichte und im Heute. Dabei ist weniger Buchstabentreue als Sachtreue ihr Grundprinzip.[18]

Diese Konkretion des Evangeliums geschieht in einer Gemeinschaft. Schrift und Tradition als Offenbarungsmedien des Evangeliums sind nach katholischem Verständnis nicht nur individuell auslegbar, sondern sie haben auch und vor allem eine die Gemeinschaft betreffende Dimension. Die Gemeinschaft definiert daher im Dienst am Evangelium, wie mit Schrift und Tradition umzugehen ist. Diese Gemeinschaft ist die Kirche. In ihr wird das Ursakrament, Jesus Christus als das wahre Evangelium, weitergetragen und vor Verfälschung bewahrt. Entgegen Positionen, die hierin eine Stellung der Kirche über der Schrift und der Tradition sehen, sind die Kirche und das kirchliche Lehramt als Dienerinnen des Evangeliums zu verstehen. Schrift und Tradition stehen über der Kirche – allerdings verfügt die Kirche über deren materielle Ausgestaltungen, z.B. in Fragen zu bestimmten liturgischen Riten, Übersetzungsangelegenheiten und ähnlichem. Sie tut dies im Dienst am Evangelium, das ihr anvertraut ist. Der Dienst am Evangelium bezieht auf diese Weise auch einen Schutzdienst ein.

Diese Sicht auf die Offenbarungsmedien und ihr Verhältnis zueinander wurde auf dem Konzil von Trient (1545–1563) als Reaktion auf die (jegliche Tradition zurückweisende) protestantische Seite festgelegt. Dabei wurde das Verhältnis von Schrift und Tradition zunächst in einem materiell aufteilenden *partim ... partim* (teils ... teils) gedacht, was zu gleichen Teilen Schrift und Tradition als Glaubensquellen verstand.[19] Es setzte sich allerdings die sehr offene Sichtweise *et ... et* (sowohl ... als auch) bezüglich des Verhältnisses der Offenbarungsmedien durch und wurde auch vom 2. Vatikanischen Konzil (1962–1965) noch einmal bestätigt.[20]

Dieses Konzil wiederholte die Ausführungen von Trient und verwies in der Offenbarungskonstitution *Dei Verbum* (DV) auf die Bedeutung von Tradition und Schrift (vgl. besonders DV 7–10). Diese dogmatische Konstitution setzt bei dem Gedanken an, dass die Heiligen Schriften als Gotteswort im Menschenwort (DV 12) immer im Stadium des (an andere anknüpfenden) Berichtens (vgl. Lk 1,1–4) entstanden sind.[21] So stellten die Konzilsväter fest, dass die Tradition gegenüber der Schrift kein ‚Mehr' zu verzeichnen habe[22], denn Schrift und Überlieferung entspringen derselben Quelle (DV 9). Laut DV 10 sind Schrift und Tradition miteinander verbunden und die Kirche unterwirft sich dienend dieser Autorität. Die Kirche wird so zum Raum des Heils, der sich beiden Offenbarungsquellen verpflichtet weiß.

Eine Entwicklung in *Dei Verbum* ist im Vergleich mit der Lehre des Trienter Konzils neu: Die Tradition wird nicht mehr als allein hierarchisch bestimmtes Gut verstanden, sondern von der gesamten Kirche getragen und geschützt. Die ganze Kirche, Klerus und Laien, sind durch die Tradition – also das Evangelium im Heute – zur Fortentwicklung der Reich-Gottes-Botschaft aufgefordert.[23] Nach diesem Verständnis muss Tradition etwas innovativ Neues und darf nichts ewig Unaktuelles sein, oder wie es in einem dem Komponisten Gustav Mahler zugeschriebenen Aphorismus heißt: Tradition muss „Weitergabe des Feuers und nicht Anbetung der Asche" sein.[24] Da diese Innovation der Tradition zum großen Teil auch im verschriftlichten Evangelium gründet, hat *Dei Verbum* nach Einschätzung Joseph Ratzingers auch in gewisser Weise einen Vorrang der Schrift deutlich gemacht.[25]

2. Problemlagen – Ist am sola scriptura noch festzuhalten?

Die vorgestellten Verständnismöglichkeiten der Offenbarung als aus der Schrift allein und als ,sowohl... als auch' von Schrift und Tradition sind unterschiedliche Denkoptionen, die aus dem zeithistorischen Umstand der Reformation resultieren. Die historische Situation und die auf diese Weise auch theologisch-denkerische Abgrenzung haben in Folge zu einem fruchtbaren Diskurs über Quellen und Träger von Offenbarung an sich geführt.

In einem zweiten Schritt ist nun ein kritischer Blick auf diese Abgrenzung zu werfen und vor allem aus katholischer Sicht zu fragen, ob das *sola scriptura* auch heute noch denkerisch durchzuhalten ist.

Neu hinsehen: Luther – I. Historisch-biblische Blickwinkel

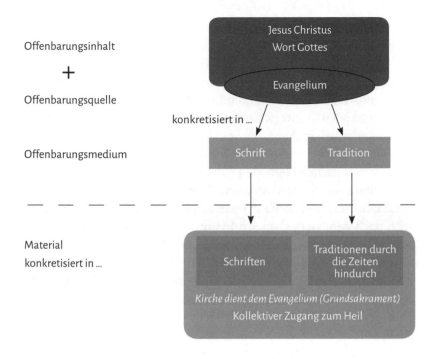

Abbildung 2: Katholisches „et ... et" aus Schrift und Tradition

Um die Problematiken zu ordnen, sollen die Fragen diskutiert werden,
– ob die Schrift nicht vielmehr als Produkt der Tradition verstanden werden muss und deshalb ein *sola scriptura* in sich widersprüchlich ist,
– ob in den Schriften wirklich die ganze Offenbarung enthalten und Gottes Wort somit allein in der Bibel gegeben sein kann und
– welche Rolle die Bibel nach diesen Überlegungen in der evangelischen und katholischen Konfession spielt.

Robert Mucha

Ist die Schrift allein genug?
Überlegungen zum sola scriptura aus katholischer Sicht

81

2.1. Problemlage 1:
Tradition vor Schrift? – Die Schrift als Produkt von Tradition

Die erste Problemlage ist unmittelbar verständlich: Die Schriften des Alten und Neuen Testaments sind nicht ‚vom Himmel gefallen', sondern entstanden in unterschiedlichen historischen Kontexten. Gerade die exegetische Forschung, die vor allem auch aus dem Geist des Protestantismus einen neuen Aufschwung erfuhr und sich den Texten mit historisch-kritischen Methoden näherte, machte dies deutlich. Durch Text-, Literar- und Formkritik sind Methoden der historischen Wissenschaft und Linguistik auf Texte angewandt worden, die bis dato noch nach dem vierfachen Schriftsinn ausgelegt worden waren. Insbesondere durch die moderne Exegese mit ihrer historisch-kritischen Methodik wurde deutlich, dass die Schriften einen natürlichen Entstehungsprozess durchlaufen haben, ganz in ihrer jeweiligen Entstehungszeit verortbar und in ihnen auch Überarbeitungen und textliche Brüche festzustellen sind.

Die Schrift ist daher, wenn man zunächst allein das Neue Testament in den Blick nimmt, ihrerseits ein Produkt der urchristlichen Tradition: Die frühen Christen sammelten Eindrücke, Erzählungen und verschiedene mündliche Traditionen über Jesus und verschriftlichten sie nach und nach. Völlig unterschiedliche Textformen – von Briefen über apokalyptische Bilder, Gleichniserzählungen oder einfach biographische Details aus dem Leben Jesu – bereicherten zunächst die antiken Leser und bald den Kanon des Neuen Testaments. Lebendige Traditionen formten also die Schriften und bildeten die Bedingung der Möglichkeit für eine Verschriftlichung der Offenbarung Jesu.[26]

Auch zur Gründung der Kirche benötigte es zunächst kein ausformuliertes Neues Testament: Der Glaube wurde mündlich weitergetragen und die bald entstandenen Schriften können heute als eine in Text geronnene Tradition des Anfangs verstanden werden. Dabei geschah eine Verschriftlichung nicht, um alle Lehren Jesu vollständig aufzuzeichnen, sondern um aufgrund der ausbleibenden Wiederkehr Christi (Parusie) die bekannten mündlichen Traditionen entsprechend zu bewahren.[27]

Bald wurden aber Behauptungen aufgestellt, die nicht alle Gläubigen teilen konnten, und es brauchte Kriterien, was authentische Erinnerung ist. Neben der historischen Genese der Texte selbst ist damit auch die Genese der Textsammlung ein Problem: Die Bibel besteht aus einer Vielzahl unterschiedlicher Traditionen. Die Zahl der entstehenden Traditionen – man denke nur an das Protevangelium Jakobi oder die Kindheitsgeschichten nach Thomas – nahm mit der Zeit immer weiter zu und so musste eine Instanz darüber befinden, welche Schriften den Wahrheitskern der überlieferten Erinnerung an Jesus Christus authentisch enthielten. Die Gründe hierfür waren einfach: Eine grundsätzliche Verständigung darüber, wie die Person Jesus von Nazareth zu sehen ist oder dass der christliche Glaube Gott als trinitarisch bekennt, ist nur möglich, wenn nicht radikal widersprüchliche Quellen das Bekenntnis prägen.[28] Pluralität ist geboten – radikale Widersprüche allerdings wären Spaltungsanlässe. Kriterien wie die Apostolizität (Rückführung auf eine apostolische Autorität), Katholizität (Verbreitung im ganzen Römischen Reich), Orthodoxie (ein allgemein anerkanntes Christus- und Gottesbild) sowie Inspiration durch den Heiligen Geist sollten helfen, kanonische von außerkanonischen Schriften zu unterscheiden. Die Entstehungsgeschichte des Kanons kann an dieser Stelle nicht detailliert beschrieben werden.[29] Was man allerdings nicht übersehen kann: Der Kanonisierungsprozess der Bibel ist ein Werk der frühen Kirche[30] und ist ganz im Rahmen der Tradition zu verstehen. Die Kirche kannte in den ersten Jahrhunderten noch keinen gesicherten Kanon und somit erscheint der Rückbezug auf ‚die Schrift allein‘ problematisch.

Da die Kirche den Raum der Kanonisierung bildete, verstand sie sich auch in Folge als Definitionsinstanz darüber, welche Schriften kanonisch sind und welche nicht. Diese Entscheidungsmacht bedeutet aber keine allmächtige Verfügung über die Schrift, sondern das Lehramt der Kirche agiert hier nach eigener Diktion eher als Dienerin am Wort, indem sie Schriften, die nicht zur ‚Schrift‘ gehören, von dem zu schützenden Gegenstand abwehrt. Schrift und Tradition verhalten sich nach katholischer Sichtweise reziprok.[31] Das Kanonisierte war

Robert Mucha

Ist die Schrift allein genug?
Überlegungen zum sola scriptura aus katholischer Sicht

83

lebendiger Teil der Tradition und musste nicht erst von der Kirche autorisiert werden, sondern die Kirche bestätigte deren Autorität nur.[32] Aufgrund der zunehmenden Zahl von Schriften, die wir heute im katholischen Sprachgebrauch als apokryphe Texte kennen, brauchte es diese Beglaubigung durch eine (von Christus) autorisierte Instanz.[33] Die logische Konsequenz des ‚Schutzes' der Schrift war die Schließung des Kanons während des Konzils von Trient – auch als Mittel gegen protestantische Kanonkritik.[34] Es ist seitdem kaum noch möglich, Texte aus dem Kanon der Heiligen Schrift zu entfernen oder hinzuzufügen.

In den protestantischen Konfessionen führte das *sola scriptura* in Verbindung mit der Loslösung von der Tradition zum Problem, den Kanon neu zu begründen. Es brauchte ein neues Denkprinzip.[35] Dieses wurde in der Ursprache gesucht: Das Alte Testament bestand nach Luther aus hebräischen Originaltexten, das Neue Testament aus griechischen.[36] Schlecht für Schriften des Alten Testaments, die zur hellenistischen Zeit auf Griechisch abgefasst wurden: Sie wurden als außerkanonisch deklariert. Prinzipiell ist der Kanon aber offen und so könnte es sein, dass etwa beim Auftauchen hebräischer Textfragmente die Entscheidung der Herausnahme alttestamentlicher Schriften durch Synoden auch wieder revidiert wird.

Die Frage, ob diese von der bisherigen Tradition gelöste Kriteriologie für den Kanon sinnvoll ist, kann an dieser Stelle nicht beantwortet werden. Löst man aber die Schrift von der Kirche als Deutungs- und Ordnungsinstanz, resultieren aus all den diversen Deutungsmöglichkeiten neue Ordnungsweisen[37] – im Endeffekt besteht bei einem offenen Kanon auch die Möglichkeit, dass durch andere Priorisierungen und Zuordnungen eigene Glaubensgruppen und Sekten entstehen. Es verwundert nicht, dass die protestantischen Bekenntnisschriften zur Sicherung des ‚wahren Evangeliums' noch zusätzlich zur Schrift selbst abgefasst wurden.[38] Bis heute wird in der Frage nach Kriterien für den Kanon und die Verbindlichkeit der Schrift noch sehr subjektiv argumentiert.[39] Subjektiv wirkt auch das Argument: „[...] wo Texte nicht den Glauben an Christus befördern, sondern ihn behindern, sind sie zu tadeln"[40]. Zu definieren, was den Glauben fördert, ändert sich allerdings von Person zu Person und von Zeit zu Zeit und kann nicht als Maßstab gelten. Wenn Luther gegen den Jakobusbrief oder die Johannesapokalypse die Meinung vertrat, dass diese vermutlich nicht „von dem heyligen geyst gestellet" seien (WA.DB 7, 404,13 f.), begründete er eine neue Form von lehramtlicher Autorität. Mit welcher Begründung kategorisiert Luther die Bücher und teilt ihre Wichtigkeit ein, indem er u.a. vom Alten Testament als nur für das Judentum verbindliches Gesetz spricht, das den Christen nicht betreffe (vgl. WA 18, 76,2–5), aber gleichzeitig das Sabbatgebot beibehält, indem er es auf den christlichen Sonntag umdeutet?[41]

So ist der Rückbezug auf die Schrift allein keine urchristliche Maxime, sondern ist nur in der reformatorischen Abgrenzung zum katholischen Lehramt verständlich. Kasper trifft den Nagel auf den Kopf, wenn er anmerkt, „dass eine von der Tradition losgelöste Schrift eine Abstraktion darstellt, die es im Grunde nie gegeben hat."[42]

2.2. Problemlage 2:
Genügt allein die Bibel, um zu glauben?

Es muss weiter gefragt werden, ob die Schrift denn auch allein genügen würde, um Kirche zu bilden. Mit anderen Worten: Ist die Bibel allein ausreichend und ist sie als letztgültige Quelle für den Glauben genügend?

Wort Gottes in der Bibel allein? – Die katholische Tradition hat sich gegen Postulate wie dieses stets gesträubt. Die Bibel ist für den Katholizismus kein Sakrament – ist keine Gegenwärtigsetzung Christi. Warum sollte sie es auch sein? Die Schriften sind doch, wie festgestellt, etwas im Traditionsraum der Kirche Entstandenes! Die Sakramentalisierung der Bibel ist nicht Ziel des Glaubens.

Es wurde bereits festgehalten, dass die Heilige Schrift „nicht unmittelbar selbst Offenbarung ist, sondern als Buch der Kirche [...] Offen-

Robert Mucha

Ist die Schrift allein genug?
Überlegungen zum sola scriptura aus katholischer Sicht

85

barungszeugnis."[43] Das Geoffenbarte ist vom Offenbarungsmedium zu trennen. Diese Denkweise wehrt einer Verabsolutierung der Schrift und damit auch einem gefährlichen Biblizismus.[44] Die Frage ist also nicht, ob die Schrift als Schrift Offenbarung ist, sondern ob sie als Offenbarungszeugnis absolut verstanden werden kann – ob sie wirklich alle Aspekte der Offenbarung Gottes in Jesus Christus wiedergibt.

Die Antwort auf die Frage nach einer inhaltlichen Suffizienz ist in dem/den Überlieferungsmittel/n des Evangeliums zu suchen. Josef Rupert Geiselmann meinte, dass die Schrift nur in den Fragen der Glaubenslehre inhaltlich suffizient sei und Schrift wie auch Tradition den vollen Glauben enthalten; anders aber bei den Fragen der Moral und der Bräuche, wo die Schrift insuffizient sei und von der Tradition ergänzt werden müsse.[45] Die Glaubenswahrheiten enthalten nach Geiselmann also Schrift wie Tradition, Sitten und Gebräuche aber werden von der Tradition ergänzt.[46]

Eine Grundkontroverse zwischen Katholiken und Protestanten lautet: Gibt es göttliche/dogmatische Traditionen außerhalb der Schrift?[47] Während Protestanten die Frage verneinen und auf die Schrift als einzige Offenbarungsquelle hinweisen, sprechen Katholiken davon, dass bei außerbiblischen Traditionen *substanziell* ein Rückbezug zur Schrift gegeben sein muss.[48]

Kasper sieht die Schrift als „relativ vollständig, das heißt, sie enthält alles, was ihrem Zweck entspricht"[49] – also alles Heilsnotwendige und das Zeugnis (= die Tradition) der Urkirche. Die meisten Wahrheiten seien laut Kasper nur „keimhaft" in der Schrift enthalten und müssten ausgelegt werden.[50] Diese ‚keimhafte Anlage' und die organische Einheit von Schrift und Tradition könnten auch protestantische Christen unterschreiben. Damit wären sie aber auch nicht ganz undogmatisch. Ohnehin übernahm der Protestantismus auch Traditionen, die nicht aus der Schrift zu begründen waren, zum Beispiel dass der Sonntag und nicht der Sabbat gefeiert wird oder dass das Aposteldekret nicht mehr gilt, wonach man sich von Blut und Ersticktem enthalten solle.[51]

Das *sola scriptura* ist aus dem Sinn zu verstehen, dass Traditionen, die nicht im Evangelium vorkommen und dessen Geist auch nicht widerspiegeln, abgewehrt werden sollen. Doch wer entscheidet, was dem Geist des Evangeliums widerspricht? Ist es nicht die Gemeinschaft, in deren Mitte das Buch wirkt und seine Wirkung entfaltet? Das *sola scriptura* ist hinsichtlich einer für die *ganze* Fülle des Glaubens eher mangelhaften Suffizienz der Schrift ebenfalls nicht zu halten, da sie verständlicherweise die Aktualisierungen der Tradition nicht bereits in sich selbst antizipieren kann.

2.3. Problemlage 3:
Welche Rolle spielt die Bibel nach diesen Überlegungen noch?

Was bedeutet all dies nun für die Bibel als Ausdrucksmedium der Schrift? Das Verhältnis zwischen Evangelium und Kirche als ein Gegenüber zu definieren[52] zog bei den Reformatoren die Konsequenz nach sich, der Schrift eine besondere Autorität zuzugestehen: Das Evangelium musste über der Kirche stehen und damit über allem Menschlichen.

Oft wird die Schrift in dieser Diktion auch als Missionsinstrument *par excellence* verstanden: Die Schrift, die im Rahmen der Mission – teils auch losgelöst von jeglichem kirchlichen Kontext[53] – als real erfahrbares und quasi-inkarniertes Wort Gottes benutzt wird, läuft Gefahr, zu einer Art Arzneimittel zu verkommen. Wenn in der Schrift Gottes Wort ‚erfahren' werden kann, ist damit dann auch die Gefahr eines fundamentalistischen Missverständnisses gegeben, dass diejenigen, die diese Botschaft nicht in sich aufnehmen, verdammt sind.[54]

Ohnehin zeigt der Blick in die Geschichte des Urchristentums, dass sich der ‚Neue Weg', wie das Christentum einst genannt wurde, über persönliche Zeugnisse, mündliche Überlieferungen und Auslegungen der Schriften des Alten Bundes verbreitete und (zunächst) nicht über das geschriebene Wort. Die Verschriftlichung hatte nicht den Zweck der Mission, sondern der Bewahrung – die Innovation ging stets von der mündlichen –

Robert Mucha

Ist die Schrift allein genug?
Überlegungen zum sola scriptura aus katholischer Sicht

87

ergo lebendig wirksamen Überlieferung aus.[55] Dieses Denken teilte auch Luther, wenn er vor allem die Predigt des Evangeliums hervorhob.[56] Im katholischen Denken von Kirche sind Schrift und Tradition untrennbar miteinander verbunden – aber im Protestantismus wird allein die Schrift als Keimzelle von Kirche betrachtet.[57] Die Schrift und das in ihr enthaltene Wort konstituieren Kirche. So deutet Eberhard Jüngel das *sola scriptura* eher als *solo verbo*: Die ‚Schrift' sieht er eher als Synonym für die Ansprache Gottes an den Menschen. Dabei geht Jüngel weit über die engere Bedeutung des *solo scriptura* hinaus und spricht mehr allgemein über das ‚Wort' denn über seine schriftliche Fixierung in den Schriften der Bibel.[58] Die Bibel wäre in diesem Fall aber zugleich das einzigartige Zeugnis dieser göttlichen Wort-Offenbarung und müsste notwendigerweise die oben erwähnte Verabsolutierung erfahren. Wie man es auch wendet: Durch ein absolutes Schriftprinzip wird die Bibel als ‚Über-Buch' verstanden, was es seiner Genese und historischen Verortung geschuldet aber nicht zwingend sein muss. Die Bibel ist eher das Buch des Zusammenkommens aller pluralen Deutungsvarianten des einen Evangeliums in jüdischer und urchristlicher Tradition. Sie ist somit kein Glaubenslehrbuch, sondern Zeugnis der Vielfalt.[59] Die Bibel ist ein mitgehender Anfang: Das Christentum der Gegenwart gibt „von sich selbst und seinem Ursprung unmittelbar Zeugnis. Es trägt seinen Ursprung als beständige Gegenwart in sich"[60]. Selbstverständlich gab es im Laufe der Kirchengeschichte auch Verratssituationen an diesem mitgehenden Anfang, indem die Schrift gegen diverse Traditionen ausgespielt wurde[61], doch im Kern wurde dieser Anfang durch Zeit und Geschichte mitgetragen und bewahrt. Auch heute muss der Diskurs in einer immer vielfältiger werdenden Gesellschaft geführt werden und die Bibel ist als Ur-Kunde des Glaubens dabei ein wichtiges Korrektiv und ein wichtiger Wegmarker – allerdings keine Anleitung, die man anpassungslos übernehmen könnte.

3. Fazit

Die Diskussion der eingangs vorgestellten Positionen hat aufgezeigt, dass das *sola scriptura* ein in mehrfacher Hinsicht brüchiges Theorem darstellt:

1. Wenn die Schrift das Resultat von sich verschriftlichenden Traditionen ist[62], ist das *sola scriptura* durch die Ergebnisse der modernen Exegese, die ironischerweise gerade im protestantischen Bereich entstanden[63], als Denkoption nichtig geworden.
2. Die Schriften sind in bestimmten historischen Kontexten entstanden. Der Gedanke des *sola scriptura* begrenzt Offenbarung auf das verschriftlichte Offenbarungszeugnis – ohne Tradition und ihre Genese fehlen wichtige Aspekte der Offenbarung.
3. Die Auslegung der Schriften ist aufgrund ihrer Vielfältigkeit auch nur schwer im Prinzip der *claritas scripturae* zu verstehen, sondern muss im Rahmen der Auslegungsgemeinschaft begangen werden. Die Schriften sind aufgrund ihrer unterschiedlichen historischen Kontexte und theologischen Schwerpunkte innerhalb des Kanons nicht ‚klar‘ auszulegen, sondern es braucht eine verbindliche Richtschnur und Anleitung dafür.[64]
4. Da die Schrift durch das Lehramt bestätigt wurde und wird, sagt derjenige, der sich auf die Schrift beruft – also auch ein Christ protestantischer Konfession mit dem Anspruch eines *sola scriptura* – gleichzeitig ‚Ja‘ zur Tradition, da die Schrift im Rahmen der Kirche ihre Form erhielt.
5. Durch den Wegfall der Definition des Kanons durch ein Lehramt braucht der offene Kanon im Protestantismus andere Definitionskriterien für das, was ‚Schrift‘ ausmacht. Wenn Kriterien definiert werden müssen, ist der absolute Anspruch eines *sola scriptura* aber bereits durch den Definitor und seine Kriteriologie untergraben.
6. Die Schrift ist nicht in den großen Grundaussagen des Glaubens, doch aber in Bezug auf die Gesamtheit der Offenbarung als insuf-

Robert Mucha

Ist die Schrift allein genug?
Überlegungen zum sola scriptura aus katholischer Sicht

89

fizient anzusehen. Während die Schrift festgelegt ist, ist die Tradition das innovative Moment, aus dem heraus neue Aspekte auf der Basis der Schrift hergeleitet und begründet werden können.[65]

Die Konsequenz ist, dass selbst beim Grundsatz *sola scriptura* die Tradition (Definition, Kriteriologie, Genese) die Bedingung der Möglichkeit für die Existenz der Schrift darstellt. Die Frage ist dann nur, wie man sich zur Tradition verhält und welche Rolle die Tradition im Weiteren spielen soll. Die Schrift kann bei einem eher sekundären Traditionsverständnis als allerhöchste Instanz gesehen, bei einem eher gleichwertigen Traditionsverständnis als 'Tradition des Anfangs' verstanden werden – als schriftlich fixierter mitgehender Anfang.[66] Kasper bringt diesen Gedanken gut ins Wort: „Schrift und Tradition stehen in einem lebendigen organischen Verhältnis zueinander: die Schrift ist fixierte Tradition der apostolischen Urkirche, die Tradition der Kirche ist, insofern sie auf der Schrift steht, verlebendigte, aktualisierte Schrift, die Schrift in ihrem jeweils lebendigen Verständnis."[67] Weder eine Verabsolutierung des Wortes noch ein reiner Rekurs auf Tradition führen weiter, sondern nur das tridentinische *et... et*, das Schrift und Tradition als geschichtliche Kategorien begreift.[68]

Auch die protestantische Theologie stimmt der Genese der Schrift heute zu[69], so wie sich die katholische Position in dem seit der Reformation während Diskurs den Wert der Schrift neu bewusst machen durfte.[70] Kasper drückt dies passend aus: „Das Verhältnis von Schrift und Tradition ist nicht statisch, sondern dynamisch zu betrachten. Das Evangelium ist ja primär nicht eine Summe von Sätzen oder ein Buch, sondern Selbstmitteilung Gottes, Leben, Geschichte, Ereignis, Anrede, Gnade und Gericht. Letztlich besteht die Offenbarung in der Person Jesu Christi selbst. Tradition aber ist das Ereignis der Gegenwart Christi in der Kirche durch sein Wort."[71] Tradition bedeutet folglich, das Evangelium immer wieder zu 'verheutigen'. Dies versucht sowohl die katholische wie auch die evangelische Tradition.

Letztere Konfession sieht das *sola scriptura* nun 500 Jahre nach Beginn der Reformation allerdings als angezählt. So formuliert die EKD: „Das sola scriptura lässt sich heute nicht mehr in der gleichen Weise verstehen wie zur Reformationszeit [...]. Die alte Entgegensetzung von ‚die Schrift allein' und ‚Schrift und Tradition' [...] funktioniert nicht mehr so wie im sechzehnten Jahrhundert."[72] Dennoch gelte aber weiterhin die für die protestantische Tradition zwingende Schriftorientierung.

Es wirkt so, als sei die Lösung von der Maxime *sola scriptura* denkerisch-theologisch bereits vollzogen, aber noch als reformatorischer Grundsatz geduldig auf vielen Papieren anwesend. So gesehen ist dies auch eine Form des mitgehenden Anfangs – nicht des Christentums, sondern der durch die Reformation entstandenen Konfessionen. Dieser Grundsatz hat die theologische Debatte befruchtet, die Menschen zu Hörern und Lesern des Wortes gemacht und die katholische Linie ebenfalls in einer guten Weise an ihre eigenen Quellen erinnert. So verstanden ist das *sola scriptura* weniger ein Ärgernis, sondern ein mittlerweile fast verbindender Gedanke. Denkerisch aus katholischer Sicht nicht genügend, aber aus protestantischer Sicht ein wichtiger Anker zur Selbstvergewisserung der eigenen Anfangsgeschichte.

Anmerkungen

1   Im Koran werden Christen und Juden auch als „Leute der Schrift" bezeichnet (vgl. Sure 3, 3–4). Das Christentum ist allerdings keine Buchreligion wie der Islam, der anstelle der Inkarnation eine Art ‚Inlibration' setzt, wobei der Koran eine Urnorm im Himmel besitzt, die sich auf Erden abbildet; vgl. dazu Rudolf Voderholzer, Offenbarung, Tradition und Schriftauslegung. Bausteine zu einer christlichen Bibelhermeneutik, Regensburg 2013, 52. Der religionswissenschaftliche Begriff ‚Buchreligion' ist vermutlich auch unter Prägung des Schriftprinzips der protestantischen Orthodoxie entstanden (vgl. ebd., 39).

2   Das Christentum ist als Beziehungsreligion zu verstehen; vgl. dazu etwa Walter Kasper, Wege zur Einheit der Christen. Schriften zur Ökumene I (Gesammelte Schriften 14), Freiburg i. Br. 2012, 42. Ebenso bei Gerhard Ludwig Müller, Katholische Dogmatik. Für Studium und Praxis der Theologie, Freiburg i. Br. [7]2005, 55.

Robert Mucha

Ist die Schrift allein genug?
Überlegungen zum sola scriptura aus katholischer Sicht

91

3 „Das Evangelium wurde gepredigt und das Christentum einfach durch ‚Tradition' übergeben. Man spricht in dieser Hinsicht oft vom Evangelium vor den Evangelien.": Yves Congar, Tradition und Kirche, in: Der Christ in der Welt. Eine Enzyklopädie, IV. Reihe, Band 1 b, Aschaffenburg 1964, 19.

4 Christus wird als *verbum abbreviatum* zusammengefasst; über ihn hinaus ist keine Offenbarung gegeben; vgl. Voderholzer, Offenbarung (w. Anm. 1), 29 und 31. Ähnlich Kasper: Die Überlieferung kreist mit all ihrer Vielfalt um Christus selbst als Mittelpunkt – vgl. Walter Kasper, Die Lehre von der Tradition in der Römischen Schule (Gesammelte Schriften 1), Freiburg i. Br. 2013, 255.

5 Seit der Reformation gilt das Prinzip: „Lehren und Gebräuche, die sich nicht aus der Schrift nachweisen lassen, können nicht gleiche Geltung beanspruchen und haben sich am Maßstab des Evangeliums auszurichten." (Dietrich Wiederkehr, Das Prinzip Überlieferung, in: Walter Kern / Hermann Pottmeyer / Max Strecker [Hg.], Handbuch der Fundamentaltheologie, Band 4: Traktat Theologische Erkenntnislehre, Freiburg i. Br. – Basel – Wien 1988, 67). Oder in den Worten Luthers: „Alles, was nicht in der Heiligen Schrift steht, ist eine Hinzufügung Satans!", aus *De abroganda missa privata* (WA 8), zitiert bei Congar, Tradition (w. Anm. 3), 44.

6 Einen kritischen Standpunkt zu individualisierenden Tendenzen in der evangelischen Tradition vertritt Hans-Martin Barth (vgl. etwa in Ders.: Die Theologie Martin Luthers. Eine kritische Würdigung, Gütersloh 2009, 166). Von katholischer Seite sei zur Frage nach der Individualisierung des Glaubens durch den Bezug zur Schrifttradition verwiesen auf Congar, Tradition (w. Anm. 3), 26.

7 Luther ging davon aus, dass sich die Schrift selbst auslegt; vgl. Luther, WA 7, 97,23; dazu auch die Schrift *Rechtfertigung und Freiheit. 500 Jahre Reformation 2017. Ein Grundlagentext der Evangelischen Kirche in Deutschland (EKD)*, Gütersloh ⁴2015, 79 f.

8 Vgl. EKD, Rechtfertigung (w. Anm. 7), 80. Treffend zusammengefasst bei Christoph Böttigheimer, Lehrbuch der Fundamentaltheologie. Die Rationalität der Gottes-, Offenbarungs- und Kirchenfrage, Freiburg i. Br. 2009, 158: „Die reformatorische Kritik beruft sich auf die materiale und formale Normativität der Schrift und führt diese als einzige und vollständig gewisse Glaubensregel ein. Für die Reformatoren ist die Schrift Interpretin ihrer selbst."

9 Vgl. dazu Kasper, Wege zur Einheit (w. Anm. 2), 39.

10 Nach Luthers Ansicht wird so sogar das persönliche Gewissen durch das Evangelium aufgehoben: Wer nach dem Evangelium handle, müsse nicht nach dem Gewissen handeln, weil er dann richtig, ergo gottgefällig, handle; vgl. Eberhard Jüngel, Das Evangelium von der Rechtfertigung des Gottlosen als Zentrum des christlichen Glaubens, Tübingen ⁴2005, 194–196.

11 Vgl. EKD, Rechtfertigung (w. Anm. 7), 78.

12 Traditionen, die nicht in der Bibel vorkamen, wurden vonseiten der Kirche offiziell dem Glaubensschatz zugerechnet: Ohrenbeichte oder Transsubstantiation wurden erst im 13. Jh., der Zölibat im 11. Jh. offiziell zur Lehre der Kirche gezählt; vgl. Barth, Theologie Martin Luthers (w. Anm. 6), 140f. Diese Traditionen standen durch das Schriftprinzip auf dem Prüfstand. Das *sola scriptura* sollte den eigentlichen Kern des Glaubens, Christus selbst, wieder freilegen.

13 Vgl. Böttigheimer, Lehrbuch (w. Anm. 8), 158 f. sowie Wiederkehr, Prinzip (w. Anm. 5), 68.

14 Vgl. EKD, Rechtfertigung (w. Anm. 7), 77 f.

15 Bereits das 2. Konzil von Nicäa sprach 787 von der Aufnahme mündlicher wie schriftlicher Überlieferungen (vgl. DH 609); dazu auch Müller, Dogmatik (w. Anm. 2), 70.

16 Kasper, Wege zur Einheit (w. Anm. 2), 41. In anderer Nuancierung auch Böttigheimer, Lehrbuch (w. Anm. 8), 157: „Tradition ist einmal ein Prozess des Empfangens und zugleich die Weitergabe von Inhalten im Sinne eines Ereignisses, einer soteriologischen Interpretation, eines Geschehens und Bekenntnisses."

17 Vgl. ebd., 157. Congar, Tradition (w. Anm. 3), 115 beschreibt die Tradition als zugleich progressiv wie auch konservativ: „Die Tradition ist [...] in ihrem geschichtlichen Strome ebensosehr Entwicklung wie Gedächtnis und Bewahrung."

18 Vgl. Böttigheimer, Lehrbuch (w. Anm. 8), 157.

19 Vgl. Wiederkehr, Prinzip (w. Anm. 5), 69. Ein entsprechender Passus in einer Textvorlage des Tridentinums, der die Formulierung „partim...partim" enthielt, wurde gestrichen: vgl. Müller, Dogmatik (w. Anm. 2), 72. Zum Verständnis der Traditionen als ‚materielle' Zeugnisse vgl. auch Wiederkehr, Prinzip (w. Anm. 5), 68.

20 Nach Trient gab es unterschiedliche Rezeptionswege der Tradition als *traditio additiva* (Tradition ergänzt über die Schrift hinaus), *traditio explicativa* (Tradition legt Schrift genauer aus) und ‚Suffizienz der Schrift' (Schrift und Tradition stimmen in allen wesentlichen Punkten überein und nur in geringfügigeren Dingen übersteigt Tradition die Schrift). Im 2. Vatikanischen Konzil wurde die organische Einheit von Schrift und Tradition noch einmal bestätigt – vgl. Böttigheimer, Lehrbuch (w. Anm. 8), 160.

21 Hierzu sei angemerkt, dass selbst die Autoren der biblischen Texte damit rechneten, dass andere weiterschreiben würden. So endet die Apostelgeschichte offen – vermutlich in dem Wissen, dass die Geschichte der frühen Kirche auch von anderen Autoren weitergeschrieben wird, wie Geschichtswerke der griechisch-römischen Antike; vgl. dazu etwa die verschiedenen Thesen bei Richard I. Pervo, Acts (Hermeneia), Minneapolis 2009, 688–690. Voderholzer, Offenbarung (w. Anm. 1), 53 schreibt, dass die Bibel aus „einem umfassenden Überlieferungsprozess hervorgegangen ist". Ihr „Umfang wurde von der Kirche festgelegt, [ihr] Charakter als Offenbarungszeugnis wird von der Kirche verbürgt."

22 Böttigheimer, Lehrbuch (w. Anm. 8), 159: „Die Väter [des 2. Vatikanischen Konzils] wollten damit ihre Aussagen an das altkirchliche Verständnis von Schrift und Tradition anbinden und kein materiales Mehr der Tradition gegenüber der Schrift festlegen." Zwar wird in Artikel 9 und 10 der Offenbarungskonstitution die Tradition vor der Schrift genannt, allerdings nur da sie der Schrift zeitlich vorausging: Die Tradition als Prozess der Weitergabe des Glaubens existierte schon vor der Verschriftlichung des Erzählten – vgl. Voderholzer, Offenbarung (w. Anm. 1), 71.

23 Vgl. Wiederkehr, Prinzip (w. Anm. 5), 71 f. und Böttigheimer, Lehrbuch (w. Anm. 8), 161; oder auch Kasper, Wege zur Einheit (w. Anm. 2), 46: „Die Kirche führt die Offenbarung also nicht fort, sie dient ihr, vergegenwärtigt sie, legt sie aus."

24 Zitiert bei Böttigheimer, Lehrbuch (w. Anm. 8), 158.

25 Vgl. ebd., 163. Congar spricht im Vergleich zur Tradition von einem „unbedingten Wert" der Heiligen Schriften (ebd., 95).

26 Vgl. etwa Kasper, Lehre (w. Anm. 4), 251.

27 Vgl. dazu Karl-Wilhelm Niebuhr, Grundinformation Neues Testament (UTB 2108), Göttingen ³2008, 24 f. sowie Kasper, Lehre (w. Anm. 4), 252.

Robert Mucha

Ist die Schrift allein genug?
Überlegungen zum sola scriptura aus katholischer Sicht

93

28 Ebd., 272: „Die Überlieferung muss den dogmatischen Sinn der Schrift festlegen. Ohne sie bestünde, wie die verschiedenen Häresien zeigen, nicht einmal über die grundlegenden Wahrheiten der Trinität, Inkarnation und Erlösung Sicherheit."

29 Siehe dazu ausführlich Müller, Dogmatik (w. Anm. 2), 58–60; hinsichtlich der Inspiration siehe ebd., 60–63.

30 Vgl. dazu Kasper, Wege zur Einheit (w. Anm. 2), 40 und auch Ders., Lehre (w. Anm. 4), 252.

31 Zum wechselseitigen Bedingen von Schrift und Tradition vermerkt Kasper, Wege zur Einheit (w. Anm. 2), 47: „Die Schrift bringt zum Ausdruck, dass das Wort Gottes immer über der Kirche steht und ihr als Norm vorgegeben ist (extra nos). Die Tradition bringt zum Ausdruck, dass das Wort Gottes zugleich eine in der Kirche lebendige Macht und Wirklichkeit ist (intra nos)."

32 So die Überlegungen von Perrone – vgl. dazu Kasper, Lehre (w. Anm. 4), 257.

33 Vgl. ebd., 258.

34 DH 1501–1505, siehe auch Müller, Dogmatik (w. Anm. 2), 59.

35 Vgl. dazu Kasper, Lehre (w. Anm. 4), 259.

36 So wurden die nicht zum Masoretentext gehörigen sogenannten deuterokanonischen (kath.) bzw. apokryphen (ev.) Schriften nicht in die evangelischen Bibelausgaben aufgenommen; vgl. dazu auch Müller, Dogmatik (w. Anm. 2), 58 f. oder Barth, Theologie Martin Luthers (w. Anm. 6), 138. Luther berief sich dabei auf Hieronymus, der das Prinzip der *hebraica veritas* vertrat (vgl. ebd., 151). In der katholischen Tradition wurden sie im Kanon gehalten und mittlerweile sind durch Schriftenfunde, u. a. dem Fund von Qumran, auch hebräische Originale dieser Texte aufgetaucht – etwa vom Buch Tobit. So gesehen müssten diese Schriften eigentlich wieder Aufnahme in den Kanon finden. Zum Schriftenkanon Luthers auch Peter Lengsfeld, Überlieferung. Tradition und Schrift in der evangelischen und katholischen Theologie der Gegenwart (Konfessionskundliche und kontroverstheologische Studien 3), Paderborn 1960, 79–81. Wie essentiell die Kanonfrage das Schriftprinzip anficht, macht Lengsfeld deutlich (vgl. ebd. 102–104).

37 Vgl. Kasper, Lehre (w. Anm. 4), 265.

38 Vgl. Böttigheimer, Lehrbuch (w. Anm. 8), 164. So gesehen hat Luther mit dem *sola scriptura* nicht die eine Tradition (katholisch) gegen eine neue (evangelisch – Evangelium als alleiniges Auslegungsprinzip) gestellt. Kasper, Wege zur Einheit (w. Anm. 2), 39 meint dazu: „Tatsächlich zeigt die gegenwärtige protestantische Theologie auch ein wachsendes Verständnis für die Tradition als Auslegungshilfe bis hin zu einer faktischen Bekenntnisbindung, die sich in praxi von der katholischen Bindung an das Dogma kaum unterschiedet. [...] Faktisch kommt auch die protestantische Position von der Zusammengehörigkeit von Schrift, Tradition und Kirche nicht los."; kritisch zu den protestantischen ‚Traditionen' auch Barth, Theologie Martin Luthers (w. Anm. 6), 137.

39 So heißt es im Papier der EKD, Rechtfertigung (w. Anm. 7), 79, dass die Schrift „erfahren" werden müsse und auch die katholische Tradition habe ihr nur so eine hohe Autorität eingeräumt, weil sie die Autorität der Schrift selbst auch erfahren habe.

40 Vgl. ebd., 82.

41 Vgl. dazu treffend Barth, Theologie Martin Luthers (w. Anm. 6), 152 f. Barth sieht auch in der Bibelübersetzung Luthers tendenzielle Züge zugunsten dessen theologischer Einstellung (vgl. ebd. 159 f.)

42 Kasper, Wege zur Einheit (w. Anm. 2), 40.

43 Voderholzer, Offenbarung (w. Anm. 1), 54.

44 Vgl. Kasper, Wege zur Einheit (w. Anm. 2), 39.

45 So ausgeführt ebd., 255.

46 Leicht anders noch Beumers Lösungsvorschlag, ebenfalls referiert bei Kasper, Wege zur Einheit (w. Anm. 2), 257: „Im Wesentlichen ist die Tradition ein lebendiger Kommentar zur Schrift. Beide stellen nicht zwei selbstständige Quellen dar, sondern sie bilden eine organische Einheit. In einem gnoseologisch-apologetischen Sinn kann man von zwei Erkenntnisquellen (loci theologici) der Offenbarung reden, in dogmatischer Betrachtungsweise muss man aber von der einen Quelle der Offenbarung sprechen." Diese differenzierte Sichtweise ist durch und durch vom katholischen „et… et" durchdrungen.

47 Vgl. Kasper, Lehre (w. Anm. 4), 268.

48 So schreibt etwa Müller, Dogmatik (w. Anm. 2), 63: „Alle bekenntniskonstitutiven und heilsrelevanten Aussagen müssen in der Heiligen Schrift begründet sein. Einzelne Lehraussagen, die erst in der späteren Entwicklung hervorgetreten sind, müssen wenigstens mit der Substanz der biblisch bezeugten Offenbarung vermittelbar sein." In dieser Unterstützungsfunktion sieht Müller auch eine Art sola scriptura für Katholiken gegeben.

49 Kasper, Lehre (w. Anm. 4), 281.

50 Vgl. ebd.

51 Vgl. ebd., 273. Die Liste wäre auch noch stark erweiterbar; z. B. um Traditionen der apostolischen Zeit und der frühen Kirche wie Kreuzzeichen, Ostertermin, Fastenbräuche etc. Dazu kommen auch Fragen, die den Glauben betreffen: Kindertaufe, Heiligenverehrung, Gebet für Verstorbene etc.; vgl. dazu Müller, Dogmatik (w. Anm. 2), 69. Beispiele auch bei Congar, Tradition (w. Anm. 3), 37 f.

52 Vgl. dazu Kasper, Wege zur Einheit (w. Anm. 2), 281.

53 Vgl. Kasper, Lehre (w. Anm. 4), 265.

54 Gegen die Schrift als ‚Missionswerkzeug' siehe auch ebd., 266.

55 Vgl. dazu eingehend Wiederkehr, Prinzip (w. Anm. 5), 82.

56 Luther selbst verstand das Evangelium weniger als das geschriebene, sondern das auf der Basis des Geschriebenen stehende gepredigte Wort (vgl. WA 12, 259,8 f.); vgl. Barth, Theologie Martin Luthers (w. Anm. 6), 149. Die Predigt führt als Hörereignis zum Wort Gottes. In dem gepredigten Ort wirkt die Schrift – darin wird der Gläubige mit Christus verbunden. Maria ist auf diese Weise „die vollkommene Predigthörerin" (vgl. ebd., 148 f.)

57 Vgl. Böttigheimer, Lehrbuch (w. Anm. 8), 164.

58 Jüngel, Evangelium (w. Anm. 11), 169–192. Ähnlich auch Barth, Theologie Martin Luthers (w. Anm. 6), 146.

59 Vgl. Kasper, Wege zur Einheit (w. Anm. 2), 40.

60 Kasper, Lehre (w. Anm. 4), 254.

61 Vgl. Wiederkehr, Prinzip (w. Anm. 5), 73.

62 Ebd., 69: „Die reformatorische Alternative wurde auch von den Ergebnissen der Exegese her aufgebrochen: Schrift kann schon in ihrer Entstehung nicht gegen Tradition ausgespielt werden, weil sie selber geschichtlich aus voraus- und einhergehender und in weiterführender Tradition entstanden ist."

63 Voderholzer, Offenbarung (w. Anm. 1), 72: „Tradition ist ein Prozess, der vor der Schrift liegt und den die Schrift aus sich selbst wiederum entlässt. Peter Neuner verweist auf den parado-

xen Umstand, dass die katholische Theologie diese die kontroverstheologischen Probleme entschärfende und dem ökumenischen Gespräch neuen Perspektiven eröffnende Erkenntnis zunächst weithin der evangelischen Exegese verdankt, die nun ihrerseits das protestantische Schriftprinzip in eine Krise stürzte." Vgl. auch Böttigheimer, Lehrbuch (w. Anm. 8), 164.

64 Vgl. Congar, Tradition (w. Anm. 3), 88 sowie Kasper, Lehre (w. Anm. 4), 260 f.; „Die Annahme einer unmittelbaren Erleuchtung macht die Stiftung der Kirche, des Apostolates und sogar die Heilige Schrift selbst unnütz und wertlos." (ebd., 261).

65 Treffend formuliert es Congar, Tradition (w. Anm. 3): „Die Heilige Schrift und die Tradition sind beide menschlich wie göttlich, aber in verschiedener Hinsicht und in verschiedenem Grade. Es wäre irreführend zu sagen, die Heilige Schrift sei ganz göttlich und die Tradition rein menschlich: die Heilige Schrift ist auch menschlich, geschichtlich [...]. Indes ist der Anteil der Menschen in den Heiligen Schriften ein für allemal festgelegt, während er sich in der Tradition durch die ganze Dauer der Geschichte hin, über welche diese Tradition sich erstrecken muß, mit ausdehnt."

66 Vgl. dazu auch Kasper, Lehre (w. Anm. 4), 269.

67 Ebd., 267 f.

68 Dies ist auch für die Dogmengeschichte bedeutsam – vgl. Voderholzer, Offenbarung (w. Anm. 1), 31.

69 Kasper, Wege zur Einheit (w. Anm. 2), 40: „Sie [die protestantische Exegese] weiß, dass die Schrift selbst kein vom Himmel gefallenes Buch ist, sondern selbst ein Stück Tradition der apostolischen Zeit".

70 Vgl. Böttigheimer, Lehrbuch (w. Anm. 8), 164.

71 Kasper, Wege zur Einheit (w. Anm. 2), 42.

72 Vgl. EKD, Rechtfertigung (w. Anm. 7), 83 f.

» Luthers Gegenspieler? Annäherungen an Erzbischof und Kardinal Albrecht von Brandenburg

Stephan Mokry

Kopf oder Zahl? – So fragen die animierten Werbetafeln am Riebeck-platz in Halle an der Saale, in Albrechts Residenzstadt. Sie zeigen ab-wechselnd Martin Luther und Kardinal Albrecht. Es erübrigt sich die Frage, wer der beiden jeweils mit ‚Kopf' und wer mit ‚Zahl' in Verbin-dung gebracht wird: natürlich der lebenslustige Kardinal mit ‚Zahl', worin wohl seine durchaus kritisierenswerte Zahlenakrobatik bei der Finanzierung seiner Bauten mitgelesen werden soll und diese Schat-tenseite seiner Persönlichkeit Akzentuierung findet. In diese Richtung fügt sich auch die Porträtreihe vom Hauptbahnhof zum Riebeckplatz mit berühmten Gestalten aus der Geschichte Halles. Nach dem legen-dären Herzog Ludwig dem Springer, der sich auf seiner Flucht von der Burg Giebichenstein in die Saale gestürzt haben soll und die Reihe er-öffnet, klafft eine jahrhundertelange Lücke, bis der eigentliche Start-punkt kommt, nämlich Luther (!): nur ein Ausschnitt – ein Auge – lässt den Reformator in der populären Darstellung als Ordensbruder aus der Cranach-Werkstatt erkennen: scharfer Blick, Geburts- und Sterbe-jahr, sonst nichts. Luther erklärt sich sozusagen von selbst. Gleich da-neben folgt Albrecht: immer im Schatten der darüber hinweg führen-den Brücke, im Zwielicht und Dunkel. Ihn muss man offensichtlich mit ein paar Stichworten (Erzbischof, Kurfürst, Reliquienfreund, Bauherr) erklären, am Schluss die anscheinend wichtigste Charakterisierung: Gegner Luthers. Als solcher ist er nicht nur im populären Bewusstsein meist verankert, sondern auch im akademischen Diskurs.[1] Oft wird auch der Begriff ‚Gegenspieler' verwendet. Das klingt fast so, als ob vor über 500 Jahren ein ‚Match' stattgefunden hätte mit klar umrissenen Mannschaften und abgestecktem Spielfeld. Und die Siegergeschichte ist offensichtlich: Luther hat gewonnen, der Verlierer ist Albrecht, über ihn geht ja der weitere Lauf der Geschichte hinweg.[2] – Doch der Historiker muss fragen: Stimmt das? Ist Albrecht der Gegenspieler und schließlich Verlierer? Ist er zu Recht vergessen? Der Historiker weiß darum, mit welchen Absichten Geschichten erzählt werden, Geschichte geschrieben wird. Er weiß auch, dass er selbst niemals ganz frei davon sein kann.

Ich will trotzdem versuchen, ein wenig die Forschung der letzten Jahrzehnte zu Kardinal Albrecht zu bilanzieren und ihn damit besser auszuleuchten, so dass ein differenzierteres Bild entstehen kann.[3] Summiert man die bisherigen Forschungserträge, so fällt das Lamento der führenden Experten auf: Es gibt immer noch keine wissenschaftliche Komplettbiographie Albrechts, viele Aussagen, gerade auch zu strittigen Punkten in seinem Wirken, sind Stückwerk und evtl. auch erst vorläufig.[4] Dennoch will ich einige Schneisen schlagen. Meine These vorweg: Albrecht erweist sich ganz als Kind seiner Zeit, also der ersten Hälfte des 16. Jahrhunderts, er erweist sich – so paradox es klingen mag – als Zeitgenosse Luthers, gerade mit Blick auf die damals nötigen Reformen, derer er sich durchaus mit Bedacht annahm. Um Albrecht gerade auch in seiner reformpolitischen Dimension einordnen zu können, ist zunächst die Situation der Stadt Halle zu konturieren.

Halle als fürstliche Residenzstadt

Halle bietet um 1500 ein disparates Bild. Wenn man richtigerweise von einer Zeit des Umbruchs und des Wandels um diese Jahrhundertwende spricht, vom Übergang des Mittelalters zur Neuzeit, dann sind die Symptome in Halle deutlich wahrnehmbar. Die Forschung spricht hier vom Übergang der Salz- und teilweisen Landstadt hin zur Resi-

Stephan Mokry

Luthers Gegenspieler?
Annäherungen an Erzbischof und Kardinal Albrecht von Brandenburg

99

denzstadt.[5] Hatte Halle an zentralen Verkehrswegen gelegen am heutigen Alten Markt seinen hochmittelalterlichen, bald gut befestigten Siedlungskern, so breitete sich die Bevölkerung immer weiter nach Norden und Nordosten entlang der Saale aus, gleichsam mondförmig um das Areal, das den weiteren wirtschaftlichen Aufschwung sicherte – den heutigen Hallmarkt: Den Ort, an dem wegen der geologischen Besonderheit der Halleschen Verwerfung das hochkonzentrierte Solewasser austrat, weshalb man mit relativ wenig Energieaufwand kostengünstig das weiße Gold, das Salz sieden konnte. Es etablierte sich im Tal, am Fuße der Verwerfung, immer mehr eine wohlhabende Oberschicht der Pfänner, also Siedepfannen- bzw. Siedekotenbesitzer, heraus, die die Geschicke der Stadt im Wesentlichen steuerten. Auf dem Berg hingegen, in direkter Nähe zu diesem mittelalterlichen Gewerbegebiet, entstand allmählich der zweite Stadtkern mit den beiden wichtigen Pfarrkirchen St. Gertrauden und St. Marien, dem neuen Markt und – später – dem Rathaus mit Waage usw., also der üblichen städtischen Infrastruktur. Die hochmittelalterliche Stadtwerdung war jedoch holprig. Die Stadtgesellschaft differenzierte sich zusehends aus, Innungen entstanden, die bei der Leitung der Stadt mitreden wollten, ebenso gewissermaßen der ‚Rest' der Bevölkerung, die sog. Gemeinheit. Doch als ob dies nicht genug gewesen wäre, stellte sich eine weitere Herausforderung: Halle gehörte zum Erzstift Magdeburg, im Norden auf erhöhtem Felsen wachte die Burg Giebichenstein, temporärer Residenzort und dauerhafter Verwaltungsstützpunkt des Magdeburger Erzbischofs, über das Gebiet. Halle war eine sog. Landesherrliche Stadt, unter Abhängigkeit eines Landesherren, der Stadtherr war, im Gegensatz zum Beispiel zu den freien Reichsstädten. Zudem spielte die geistlich-kirchliche Dimension eine entscheidende Rolle, bei einer fürstbischöflichen Herrschaft sowieso.[6] In kirchlicher Hinsicht war, zwischen der Stadt und der Burg gelegen, seit ca. 1116 das Chorherrenstift Neuwerk Zentralort, mit den Rechten des Archidiakonats ausgestattet. Mit die wichtigste Kompetenz: das Patronatsrecht über die Pfarrkirchen von Halle, die geistliche Gerichtsbarkeit und die Schulaufsicht[7]; Konflikte, wie z. B. um die Ratskapelle und die Besetzung von geistlichen Ämtern waren für die Zukunft somit vorprogrammiert.[8] Neben dem Stift Neuwerk kamen alsbald weitere Chorherren im Stadtgebiet dazu, 1184 das Stift an St. Moritz.[9] Der Erzbischof bediente sich mit den Chorherren gewissermaßen des neuesten pastoralen Instruments zur Intensivierung der Seelsorge, bevor in den Städten (blickt man vom Gründungsdatum Neuwerks auf die Geschichte Halles) die knapp 100 Jahre später aufkommenden Bettelorden das gestiegene Bedürfnis nach qualitätvoller, intellektuell anregender Seelsorge befriedigen halfen. Die Dominikaner und Franziskaner sind daher, mustergültig, ebenso in Halle zu finden. Schließlich kamen die Serviten hinzu und – wenngleich geographisch schlecht im Überflutungsgebiet der Saale gelegen – der Deutsche Orden (seine urkundliche Erwähnung mit der Kommende 1200 gilt bekanntlich auch als frühestes Zeugnis für eine offensichtlich durch eine Mauer ganz umgrenzte Siedlung Halle).[10]

Halle als Stadt, die sich immer mehr emanzipieren wollte – wie auch der Anschluss an die Hanse 1281 zeigt –, musste mit dem Landesherrn um diese Emanzipation ringen. Dies gelang schrittweise und war teilweise von Erfolg gekrönt.[11] Die bekannten Freiheiten Magdeburgs, der eigentlichen Bischofsstadt, gegen Ende des 15. Jahrhunderts konnte Halle jedoch niemals gewinnen.[12] Da das ausgehende Spätmittelalter aber davon geprägt ist, dass die Landesherren ihre Herrschaft arrondieren, diese zum frühmodernen Territorialstaat entwickeln, ist für Ernst von Wettin (einem jüngeren Bruder Friedrichs des Weisen von Sachsen) bzw. für die Berater des mit elf Jahren noch kindlichen Fürstbischofs eine innerstädtische Kontroverse um Einfluss und Macht der Pfänner und Innungen Gelegenheit, im sächsischen Sinne Klärungen herbeizuführen. Eine militärische Intervention beendete den Konflikt und brachte 1479 die fürstliche Regimentsordnung. Bischof Ernst ließ schließlich die Moritzburg errichten, um direkt am Stadtrand seine Macht zu demonstrieren, sein Bruder Friedrich half mit und brachte auch die Anfänge des Heiltums, der Reliquiensammlung bei.[13] Halle wird frühneuzeitliche fürstliche Residenzstadt mit Hofhaltung, der Hof bringt neue Eliten in die Stadt.

Das heißt: In den Jahren vor der Reformation ist Halle einerseits eine typische Stadt mit Pfarrkirchen und Klöstern, also einer normalen kirchlichen Infrastruktur, in der die Bürger durch Stiftungen usw. immer mehr Einfluss gewonnen hatten gegenüber Kloster Neuwerk und in der die Bettelorden eine wichtige Rolle spielten. Andererseits sollte dieses kirchliche Gefüge nun um 1500 durch die Landesherren – Bischöfe wohlgemerkt – aufgebrochen und neu zusammengefügt werden, was sich unter Albrecht parallel zur sich entwickelnden evangelischen, lutherischen Bewegung abspielte. Diese Gleichzeitigkeit ist noch wenig berücksichtigt worden für die Stadt Halle und ihre Verortung als Residenzstadt des vermeintlichen Gegenspielers Luthers in diesen Jahren, es spricht manches dafür, dass diese Gleichzeitigkeit bisweilen nicht unwichtige Auswirkungen auf den Gang der Geschehnisse gehabt haben mag. Albrecht ist hier der entscheidende Akteur: Mit dem Tod von Erzbischof Ernst konnten die Brandenburger den sächsischen Konkurrenten (und Verwandten: Albrechts Mutter stammt von den Wettinern ab) das Bistum Magdeburg entreißen, Albrecht zieht in die Moritzburg ein – was Friedrich von Sachsen sicherlich wenig erfreut haben mag, so nah an seinem Herrschaftsgebiet.[14]

Albrecht von Brandenburg – vom Fürstensohn zum Erzbischof

Albrecht ist der 1490 geborene, zweite Sohn des brandenburgischen Kurfürsten Johann Cicero, eines dem Humanismus zugeneigten Landesherren.[15] Die Eltern starben früh, der ältere Bruder Joachim nahm sich der Laufbahngestaltung des Zweitgeborenen an, die – wie damals nicht unüblich, wenn nicht sogar fast die Regel – in den geistlichen Stand führen sollte. Albrecht, das wissen wir aus den Quellen sicher, machte schon als junger Kleriker eine gute Figur, einen ernsten, frommen Eindruck, ihm war das kirchliche Amt mit seinen liturgisch-pastoralen Aufgaben nicht ganz wesensfern, wie im Gegensatz zu vielen adligen Zeitgenossen; allein mit Geld konnte er nicht umgehen, das war schon in jungen Jahren die Schattenseite in seiner Biographie.[16] Er wurde, auch das üblich, früh in einträgliche und karriereförderliche Pfründen, also mit Einkünften versehene kirchliche Positionen gebracht, etwa im renommierten Domkapitel des Erzbistums Mainz. Die Weichen waren gestellt, sein älterer Bruder steuerte den weiteren Weg. Albrecht erhielt 1513 das altehrwürdige Erzbistum und Erzstift Magdeburg als Erzbischof übertragen, daran hing in Administratur auch das Bistum Halberstadt. Und als es in Erfurt, das von alters her zum Erzstift Mainz gehörte, zu Tumulten kam und die nahegelegenen Sachsen ihren Einfluss auf die boomende Handelsstadt ausdehnen wollten, machte das Mainzer Domkapitel, das den Bischof wählt, das politisch wohl Konsequente: bestimmte 1514 aus seinen Reihen mit einem Sprössling aus dem Hause Brandenburg den neuen Erzbischof. Albrecht wurde quasi geborener Widerpart zu den sächsischen Ansprüchen auf Erfurt. Aus Sicht der Brandenburger war der Erhalt des Bischofsstuhles von Mainz ein Sechser im Lotto: Die Kirchenprovinz Mainz war die damals größte, reichte von der Nordsee bis an den Bodensee mit 12 zugeordneten sog. Suffraganbistümern. Dazu war der Mainzer Erzbischof wichtigster der sieben Kurfürsten, denn er fungierte zugleich als Erzkanzler des Reiches, war damit hinter dem Kaiser protokollarisch bedeutendster Mann im Reich, zuständig für die Geschäfte des Reichstages. Es versteht sich von selbst, dass nun die brandenburgischen Räte Joachims in Rom aktiv wurden, um die seit rund 100 Jahren eigentlich verbotene Häufung von Pfründen, also hier von mehreren Bischofssitzen des jüngeren Bruders ihres Herrn, zu legalisieren. Dazu konnte der Papst vom Verbot dispensieren, gegen Gebühr. Das Ende ist bekannt: damit er seine Bischofssitze behalten konnte, durfte – oder besser: musste – Albrecht den Petersablass für mehrere Jahre vertreiben, dessen Erlös für den Neubau des Petersdomes in Rom gedacht war. Die Hälfte davon ging allerdings gleich ins Säckel des Bankhauses der Augsburger Fugger, die Albrecht die erhebliche Summe von rund 29.000 Gulden als Kredit vorgestreckt hatten.

Der Ablasshandel lief aber zunächst nicht gut, der Ablass war seit ein paar Jahren generell in die Kritik geraten und der Absatz mancherorts stark eingebrochen.[17] Rom beschwerte sich über den schleppenden Verlauf bei Albrecht – fast gleichzeitig, als Luther seine Thesen am 31. Oktober 1517 an den Erzbischof versandte. Wohl dieser zeitliche Zusammenfall ließ Albrecht, ohne die endgültige Beurteilung durch seine Theologenberater abzuwarten, die Luther-Sache nach Rom melden, um der Kritik etwas entgegenzuhalten.[18] Kein Wunder war es also, dass bis dato der Ablassprediger Tetzel allzu marktschreierisch und theologisch fragwürdig bis waghalsig die Ablassbriefe an den Mann und die Frau zu bringen versucht hatte – am Ende doch mit einigem Erfolg, was nicht zuletzt Luther auf den Plan gerufen hatte. Was vielen gar nicht bekannt ist: Albrecht reagierte auf Luthers Mahnungen – zwar antwortete er dem einfachen Augustiner-Eremiten nicht und strafte ihn mit Nichtbeachtung, aber Tetzel wurde sanktioniert und am Ende sogar buchstäblich fallengelassen.[19]

Es ist tendenziell umstritten, wie weit Albrecht in theologischer Hinsicht das Anliegen Luthers und dessen Tragweite aufgefasst hat. Er selbst hat sicher nicht Theologie studiert, jedoch suchte er gerade in diesen Jahren enge Bindung an den Humanismus, der im Raum der universitären Theologie nicht zu leugnenden Einfluss auszuüben begonnen hatte. So hielt Albrecht zu den führenden Humanisten seiner Zeit Kontakt, wurde von ihnen intensiv beraten und holte sie auch in seine Dienste. Man kann von einer universitätsgestützten humanistisch orientierten Reformbewegung im Einflussbereich Albrechts sprechen.[20] Wichtige Protagonisten aus Mainz wurden in den frühen 1520er Jahren sogar Lutheraner. Nicht so natürlich der wichtigste Humanist der Zeit, der große Erasmus von Rotterdam. Brieflich standen er und Albrecht genau in den Jahren bis 1521, also in der heißen Phase der Ereignisse rund um Luther von der Thesenverbreitung bis zum Wormser Reichstag, in besonders engem Austausch. Und praktisch zeitgleich zu Luthers Thesen hatte Erasmus Albrecht auf dessen Ansinnen, historisch korrekte Heiligenbiographien zu verfassen, freundlich beschieden, dass es v.a. ums Evangelium und um Christus geht.[21] Ob dies Eindruck beim jungen Fürstbischof hinterließ?

Albrechts Reformprogramm

Denn in diesen entscheidenden Jahren kümmerte sich Albrecht um ein für ihn eminent wichtiges Vorhaben: den Ausbau des Reliquienschatzes zu Halle, schließlich der Stadt selbst. Ob er hier den sächsischen Konkurrenten, Friedrich den Weisen, herausfordern wollte? Ob er in der letzten Endes unglaublichen Summe von 39 Millionen Ablassjahren einfach ein vorbildlicher Oberhirte zu sein trachtete, der gut fürs Seelenheil seiner Schafe sorgt? Ob es ihm einfach um fürstliche Repräsentation, wenn auch kirchliche verbrämte Repräsentation ging? Es wird eine Mischung aus allen drei Faktoren in Anschlag zu bringen sein.[22] Zumindest fällt auf, dass er trotz der Angriffe Luthers gegen den Ablass 1517 die Reliquiensammlung intensiv weiter betrieb und erst 1521 die erste richtige Heiltumsweisung in der Moritzburg veranstalten konnte.[23] Mag man in der mitunter wetteifernden Ablass- und Reliquienvermehrung fürstliche Verblendung oder angesichts Luthers Popularität Widerspruch zum Zeitgeist sehen, so zeigt sich mit etwas Abstand betrachtet auch ein reformerischer Zug in Albrechts bischöflicher Amtsführung.[24] Denn damals verstand man mehrheitlich unter Reform das bessere Beachten der Tradition, das bessere, ja vollendetere Ausführen kirchlicher Vorschriften und Regelungen, ja kirchlicher Rituale. Ein gewissermaßen zur Perfektion getriebener Reliquien- und Ablasskult würde sich hier gut einpassen als Versuch, die alte Form zu wahren, eine Re-Formatio zu erreichen, was Schlagwort der vielen Reformbewegungen der Zeit war und durch den humanistischen Rekurs *ad fontes*, auf die Ursprünge zurück, zeittypisch unterfüttert wurde.

Darein passt auch Albrechts schon früh durchgeführte Visitation seines Magdeburger Klerus zur Einschärfung der kirchlichen Disziplin und die Erstellung mustergültiger liturgischer Bücher während seines Pontifikates, mit denen er „einen korrekten Ablauf der liturgischen Handlungen innerhalb seiner Bistümer garantieren wollte."[25] Fast klingt hier das berühmte Motto „Rectio et correctio" der Reformen Karls des Großen aus dem 8. Jahrhundert durch, als der fränkische König und römische Kaiser sich authentische Quellentexte aus Italien besorgte, um in seinem Reich alles danach auszurichten. Im Rückbezug auf das Original und durch Korrektur des Bestehenden konnte am besten Richtigkeit im Vollzug und damit Segen und Heil sichergestellt werden!

Auch die Einrichtung des Neuen Stifts und Etablierung einer Albrechts Herrschaft besonders zugeordneten Stiftskirche gehört unter dem Blickwinkel der Reform betrachtet. Es ist wohl dem Hinweis von Matthias Müller zuzustimmen, wonach Albrecht das Vorhaben einem auch architektonisch verbrämten Anciennitätsprinzip unterordnete, das zeigen sollte: hier herrscht zur altehrwürdigen Tradition Kontinuität.[26] Durch Translation der Moritzer Chorherren an die ehemalige Dominikanerkirche als Stiftskanoniker schuf sich Albrecht, besonders da das unter Einfluss lutherischer Gedanken immer unzuverlässiger zur Durchsetzung der kirchlichen Befugnisse gewordene Kloster Neuwerk ab 1525 quasi entmachtet worden war, ein Klerikerreservoir und Musterstift. Die Kleriker wurden ganz im Sinne der Kirchenreformbemühungen an die neue Stiftskirche gebunden – nachweislich zeichnete sich Albrechts Stift durch vergleichsweise scharfe Residenzvorschriften für die Kanoniker aus, die etwaigen Pfründenansammlungen und ermangelnder Präsenz vor Ort wehren sollten. Zudem waren die Stellen weniger gut dotiert, was sie für einseitige Pfründenjäger wohl unattraktiv machte[27]; über 50 Personen gehörten zur Ausstattung des Stifts. Und Albrecht versuchte, eine Art Elite zu bilden,

holte gezielt in den heißen Reformationsjahren Luthers Reformanliegen nahe stehende Prediger in sein Umfeld.[28] Fast so, als ob er die
offensichtlich wortgewaltigen evangelischen Prediger mit gleichen
Waffen schlagen wollte, nach Möglichkeit anti-klerikale Affekte zu
kompensieren beabsichtigte. Nur nebenbei bemerkt: Wie 200 Jahre
zuvor die Bettelordensbrüder als gelehrte Theologen die gebildete
Bürgerschaft v. a. durch Predigten anzusprechen vermochten, nah-
men jetzt die Universitätstheologen rund um Luther diese Plätze ein,
und die Bürger, allmählich vom Humanismus inspiriert, wollten qua-
litätvoll auf dem Stand der Zeit pastoral betreut werden (wie z. B. in
Halle Felicitas von Selmenitz mit ihrer Lutherbibel und den vielen hs.
Eintragungen Repräsentantin der gestiegenen spirituellen Ansprüche
ist). Es war eine Notwendigkeit, hier kirchlich zu reagieren, Albrechts
Bemühungen (nicht zuletzt um die Einrichtung des Stifts als Grundlage möglicherweise doch einer irgendwie beabsichtigten Gründung
einer altgläubigen Gegenuniversität zu Wittenberg?), würde sich hier
gut einfügen. Vielleicht auch deshalb konnte in Halle eine rasche
Ausbreitung der Reformation verhindert werden. Neben der Präsenz
des Landesherrn, sei es real oder in Form seiner Verwaltung und Gebäude, dürfte das verhältnismäßig reformerische Gleichziehen mit
Luther und seinen Kreisen in den 1520er und frühen 1530er Jahren zu
veranschlagen sein, das hier stagnierend und die Situation bisweilen
beruhigend wirkte. Man denke allein an einen Michael Vehe, der als
Vertreter eines altgläubigen Kirchenreformprogramms als Propst von
Albrechts Neuem Stift ab 1530 wirkte. Schließlich waren die niederen
Pfründestellen am Stift, ein geschickter Schachzug, von Albrecht zur
Besetzung durch die Bürgerschaft vorgesehen worden (auch wenn
diese Besetzung faktisch bisher eher schwer nachweisbar ist). Doch
kann man alles in allem das Neue Stift durchaus als Identitätsmarker
für eine bürgerlich-sakrale Stadtgemeinschaft ansehen, unter dem
Motto ,Formierung', Re-Formatio.
Anders in Magdeburg, der eigentlichen Domstadt, Sitz des Dom-
kapitels.[29] Die vom Landesherrn praktisch völlig emanzipierte Stadt

konnte unter Führung und Moderation des Rates und der gebildeten Reformationsausschüsse beinahe über Nacht 1524 die Reformation einführen, Luther unterstützte durch persönlichen Besuch und von den Magdeburgern zahlreich besuchte Predigten die Reformation. Schon im Sommer 1521 waren evangelische Prediger aufgetreten, es gab handgreifliche Unmutsbekundungen gegenüber dem Immunitätsprivilegien genießenden Welt- wie Ordensklerus, wie Albrecht aufgrund einer Magdeburger Ratsgesandtschaft schriftlich gegenüber seinem Domkapitel festhielt. Und so wie andernorts ist das Augustinereremitenkloster, also eine Dependance von Luthers Orden, ein wichtiger Herd für die Entfachung des Reformationsfeuers. In rascher Schrittfolge schwenkten Magdeburger Geistliche zur neuen Bewegung über. Zum Fanal geriet schließlich die Verhaftung eines Gesellen, der lutherische Lieder sang und entsprechende Noten bzw. Texte auf dem Markt verkaufte. Die Stadtbevölkerung solidarisierte sich mit ihm und setzte ihn in einer Nacht-und-Nebel-Aktion frei. Am 17. Juli 1524 feierte man in den Pfarrkirchen der Altenstadt den Gottesdienst in der neuen Form, eine Woche später werden die Pfarrer von St. Jakobi, St. Johannis und Hl. Geist durch lutherisch gesinnte ersetzt. Im Spätsommer kommt es u. a. in der Domkirche zu einem Bildersturm. Albrecht konnte in seiner Domstadt dagegen nichts ausrichten.

In Halle aber blieb man – katholisch![30] Zumindest relativ beständig in den Eliten in den rund 20 Jahren seit Bannung Luthers 1521. Der Rat hielt – aus Überzeugung und/oder politischer Räson – zum Erzbischof, die Bettelorden sowieso. Allein in Neuwerk schlossen sich auffällig viele Chorherren der Reformation an – verstärkt ab 1525 aus Revanche wegen der Einflussschmälerung zugunsten des Neuen Stifts? Es ist im Rückblick zumindest zeichenhaft, dass nach Auflösung Neuwerks die Gebäude ab 1531/32 niedergelegt und in Albrechts Neuer Residenz verbaut wurden.

Trotz der in den ersten 15 Jahren relativ erfolgreichen Sicherung des altgläubigen Lagers in Halle, hielt man Albrecht aus dem Lager der Luthergegner und -skeptiker, also den eigenen Reihen, bisweilen für einen Luthersympathisanten. Luther selbst forderte ihn 1525 fast euphorisch auf, den Konkubinat zu verlassen und endlich zu heiraten, womit Luther wohl hoffte, den Kardinal auf die vermeintliche Reformerseite zu ziehen. Albrecht lehnte bekanntlich dankend ab, gleichwohl hatte man es in der öffentlichen Wahrnehmung für einen kurzen Moment sogar als reale Möglichkeit angesehen.[31] Für die Sicherung des alten Glaubens in Halle kamen Albrecht außerdem auch die äußeren Ereignisse nicht ungelegen. Nachdem ihm im Frühjahr 1525 von Seiten der beiden Zentrumspfarreien einige reformatorische Forderungen angetragen worden waren – Kommunion unter beiderlei Gestalt, Einführung des Gemeinen Kastens –, führten die Bauernkriege dazu, dass er nach deren Ende diese Forderungen erst mal nicht weiter zu verfolgen brauchte; als Landesherr war er in der eindeutig stärkeren Position. Als ob somit erst einmal ein Endpunkt markiert worden sei, ging Albrecht – zu selbstischer? – für die nächsten sechs Jahre in sein zweites Bistum Mainz. Die Reformation breitet sich in Halle tatsächlich nicht schlagartig aus. Dafür ist ziemlich plausibel die Verflechtung von Stadteliten mit den Hofeliten in Anschlag zu bringen, also der Umstand, dass natürlich Altgläubige aus dem Umfeld des Hofes im Rat saßen und somit eine gewisse Dominanz ausüben konnten. Werner Freitag hält fest: „Erst allmählich wurde dann der Rat mit lutherischen Ratsherren besetzt", es sollen „1533 sechs von 26 und 1534 17 von 26 Ratsherren Lutheraner" gewesen sein.[32] Der Rat war es wohl auch, der Albrecht zum Umbau des Marktplatzes, d.h. zum Bau der neuen – einen – Marktgemeindenkirche bewegte: zum Neuen Stift kam nun noch eine zentrale, moderne Bürgerkirche. Wenn Institutionen und ihre Gebäude prägen, dann waren hier weitere Weichen gestellt, um der Reformation buchstäblich etliche Steine, Bau-Steine nämlich, in den Weg zu legen. Indes, die Bauten entpuppten sich langfristig nicht als Bollwerke gegen die Neurungen aus unmittelbarer regionaler Nachbarschaft in Wittenberg und Eisleben. Halle war es nicht vergönnt – hier nun einfach in katholischer, nicht konfessionalistischer Perspektive gedacht – im übertragenen Sinne das berühmte unbegeusame Dorf der Gallier zu bleiben. Denn so wie unsere berühmten Gallier um Asterix und Obelix gegenüber den verweichlicht-dekadenten Römern fast als frisch-fromme Moralapostel gegenüber gestellt werden, so war es damals vor Ort eher andersherum: Trotz kirchenrefomerischer Mühen war Kardinal Albrecht als Mensch und Fürst buchstäblich dekadenter Römer. Sein Lebenswandel[33] bot – unbeschadet seiner bezeugten bischöflichen Sorgfalt auf die Liturgie und auch Pastoral – etliche Angriffspunkte, die gerade von Luther selbst immer wieder angezielt wurden. Sei es das Leben im offensichtlichen Konkubinat, sei es der schon früh für Albrecht bezeugte fehlende Sinn für die Ökonomie. Diese letzte Untugend dürfte erheblich zum weiteren Gang der Reformation in Halle beigetragen haben: bis heute ist der berühmte Fall Schenitz Chiffre für Albrechts Skrupellosigkeit.[34] In der Tat lässt es schaudern und ist befremdlich, wie hier ein hoher geistlicher wie weltlicher Verantwortungsträger, in die Enge getrieben durch Verschwendungssucht und gleichzeitig durch die am *Status quo* nagende Reformation, zur Ablenkung von seinen Verfehlungen seinen Finanzmanager Hans Schenitz an den Galgen beförderte. Nicht nur für Luther, der publizistisch den Fall aufgriff, hatte der Kardinal hiermit seine Maske fallen gelassen und sein wahres Wesen präsentiert. Modern gesprochen war die Hinrichtung des Finanzintimus für Albrecht ein PR-Desaster, von dem er sich nicht mehr erholte. Martin Brecht, der den Fall minutiös untersuchte, summierte doppeldeutig zu Albrecht: „Für die Geschichte Halles und indirekt auch für die dortige Reformation ist sein Wirken gleichwohl positiv wie negativ von erheblicher Wirkung gewesen."[35] Im Frühjahr 1541, der Druck war zu groß, verließ Albrecht Halle für immer. Auf dem Landtag zu Calbe sagte die Bürgerschaft zu, 22.000 Gulden Schulden zu übernehmen – im Gegenzug konnte die Reformation eingeführt werden. Immerhin war es Albrecht offensichtlich wichtig, seine Gläubiger nicht einfach sitzen zu lassen. Wie andernorts auch wurde ein Ausschuss gebildet, der nun die Umsetzung der Reformation koordinierte.[36] Und hier, wohl auch um Albrecht, der unbeschadet seines Wegzugs weiterhin Stadtherr war, nicht zu reizen, ließ man sich Zeit. Wahrscheinlich erklärt dies die sehr achtsamen Maßnahmen, etwa dass Justus Jonas zunächst als Prediger angestellt wurde, bevor er sich drei Jahre später als Pfarrer etablieren konnte. Anfang 1542 wetterte Jonas noch in der zeitgemäßen Manier gegen die altgläubigen Baals-Priester der Bettelorden. Doch vermied es der Rat, willfährig die Klöster zu schließen, sie sollten einfach keine neuen Brüder mehr aufnehmen und mit dem Lauf der Zeit sich selbst erledigen. Der neue Erzbischof, Johann Albrecht, zeigte sich aus politischer Notwendigkeit tolerant gegenüber der mittlerweile weitgehend reformierten Stadt Halle, der Rat konnte zukünftig die Patronatsrechte über die Pfarrstellen für sich beanspruchen und ausüben, womit ganz im Sinne des Stichworts von der Städtischen Reformation die Bürgerschaft die religiösen Angelegenheiten mitbestimmte.

Ausblick

Wie zu Anfang bereits vermerkt: Albrecht sperrte sich keineswegs gegen Reformen. Vielmehr ist seine Amtsführung von Beginn an von einem vergleichsweise hohen Verantwortungsbewusstsein gegenüber seinen Diözesen gekennzeichnet. Seine Herausforderung bestand im Rückblick besehen darin, seine vielfältigen Funktionen in seiner Person zu integrieren – besonders seine Kurfürstenwürde und sein Bischofsamt. Die erste Funktion zwang oder verleitete ihn zu einem Lebensstil über die realen Verhältnisse hinaus, die zweite hätte ihn ganz und gar angesichts der Reformation gefordert. Dafür hätte er offensichtlich die Begabung und Gaben gehabt. Etliche Entscheidungen wiesen auch in die richtige Richtung, das Personal, das er rekrutierte, die Stiftseinrichtung und die Baumaßnahmen. Allein er blieb gewissermaßen verhaftet in seinem ‚Altehrwürdigkeitsprogramm'[37]. Reformen – auch im Sinne der reformatorischen Anliegen – ging er wohl an, pflanzte sie jedoch nicht in die neue Zeit ein, die trotz aller vorhandenen Kontinuitäten ab 1517 begonnen hatte, sich immer deutlicher herauszuschälen – die Neuzeit. Er blieb allzu sehr dem alten Konzept von Kaiser und Reich verpflichtet – als Reichserzkanzler und bischöflicher Kurfürst vielleicht nachvollziehbar; jedoch in diesem Korsett gebunden, wagte er den entscheidenden Schritt nicht.

Ansonsten zeigt das Beispiel seiner bevorzugten Residenzstadt Halle, dass seine Maßnahmen offensichtlich eine gewisse Zeit stabilisierend wirkten – und wenn es allein seine Präsenz vor Ort gewesen sein mag, dies würde ein starkes Argument bieten für die Richtigkeit der Forderung nach einer Residenzpflicht der Bischöfe, wie sie das Konzil von Trient wenige Jahre später auch festschrieb. Es wird auch deutlich: Ein Automatismus war die Reformation zwangsläufig nicht.

Anmerkungen

1 Vgl. auch: Wilhelm Ernst Winterhager, Ich dachte fur war, Er were ein Engel. Albrecht von Brandenburg im Urteil seiner Zeitgenossen, in: Der Kardinal Albrecht von Brandenburg. Renaissancefürst und Mäzen (Kataloge der Stiftung Moritzburg – Kunstmuseum des Landes Sachsen-Anhalt), Bd. 2: Essays, hg. v. Andreas Tacke, Regensburg 2006, 131–167, hier 131.

2 Vgl. ebd.

3 Dafür gibt es eine relativ gute Ausgangsposition: ähnlich wie zu Luthers 500. Geburtstag 1983 wurde auch derjenige Albrechts 1990 mit Tagungen und einer Ausstellung bedacht, außerdem widmete man ihm zum 1200jährigen Stadtjubiläum Halles eine große Schau; dazu die jeweiligen Publikationen: Albrecht von Brandenburg. Kurfürst – Erzkanzler – Kardinal 1490–1545. Zum 500. Geburtstag eines deutschen Renaissancefürsten. Horst Reber mit Beiträgen von Friedhelm Jürgensmeier, Rolf Decot und Peter Walter, hg. v. Berthold Roland, Mainz 1990; Der Kardinal Albrecht von Brandenburg. Renaissancefürst und Mäzen (Kataloge der Stiftung Moritzburg – Kunstmuseum des Landes Sachsen-Anhalt), Bd. 1: Katalog, hg. v. Thomas Schauerte / Bd. 2: Essays, hg. v. Andreas Tacke, Regensburg 2006.

4 Vgl. dazu neuerdings auch: Kai Bößneck, „ein angeneme gute wercke" – die Bemühungen Albrechts von Brandenburg um eine Reform der Kirche, in: Maren Ballerstedt / Gabriele Köster/Cornelia Poenicke (Hg.), Magdeburg und die Reformation. Teil 1: Eine Stadt folgt Martin Luther (Magdeburger Schriften 7), Halle (Saale) 2016, 217–237, hier 233, Anm. 1

5 Vgl. grundlegend zur Stadtgeschichte: Werner Freitag, Halle 806 bis 1806. Salz, Residenz und Universität. Eine Einführung in die Stadtgeschichte, unter Mitarbeit von Andrea Thiele, Halle (Saale) 2006.

6 Vgl. zur sakral-kirchlichen Struktur Halles: Klaus Krüger (Hg.), Kirche, Kloster, Hospital. Zur mittelalterlichen Sakraltopographie Halles (Forschungen zur hallischen Stadtgeschichte 12), Halle (Saale) 2008.

7 Vgl. Andreas Ranft, Sakraltopographie und kirchliches Leben in Halle – eine Skizze, in: Krüger (Hg.), Kirche, Kloster, Hospital (w. Anm. 6), 11–26, hier 12–14.

8 Vgl. Antje Diener-Staeckling, Des Rates heymlichkeit – die Ratskapelle als stadtpolitisches Zentrum, in: Ebd., 27–43, hier 28.

9 Vgl. Freitag, Halle 806 bis 1806 (w. Anm. 5), 34 f.

10 Vgl. Andreas Rüther, Die Klöster der Dominikaner, Franziskaner und Serviten in der spätmittelalterlichen Stadt Halle, in: Krüger (Hg.), Kirche, Kloster, Hospital (w. Anm. 6), 85–104.

11 Etwa durch die bezahlte Gewährung von Freiheiten, so besonders eine Art Liberalisierung von Lehensgütern aus dem Umfeld der Salzgewinnung 1310: vgl. Freitag, Halle 806 bis 1806 (w. Anm. 5), 58, sowie grundsätzlich zur Emanzipation 47–54.

12 Vgl. neuerdings: Michael Scholz, Stadtherr, Rat und Geistlichkeit – Stadtverfassung und Sakraltopographie in Magdeburg am Vorabend der Reformation, in: Ballerstedt/Köster/Poenicke (Hg.), Magdeburg und die Reformation (w. Anm. 4), 57–79, hier bes. 74 f.

13 Vgl. Günter Mühlpfordt, Reformation und Moritzburg. Vom wettinischen Bau zur wettinischen Lutherschutzpolitik, in: Michael Rockmann (Hg.), Ein „höchst stattliches Bauwerk". Die Moritzburg in der hallischen Stadtgeschichte 1503-2003 (Forschungen zur hallischen Stadtgeschichte 5), Halle (Saale) 2004, 43–64; grundlegend überdies: Michael Scholz,

Residenz, Hof und Verwaltung der Erzbischöfe von Magdeburg in Halle in der ersten Hälfte des 16. Jahrhunderts (Residenzforschung 7), Sigmaringen 1998.

14 Vgl. Mühlpfordt, Reformation und Moritzburg (w. Anm. 13), 44.

15 Zur Biographie vgl.: Friedhelm Jürgensmeier, Kardinal Albrecht von Brandenburg (1490–1545). Kurfürst, Erzbischof von Mainz und Magdeburg, Administrator von Halberstadt, in: Albrecht von Brandenburg (w. Anm. 3), 22–41.

16 Vgl. Winterhager, Albrecht von Brandenburg im Urteil seiner Zeitgenossen (w. Anm. 1), 132 f.

17 Vgl. Thomas Kaufmann, Reformation und Reform – Luthers 95 Thesen in ihrem historischen Zusammenhang, in: Peter Klasvogt / Burkhard Neumann (Hg.), Reform oder Reformation? Kirchen in der Pflicht, Leipzig – Paderborn 2014, 23–41, hier 27–30.

18 Diesen Grund bei: Rolf Decot, Theologie – Frömmigkeit – Kirche. Albrecht von Brandenburg vor der Herausforderung der Reformation, in: Der Kardinal Albrecht von Brandenburg (w. Anm. 3), 61–79, hier 66.

19 Winterhager, Albrecht von Brandenburg im Urteil seiner Zeitgenossen (w. Anm. 1), 137–139.

20 Vgl. detailliert dazu: Peter Walter, Albrecht von Brandenburg und der Humanismus, in: Albrecht von Brandenburg (w. Anm. 3), 65–82

21 Vgl. ebd., 71–73.

22 Vgl. Scholz, Residenz, Hof und Verwaltung (w. Anm. 13), 219, der in Richtung Repräsentation tendiert.

23 Vgl. ebd., 220.

24 An dieser Stelle kann nicht auf die mittlerweile rundweg anerkannte, fortschrittliche Verwaltungsreform Albrechts in Mainz eingegangen werden – vgl. hierzu hinführend: Jürgensmeier, Kardinal Albrecht (w. Anm. 15), 29.

25 Bößneck, Bemühungen Albrechts von Brandenburg (w. Anm. 4), 222.

26 Vgl. Matthias Müller, Residenzarchitektur ohne Residenztradition. Eine vergleichende Bewertung der Residenzarchitektur Albrechts von Brandenburg in Halle unter dem Aspekt der Altehrwürdigkeit, in: Der Kardinal Albrecht von Brandenburg (w. Anm. 3), 169–179.

27 Vgl. Bößneck, Bemühungen Albrechts von Brandenburg (w. Anm. 4), 224–227.

28 Hierzu und zum Folgenden: vgl. Scholz, Residenz, Hof und Verwaltung (w. Anm. 13), 236–240.

29 Vgl. zum Folgenden detailliert: Werner Freitag / Anja Pförtner, Reformation als städtisches Ereignis: evangelische Bewegung und ratsherrliche Politik in der Residenzstadt Halle und in der autonomen Landstadt Magdeburg, in: Werner Freitag / Thomas Müller-Bahlke (Hg.), Halle im Mittelalter und im Zeitalter der Reformation. Neue Studien zur Geschichte der Stadt (Forschungen zur hallischen Stadtgeschichte 6), Halle (Saale) 2006, 66–93, hier 68–76.

30 Vgl. Werner Freitag, Residenzstadtreformation? Die Reformation in Halle zwischen kommunalem Selbstbewußtsein und bischöflicher Macht, in: Andreas Tacke (Hg.), Kontinuität und Zäsur. Ernst von Wettin und Albrecht von Brandenburg (Schriftenreihe der Stiftung Moritzburg, Kunstmuseum des Landes Sachsen-Anhalt 1), Göttingen 2005, 91–118.

31 Vgl. Winterhager, Albrecht von Brandenburg im Urteil seiner Zeitgenossen (w. Anm. 1), 147–149.

32 Freitag, Halle 806 bis 1806 (w. Anm. 5), 117.

33 Vgl. beispielhaft: Michael Wiemers, 1533 in Halle: Johannes Carion zu Gast bei Albrecht von Brandenburg, in: Rockmann (Hg.), Ein „höchst stattliches Bauwerk" (w. Anm. 13), 95–106.

34 Vgl. hierzu grundlegend: Martin Brecht, Erzbischof Albrecht und die Verurteilung seines Kämmerers Hans Schenitz 1535, in: Rockmann (Hg.), Die Moritzburg (w. Anm. 13), 65–94.

35 Ebd., 90.

36 Vgl. zur Einführung der Reformation in Halle: Freitag/Pförtner, Reformation als städtisches Ereignis (w. Anm. 29), 76–88.

37 Vgl. die Würdigung bei Scholz, Residenz, Hof und Verwaltung (w. Anm. 13), 273–278, der hinsichtlich Albrechts Reformbemühungen v. a. einen Makel mit Blick auf das Ablasswesen verbunden mit den Reliquien des Halleschen Heiltums ausmacht. Jedoch ist mittlerweile der pastorale Impetus des Ablasses ausreichend betont worden, so neuerdings auch Berndt Hamm, Ablass und Reformation. Erstaunliche Kohärenzen, Tübingen 2016.

» Luther und die Reformation 1517–2017: Kritische Anmerkungen (nicht nur) zur Luther-Biographie von Heinz Schilling [*]

Dominik Burkard

Heinz Schilling hat mit seinem 2012 erstmals erschienenen Buch „Martin Luther. Rebell in einer Zeit des Umbruchs" – nicht als Theologe, sondern als Historiker, allerdings im Auftrag und mit Unterstützung des Vereins für Reformationsgeschichte – einen ebenso inhaltsschweren wie lesenswerten Band vorgelegt, der innerhalb kürzester Zeit zu einem Standardwerk avanciert ist und dies sicher auf lange Zeit bleiben wird.[1]

Was sich Schilling vorgenommen hatte, kommt einer Herkulesarbeit gleich. Nicht allein, dass eine solche, auch sprachlich beeindruckende[2] Synthese ein enormes Maß an Kraft und Ausdauer verlangt. Schilling hatte auch gegen mitunter langlebige, festgefügte Traditionsbildungen anzukämpfen. Die letzten Jahrzehnte haben in der Lutherforschung zwar nicht wirklich Umwälzendes, aber doch manches Neues und manches auch deutlicher ans Licht gebracht – und Schilling ist es gelungen, dies alles meisterhaft in ein Ganzes zu gießen. Man ist dankbar für die hervorragende Einordnung Luthers in die großen Ströme und Veränderungen seiner Zeit in wirtschaftlicher, geopolitischer, politischer und geistesgeschichtlich-kultureller Hinsicht; in eine Zeit, die in einem kolossalen Umbruch begriffen war. Man ist dankbar dafür, dass Luther nicht nur als ‚Mensch im Werden' vorgestellt wird, sondern auch als durchaus *ambivalenter* Mensch, der seine großen und starken, zugleich aber auch seine problematischen und abstoßenden Seiten hatte. Schilling verschweigt nicht, dass Luther von den Einflüssen aus Übersee, von den neuen politischen Strömungen etwa aus Italien (Machiavelli) unberührt blieb. Er verschweigt nicht sein extrem negatives Menschenbild. Er nennt ihn mehrfach einen zurückgebliebenen, unzeitgemäßen, ja konservativen Theologen.[3] Er gesteht, dass Luther alles weniger als tolerant war, einer, der im Grunde „von vornherein zu einem Dialog mit Andersdenkenden unfähig" war[4]. All dies ist geeignet, hinter der Ikone des Reformators der Wirklichkeit näher zu rücken. Nicht zuletzt ist man dankbar für die deutliche Zurückweisung früherer Vereinnahmungen Luthers aus dem jeweiligen Zeitgeist heraus, aus überheblicher Selbststilisierung, zum Teil auch aus ideologischer (antikapitalistischer oder deutschtümelnder) Verzeichnung.[5]

Wie souverän Heinz Schilling in seinem Metier und Stoff zuhause ist, hat er vielfach[6] unter Beweis gestellt. Wenn ich im Folgenden auf problematische Punkte seiner Lutherbiographie hinweise, so geschieht dies in bewusst provokativer Form und in der Hoffnung, der Diskussion die nötigen Impulse zu geben.

1. Der „reine Luther", oder: Zweifel an der Objektivität in Sachen Reformation in der Lutherdekade

Ob die Ausgangsthese Schillings zutreffend ist, dass das bevorstehende Lutherjubiläum uns den echten, reinen Luther, den Nicht-Vereinnahmten[7], vor Augen führen werde, da bin ich mir nicht so sicher. Und zwar aus mehreren Gründen.

Zunächst einmal, und das mag nach den langen Debatten in der historischen Zunft um ‚Objektivität' in der Historiographie, banal klingen: Eine jede Zeit hat ihre Sicht. Auch der Historiker ist, ob er nun will, oder nicht, immer Gefangener seiner Zeit, auch Gefangener seiner selbst. Er betrachtet die Geschichte durch *seine* Brille. *Neutralität* schlechthin gibt es nicht. Und ich möchte behaupten: im Blick auf das Reformationsjubiläum ist *diese* auch gar nicht gewollt.

Bereits der Aufwand, mit dem der Wiederkehr der ‚Ablassthesen‘ im Jahr 2017 gedacht wird! Dieses Jubiläum stellt schon jetzt alles bisher Dagewesene in den Schatten: Bücherregale voller Lutherbiographien, eine Lutherdekade mit ‚Themenjahren‘ – d. h. ein zeitlich ausgedehntes Feiern, eine eigene ‚Luther-Botschafterin‘, ein ‚Lutherweg‘, der zum ‚Pilgern‘ an die zentralen Stätten des Reformators einlädt, und vieles andere mehr. Es ist klar: Das Jubiläum soll etwas austragen – und das ist ja völlig legitim. Vielleicht ein Fest des eigenen Glaubens? Eine Aktivierung aller Kräfte? Eine eindrucksvolle Präsentation oder Demonstration des Protestantismus? Vielleicht eine Initiative zur stärkeren Zusammenarbeit der vielen protestantischen Kirchen, Gruppen und Gruppierungen weltweit? Dazu müssen freilich einerseits Luther und die Reformation, andererseits Luther und der Protestantismus in eins gesetzt werden. Ein schwieriges Unterfangen. Wo ist das Gemeinsame? Der Erwartungsdruck ist hoch. Ob da der reine Luther zum Vorschein kommt?

Zweifel habe ich insbesondere in Bezug auf den Optimismus, das Jubiläum werde erstmals „frei von konfessionellem Argwohn" begangen. Die Reihen nach innen werden meist erst durch die Abgrenzung gegen das Außen geschlossen. Luther lebt, legitimatorisch, noch immer von der Abgrenzung, und damit von der radikalen Ablehnung der ‚Papstkirche‘. Die Reformation definiert sich auch heute noch weitgehend aus der Negation.[8] Der historische Rückblick auf Luther kann dieses Grundprinzip des Protestantismus (Johann Adam Möhler) nur noch einmal (und deshalb in schöner Regelmäßigkeit *immer wieder*) aktivieren, vielleicht sogar verstärken – so jedenfalls die Befürchtungen außerhalb. Die in den letzten Jahren vor allem auf evangelischer Seite üblich gewordene Rede von der ‚Ökumene der Profile‘ scheint darauf hinzuweisen, dass wir keine Ressentimentfreiheit erwarten dürfen. Zwar sieht man im Profil die Konturen schärfer, doch man sieht eben auch nur eine Seite, nicht das Ganze. Der Blick bleibt *einseitig*.

Es ehrt Heinz Schilling, wenn er für das Reformationsgedenken den Aspekt der Konfessionalisierung als Prozess der Modernisierung stark zu machen sucht, und damit im Prinzip auch dem Katholizismus ermöglicht, Anteil zu nehmen bzw. mitzugedenken. Ich stimme dem Konfessionalisierungsparadigma, an dessen Formulierung Schilling ja maßgeblich beteiligt war, vollkommen zu. Gleichwohl bleibt ein fahler Nachgeschmack, wenn man bei näherem Zuschauen sieht, dass es letztlich nur Brosamen sind, die vom Tisch des Herrn – gewissermaßen vom Tisch des Herrn Luther, und dies auch nur *sola gratia* – abfallen. Denn eines ist und bleibt in Schillings Lutherbuch bei all dem doch klar: die Reformation – und er meint damit eben vor allem Luther – ist die Geburtsstunde der Moderne, die Geburtsstunde von Differenzierung und Pluralität, von Toleranz und Meinungsfreiheit: Ohne Luther keine Konfessionalisierung, ohne Konfessionalisierung keine Moderne.[9]

2. Vier Problemanzeigen aus katholischer Sicht

Sprache – Begriffe

Es fällt auf, dass dort, wo von der nichtreformatorischen Kirche die Rede ist, meist – und eigentlich unnötig – Reizwörter gebraucht werden. Übrigens selbst dort, wo sich Luther noch gar nicht gegen die alte Kirche oder gar gegen die nachreformatorische Konfessionskirche wendet. Hier ist meist von der „Papstkirche", der „Priesterkirche", der „hierarchischen Kirche", der „Amtskirche" die Rede.[10] Damit wird nicht nur subkutan die alte reformatorische Ansicht reproduziert, die vorreformatorische Kirche sei eben gar nicht die richtige Kirche gewesen, es entstehen auch schiefe Geschichtsbilder. Denn was die vorreformatorische Kirche betrifft, so war es mit der „hierarchischen Kirche", womit ja zuerst ein autoritäres Regieren von oben nach unten assoziiert wird, nicht so weit her. Dass die mittelalterliche Kirche vielmehr meist eine „lange Leine" ließ (und lassen musste, man denke an die begrenzten Möglichkeiten der Kontrolle und Normierung), gibt Schilling übrigens an anderer Stelle durchaus zu, etwa wenn er von einer vorreformatorischen „Territorialisierung der Universalkirche" spricht.[11] Also: Man täte besser daran, auf derartige Begriffe, die der konfessionellen Polemik entliehen sind, einfach zu verzichten.

Zu den Reizwörtern, die zwar bequem sind, weil sie markant abgrenzen, die aber zugleich simplifizieren und damit ungerecht, ja diffamierend werden, zählt auch das häufig gebrauchte Wort „Leistungsfrömmigkeit"[12] zur Charakterisierung des Katholizismus.[13] Ich meine, dass das – zumindest in dieser Zuspitzung und Totalität – *falsch* ist und Falsches *suggeriert*. Das katholische Denken scheint mir im Gegenteil viel weniger von Leistungsdenken geprägt zu sein als das protestantische. Der Gedanke eines *thesaurus ecclesiae*, der Kirche als ‚Heilsinstitution‘, der darin manifestierte Subsidiaritätsgedanke des *ecclesia supplet*, die Sozialpflichtigkeit auch im Bereich der Frömmigkeit, das fürbittende Gebet, das Bußsakrament mit der häufigen Erfahrung der zugewendeten Vergebung, ja selbst der Ablass – das alles sind *stressabbauende, entlastende Elemente.* Sie nur als „Trostpflästerchen"[14] zu bezeichnen, greift zu kurz. Es geht der alten Kirche nicht allein um das lutherische „ich und mein Gott", der einzelne ist vielmehr – und dies ist ganz biblisch – in die Gemeinschaft der Glaubenden eingebunden. Zudem: *weshalb* soll das Gebet, das im vor- und nachreformatorischen Katholizismus einen unbestritten hohen Stellenwert einnimmt, in dem der Mensch sich und sein Handeln unter das Angesicht Gottes stellt, von vornherein negative *Leistungs*frömmigkeit sein (selbst wenn es, wie alles, dem *abusus* verfallen kann)? *Gegenfrage:* Gibt es nicht auch eine lutherische Leistungsmentalität, wenn sich die Gnade in den guten Werken erweist? Und wäre der Vorwurf der Leistungsfrömmigkeit nicht viel eher innerhalb des Protestantismus zu erheben: bei den Reformierten, wenn sich für sie die Gnade Gottes – und also seine Rechtfertigung, sein Heil – am Erfolg, nicht zuletzt am wirtschaftlichen Erfolg zeigt (was ja zur wirtschaftlichen Superiorität und „Modernität" der Protestanten in der Neuzeit geführt haben soll)?

Einseitigkeiten: Luther und seine Quellen

Selbstverständlich ist es richtig, dass Luther von seinen Oberen zunächst einmal angehalten wurde, die *scholastische Theologie* zu studieren. Das war wesentlicher Bestandteil des damaligen theologischen Studiums. Wenn Luther aber rückblickend schreibt, dass er sich gleichsam nachts in die Bibliothek schleichen musste, um an eine Bibel zu kommen, so erweckt das einen etwas schiefen Eindruck; denn die Bibel, vor allem der Psalter, gehörten doch immerhin beim Chorgebet der Mönche zum täglichen Umgang.

Gleichwohl: Luther war zunächst scholastisch geprägt und entdeckte demgegenüber die Bibel als Befreiung aus den Wirrnissen, Distinktionen und den verschlungenen, nicht zuletzt auch intellektuell schwierigen Pfaden der Scholastik. Die spätere scharfe Kritik Luthers an der Scholastik, die übrigens nicht nur ausgesprochen zeittypisch (auch bei Erasmus und den Humanisten) ist, sondern schon 100 Jahre früher formuliert wurde, hat sicher *hier*, im befreienden Erlebnis der ‚Einfachheit‘ der biblischen Botschaft, ihre Wurzel.

Wenn Schillings Aussage stimmt, dass sich Luther „wohl herzlich wenig um die Tradition mittelalterlicher [Bibel-]Auslegung" kümmerte[15], dann nimmt es freilich nicht wunder, wenn Luther nicht realisierte, dass seine „Entdeckung", wonach Röm 1,17 im Sinne einer „passiven Gerechtigkeit" zu verstehen sei, keineswegs neu war. Denn er folgte hier ganz dem breiten Strom der Auslegung dieser Stelle.[16] Die Auslegung von Röm 1,17, wonach Gott die Gerechtigkeit *schenkt*, zeigt lediglich, dass Luther Augustinist ist. Weder die passive Gerechtigkeit, noch die Ablehnung der Werkgerechtigkeit, noch Luthers *pro nobis*, das den Glauben im Gegensatz zum nur historischen Glauben erst zum rechtfertigenden und rettenden Glauben macht (dies hat er von der Mystik Taulers übernommen), erklärt Luthers reformatorische Wende vollständig. Ich hege übrigens große Zweifel gegen einen ‚traditionslosen‘ Luther, und Heinz Schilling scheint diese Zweifel denn doch zu teilen, wenn er an anderer Stelle vermerkt, dass Luther durchaus die üblichen Kommentare und Interpretationen der Kirchenväter und Scholastiker benutzte.[17]

Es lohnt, sich nicht mit der ausufernden Polemik Luthers gegen die Scholastik gemeinhin zufriedenzugeben, sondern genau hinzusehen, *welche* Scholastik Luther denn studierte, und gegen welche er sich von daher auch nur wenden *konnte*. Vor über 100 Jahren ist der gelehrte Dominikaner Heinrich Denifle (1844–1905), ein Spezialist in Sachen Scholastik und Mystik, dieser Frage nachgegangen. Er wies mit einer Masse an Material nach, dass Luther die Scholastik eigentlich nur rudimentär kannte, dass er vielfach unbesehen die unzuverlässigsten Zitate bei Ockham und anderen Spätlingen übernahm, daraus seine Schlüsse zog und dagegen seine Polemik richtete. Objektiv gesehen, war Luthers Kritik und Polemik infolge dieses Verfahrens in vielen Fällen gegenstandslos und unzutreffend.[18] Man sollte aufhören, seine Urteile und Anklagen gegen eine verrottete Scholastik heute noch unbesehen zu kolportieren.[19]

Einseitigkeiten: Ablass und Ablassstreit

Ich möchte das hier aufscheinende Problem an einem prominenten Beispiel verdeutlichen: am Ablassstreit – und damit an einem Punkt, den Schilling zurecht als eine Art Wendepunkt im Leben Luthers begreift. Der Ablassgedanke ist uns heutigen, mitteleuropäischen Menschen natürlich so fremd wie nur etwas. Nun will Schilling in seinem Luther aber ja gerade das Fremde, den fremden Luther als Zeugen „einer Welt, die wir verloren haben" vor Augen führen.[20] Der Leser darf da sicher erwarten, dass ihm dann auch der mindestens ebenso ‚fremde' Ablass etwas näher gebracht wird, nicht nur die standardisierte Ablasspolemik, die übl(ich)erweise jedes Kind in der Schule eingetrichtert bekommt. Das ist nun allerdings nicht wirklich der Fall. Über die *Problematik* des Ablasswesens im 16. Jahrhundert ist vermutlich kaum mehr zu streiten. Der Gerechtigkeit halber müsste aber doch etwas anders akzentuiert werden. Ich kann hier nur kurz auf die ideengeschichtlichen Hintergründe des Ablasses eingehen.

Zunächst: die Vorstellung vom Ablass wurde nicht als Theorie am berühmten grünen Tisch entwickelt, sondern ist genetisch entstanden.

Erst spät, also nachträglich, hat man darüber theologisch reflektiert. Den Entstehungshintergrund bildete eine veränderte Bußpraxis. In der alten Kirche hatten die Sünder ihre Schuld öffentlich vor dem Bischof zu beichten, mussten dann einige Zeit im Büßerstand verbringen, eine Art ,Bewährungsstrafe' ableisten, bevor ihnen schließlich die Sündenvergebung zugesprochen wurde. Anders sah das Bußwesen aus, das im Mittelalter von der irischen Teilkirche übernommen und allmählich zur gültigen Form der Großkirche wurde: Die Beichte hatte hier die Gestalt einer nichtöffentlichen Ohrenbeichte, sie war öfter möglich, und es gab eine sehr viel stärker ausgeprägte Vorstellung von einem Ausgleich zwischen Schuld und Buße, der stattfinden müsse, was dem mittelalterlichen Menschen völlig plausibel war (hier haben wir den alltäglichen Begriff von ,Gerechtigkeit'). Der entscheidende Punkt des neuen Bußsystems jedoch war, dass der Sünder die Absolution sofort zugesprochen bekam, noch bevor er das ihm aufgetragene Bußwerk (in der Regel eine Fastenbuße) verrichten konnte. Damit entstand nun ein großes Unsicherheitspotential. Denn was passierte, wenn ich meine Bußwerke nicht ableistete, etwa weil ich dazu nicht in der Lage war, wenn ich beispielsweise vor der Ableistung starb? Ging ich des ewigen Heils verlustig, weil der erforderte Ausgleich nicht hergestellt war? So entstanden Formen der Erleichterung und Hilfe: Ein Bußwerk konnte durch ein anderes ersetzt werden, andere konnten bei der Bußleistung mithelfen: Verwandte, Freunde. Solche Formen der Sozialität nehmen in Sippenverbänden nicht wunder.

Genau dies sind nun aber die Elemente, die später im Ablass sozusagen weitergetragen und transformiert werden: 1. Der Ablass, also ein anderes oder zusätzliches Bußwerk, soll Sicherheit geben; und 2. dieses Bußwerk kann auch stellvertretend für jemanden verrichtet werden, der dazu nicht mehr in der Lage ist. Noch einmal: dieses Denken lebt von der Überzeugung, dass ein entstandener Schaden (Sünde) durch eine gleichwertige Bemühung (Buße oder Ersatzleistung) wiedergutgemacht werden soll. Hierin liegt in der Tat die Gefahr der

Verrechtlichung und Veräußerlichung; der Charakter der Beichte als *Metanoia* und wirkliche Umkehr kann aus dem Blick geraten. Doch liegen die Vorteile der öfteren Privatbeichte im Sinne einer Gewissensschärfung, einer begleiteten Lebensführung und eines Verzichts auf öffentlich stigmatisierende Ausgrenzung aus der kirchlichen (und gesellschaftlichen) Gemeinschaft auf der Hand.

Soviel zum Verständnis. Nun zur Situation im 16. Jahrhundert. Die finanzpolitischen Zusammenhänge und die Instrumentalisierung des Ablasses – Schilling spricht von einer „unheiligen Verbindung von frühmoderner Finanztechnik und Seelsorge"[21] – sind allseits bekannt. Weniger bekannt ist zweierlei: 1. Dass als Gegenleistung für den Ablass keine feste Geldsumme vorgeschrieben war. Und 2. dass die Gläubigen nicht von ihrer inneren Umkehr dispensiert wurden. Es hätte vor mancher Einseitigkeit bewahrt, wenn Heinz Schilling dem Leser einmal die Ablassinstruktion Albrechts von Brandenburg (1490–1545) vor Augen geführt hätte, zumal diese im Oktober 1517 auch Luther in die Hände kam. Der Text[22] ist in mehrfacher Hinsicht aufschlussreich. Man kann daran nämlich nicht nur sehr schön zeigen, welche Kritik Luther an welchen Zuspitzungen des Ablasses zu Recht übte. Sondern man versteht auch, dass es bei gerechter Betrachtung nicht mehr möglich ist, mit Hilfe der üblichen Schablonen die katholische Kirche allein als dummdreiste, geldgierige Institution zu karikieren.

Zunächst theologisch: Die göttliche *Gnade*, so wird hier gesagt, ist eigentlich *nicht verdienbar*. Die Erlösung des Menschen geschieht durch Christus. Dennoch soll eine gewisse ‚Ordnung' festgelegt werden. Sodann: *Voraussetzung* für den Empfang der mit dem Ablass verbundenen Gnade sind: die richtige *innere Haltung* (das „zerknirschte Herz", hier klingt der im Bußzusammenhang klassische Psalm 51 an), außerdem der *Kirchenbesuch* und das Gebet als *Erinnerung* („zu Ehren") sowie ein *Geldbetrag*. Die Instruktion weiß schließlich – auch das ist wichtig – um die *Problematik einer Taxierung*. Diese muss sich an der jeweiligen Situation des Ablasskäufers orientieren. Es werden allgemeine, gestufte Regeln aufgestellt. Dabei gilt das Motto: wer von hohem Rang ist, d.h., wer vielvermögend ist, der hat auch viel zu bezahlen. Wer wenig hat, hat weniger zu bezahlen – wieder klingt hier biblisches Denken (das Gleichnis von den Talenten, Mt 25, 14–30) an. Der Klerus wird übrigens – folgerichtig – in all seinen Abstufungen hiervon nicht ausgenommen. Interessant ist der Schlusssatz: Auch wer kein Geld hat, kann den Ablass erwerben. Seine Bezahlung besteht *allein im Gebet und im Fasten*. Es soll niemand aufgrund seiner Armut ausgeschlossen werden.

Luther und die Scholastik: Kirche

Ein Punkt, der oft übersehen wird, der aber zentral ist: Luther berief sich nicht nur auf Wilhelm von Ockham (ca. 1288–1347)[23], sondern sagte (1520) von sich selbst, er sei Nominalist. Damit gibt er einen wichtigen Schlüssel zum Verständnis seiner Person und seines Werkes.[24] Der Nominalismus, zu dessen Hauptvertretern Wilhelm von Ockham gehörte, betrachtete Universalbegriffe wie Kirche, Staat, Volk usw. als *ficta*, d.h., er leugnete ihre Realität. Die Kirche war also nicht mehr der ‚mystische Leib Christi', nicht mehr der *totus Christus*, sondern lediglich die Summe einzelner Individuen, die von einer christlichen Gemeinschaft entsprechend der Soma-Ekklesiologie (gr. *soma* = Leib) eines Paulus wesentlich verschieden ist. Als Erster versuchte Marsilius von Padua (+1342/43) zu Beginn des 14. Jahrhunderts, die Grundsätze des Nominalismus auf die Kirchenverfassung zu übertragen. Schon für ihn war die Kirche nichts anderes als die Summe der Gläubigen. Ihre oberste Vertretung konnte er deshalb auch nur in der Versammlung von Vertretern der kirchlichen Provinzen sehen, einem Generalkonzil. Ein weiterer Versuch, den Nominalismus in der Kirchenverfassung zu verankern, scheiterte mit dem Konziliarismus des 15. Jahrhunderts.

Auch Luther griff auf den Nominalismus zurück – verständlich, wenn man sich vergegenwärtigt, welches Bild die Kirche Luther bot: Das Avignonesische Exil der Päpste, die Degeneriertheit des Papsttums zum Werkzeug der französischen Politik, das große abendländische

Dominik Burkard
Luther und die Reformation 1517–2017
Kritische Anmerkungen (nicht nur) zur Luther-Biographie von Heinz Schilling

125

Schisma, der Fiskalismus der Kurie, die Gravamina der deutschen Nation, die Verweltlichung des Renaissancepapsttums, ein sittlicher Tiefstand des Klerus, die tiefgreifende Unzufriedenheit mit der Kirchenführung und anderes mehr. Wenn das Papsttum die allenthalben auch von ihm geforderte Reform nicht durchführte, dann musste sie eben ohne oder sogar gegen das Papsttum gemacht werden. Die Handhabe dafür bot die nominalistische Weltanschauung, die konsequent weitergedacht zur Verwerfung des Primats führen musste: Ist die Kirche nichts Reales, sondern eine Masse von Individuen, dann muss die Leitung der Kirche in einer repräsentativen Kirchenversammlung gesucht werden. Mit der Wirklichkeit des mystischen Leibes Christi fällt auch die Möglichkeit der Leitung der Kirche durch ein Haupt dieses Leibes auf Erden. Konsequenterweise mündete der Nominalismus in der Verwerfung des Primats. – Verständlich, wie gesagt, vor dem zeitgeschichtlichen Hintergrund. Unverständlich aber für einen Theologen, der in so dezidierter Weise für sich in Anspruch nahm, *solam scripturam* gelten zu lassen.

Der neue Kirchenbegriff musste nun aber auch zu einem neuen Rechtfertigungsbegriff führen. Denn die stellvertretende Rechtfertigung steht und fällt mit der Lehre von der Realität des Universalbegriffes der Kirche. „Nur wenn die christliche Gemeinschaft etwas Reales ist, kann Christus für alle durch seine Verdienste Genugtuung leisten, nur dann ist die Lehre von den Verdiensten, von der Nachlassung von Sündenstrafen wegen der Verdienste eines anderen möglich. Sobald die Kirche aber keinen realen Organismus mehr darstellt, beginnt die Lehre von der stellvertretenden Genugtuung unmöglich zu werden. Der Nominalist Luther mußte zu einer neuen Rechtfertigungstheorie aus dem Glauben allein vorstoßen. Ebenso mußte er die Tradition verwerfen und die Bibel als alleinige Glaubensquelle bezeichnen. Denn wiederum: sobald die Kirche nur eine Summe von Menschen ist, ist nicht einzusehen, welchen allgemein verbindlichen Wert die Glaubensüberzeugung der einzelnen Menschen haben soll. Da muß jedem Glied der Kirche das Recht gegeben werden, die Bibel nach seinem Gutdünken auszulegen"[25].

Damit will gesagt sein: die Grundthesen der lutherischen Lehre und Kirche sind nichts anderes als ein Ausfluss nominalistischer Weltanschauung, nichts originär Neues, aber doch eine Art ,Inkarnation' der nominalistischen Ideen auf kirchlichem und religiösem Gebiet. Dies ist auch insofern wichtig, als die ekklesiologische Konsequenz Luthers dann nicht allein aus der doch recht oberflächlichen Kritik etwa am Papsttum, am Antichristen etc. abgeleitet werden kann, sondern wesentlich anders zu begründen ist. Ob sie damit freilich bibelgerechter und so theologisch ,richtiger' wird (im Sinne des lutherischen Schriftprinzips) wird der Historiker kaum entscheiden wollen.

Betrachten wir nun aber die diesbezügliche Wirkungsgeschichte Luthers, die Entwicklung der protestantischen Kirchen, so drängt sich die Frage auf, ob damit Luthers Anliegen nicht eigentlich *ad absurdum* geführt wurde? Die protestantischen Kirchen – und ich spreche jetzt nicht von einem Polizei- und Überwachungsstaat nach dem Muster Johannes Calvins (1509–1564) in Genf – sind nicht erst heute, sondern seit Jahrhunderten ebenso statisch, verrechtlicht und – Luther würde sagen – ,veräußerlicht', wie die katholische Kirche, und damit in Luthers Augen abzulehnen.

3. Schlechte Absichten und gute Wirkungen, oder: Luther und die neuzeitlichen Errungenschaften

In Schillings Buch gibt es euphorische, fast barock anmutende Glorifizierungen Luthers *en masse*. Sie beziehen sich vor allem auf seine Wirkung. Luther war nicht nur ein „religiöses Originalgenie"[26]. Seine Bedeutung wird immer wieder aufs Neue in ähnlichen Wendungen umschrieben: mit ihm erfolgte ein „weltgeschichtlicher Paradigmenwechsel" (von einer Leistungsfrömmigkeit hin zu einer Gnadenfrömmigkeit)[27], eine „weltgeschichtliche Neubestimmung"[28], die Reformation war ein „weltgeschichtlicher Aufbruch"[29]. Dieses Neue bestand in der Hervorbringung einer politischen und kulturellen Differenzierung Europas, der neuzeitlichen Freiheitsgeschichte, des weltanschaulichen Pluralismus'.[30] Eine Feststellung, die Schilling in anderen Zusammenhängen mithilfe des Konfessionalisierungsparadigmas etwas modifiziert und geweitet hat. Es wäre allerdings sehr viel deutlicher zu sagen, dass der Pluralismus, der hier Luther und seiner Wirkungsgeschichte zugeschrieben wird, das Produkt einer nicht allein nachreformatorischen (Konkurrenz verschiedener Konfessionen), sondern vor allem auch einer sehr langen *vorreformatorischen* Entwicklung ist. Denn längst vor Luther und der Reformation haben wir eine ausgesprochen hohe institutionelle, weltanschauliche und religiöse Diversität: Das betrifft

1. die Nationen, ihre politisch-verfassungsmäßigen Strukturen, ihre Bündnispolitik und ihr Verhältnis zueinander (man denke etwa an das Schweizerische ‚Reislaufen') ebenso wie etwa das Deutsche Reich an sich, das eben keine starke Zentralgewalt besaß, sondern seit je ein komplexes, in sich labiles Gefüge war, in dem sich *zentrifugale und zentripetale Kräfte* begegneten.[31]

2. Differenzierung und Pluralität zeigten sich lange *vor* der Reformation auch im Bereich von ‚Kirche und Staat' sowie in der Kirchenpolitik. In den Städten entwickelten sich, gefördert durch eine exzessive Privilegienpolitik, eigene ‚Staatskirchentümer', die eine weitgehende Territorialisierung des Kirchenwesens samt Ämterbesetzung etc. zuließen. Die Kirche war und blieb zwar hierarchisch verfasst, aber *neben* den Hierarchien gab es ganz konkrete und sehr weitgehende *Formen der lokalen und regionalen Mit- bzw. Selbstbestimmung.* Wie könnte man übrigens, um ein weiteres Beispiel zu nennen, das große abendländische Schisma (1378–1418) anders begreifen, denn als tiefgreifenden Prozess der Differenzierung und Pluralisierung? Wie das Konzil von Konstanz, wenn nicht als multikulturellen Ort der Begegnung über Jahre hinweg? Wurde oder wird das Schisma aber – und hier liegt mein Unbehagen an der Argumentation Schillings – aufgrund dieser Differenzierung

von den Zeitgenossen und von der Geschichtswissenschaft positiv gewertet? Ich meine, man muss das verneinen.

3. Kirche und Religion selbst: Auch hier gab es – schon auf engstem Raum, selbst innerhalb ein und derselben Stadt, um wieviel mehr aber in europäischer Dimension – Pluralität. Nehmen wir den Bereich der Frömmigkeit: Trotz des karolingischen Wunsches nach Harmonisierung im Frühmittelalter gab es doch lange Zeit eine Vielfalt monastischer Traditionen, daneben das Kanonikerwesen und diverse Ausprägungen der *Regula Benedicti*. Im 12. Jahrhundert entstehen, zunächst auf der Basis der bestehenden Regeln Benedikts und Augustins, sehr verschiedene Orden, dann aber rasch auch ganz neue, weitere Formen der Askese (die fälschlicherweise so genannten Bettelorden, das Beginentum etc.). Natürlich gibt es immer wieder kirchliche Versuche der Einbindung, der Integration. Das sind, wenn wir ehrlich sind, auch enorme Leistungen. Aber wie sieht denn die mittelalterliche Stadt aus? Die vielen Orden und Klöster, die neben der Stifts- und Weltgeistlichkeit auf engstem Raum nebeneinander existierten, repräsentierten doch eine hochdifferenzierte Ausprägung von Spiritualität und Frömmigkeit. Und sie banden ganz unterschiedliche Menschen und Menschengruppen. Generell wird man sagen können: der Pluralismus stellte eher die Regel dar, während ,Modernisierung' oft mit der Suche nach Homogenität und Vereinheitlichung verbunden war.

4. Letztes Beispiel: Theologie. Im Zentrum der Lutherischen Kritik an der Theologie steht die Scholastik. Luther ist da aber freilich nicht der einzige. Man lese einmal nur ein paar Seiten aus Erasmus von Rotterdams (1466–1536) *Lob der Torheit*. Das ist – ein Jahrzehnt vor Luther – eine einzige Kritik an der Scholastik. Freilich zeigt aber gerade Erasmus, dass es *die* Scholastik überhaupt nicht gibt, vielmehr eine ganze Masse an Schulbildungen und damit gegensätzlicher Philosophien und Theologien. Nehmen wir daneben die durchaus verschiedenen Ansätze der Humanisten oder auch die vielen

Reformbewegungen (ich meine den gesamten Reformimpetus des 15. und 16. Jahrhunderts, abseits der lutherischen Reformen) innerhalb der Orden, so haben wir spätestens seit dem ausgehenden Mittelalter (aber eigentlich schon im Hohen Mittelalter) einen Pluralismus allein innerhalb des westlichen Christentums und der westlichen Theologie, der bedeutend ist.

Die mittelalterliche Gesellschaft war also bereits lange vor Luther und unabhängig von der Reformation weitaus differenzierter als wir gemeinhin annehmen. Nun lebt das lutherische Denken aber von seiner *Opposition* gegen diese Vielfalt, die von den Zeitgenossen als schwierig, als theoretisierend abgehoben, als verunsichernd wahrgenommen wurde. Luther wollte ja gerade von dieser Vielfalt, vom Pluralismus, vom ‚Gradualismus' des Mittelalters und der mittelalterlichen Frömmigkeit – sagen wir also: von der Differenziertheit – weg. *Deshalb* sein *sola*: sola scriptura, sola gratia, solus Christus ... Hier trifft er sich natürlich mit vielen anderen, auch mit der *Devotio moderna*, die lange vor Luther für die Sehnsucht nach Rückkehr zur Einfachheit, zur Einheit, steht. Und dann muss man doch auch deutlich sagen, dass es ja gerade erst die Neuzeit war, der Druck der konfessionellen Abgrenzung, der die Konfessionskirchen relativ ‚eng' machte, der zur inneren (theologischen) und äußeren (disziplinären) Normierung zwang durch ein ganzes Arsenal von Instrumentarien an Kontrollen und Sanktionen (Bücherverbote, Expurgationen – alles natürlich auch im Protestantismus, kleinliche Agenden in der Liturgie, Kirchenordnungen, Visitationen), Dinge, die das Mittelalter *so* nicht kannte.[32] Natürlich verstärkte die Reformation (ich spreche *nicht* von der Leistung Luthers, sondern von der Tatsache konkurrierender Glaubenssysteme und Gruppen!) diesen Prozess, beschleunigte ihn wohl auch. Andererseits hemmte die Reformation ihn aber auch wieder durch den dadurch produzierten Zwang zur Normierung innerhalb von Großgruppen.

Es geht mir in diesem Zusammenhang nicht darum, Person und *Leistung* Luthers kleinzureden. Es ist aber doch irritierend, wenn einerseits ständig gegen die alte Kirche ihrer angeblichen Leistungsfrömmigkeit wegen der Stachel gelöckt wird, andererseits aber – ebenfalls fortwährend – die ‚Leistungen‘ oder *vermuteten* Leistungen Luthers in den höchsten Tönen gepriesen werden. Man sollte die Kirche im Dorf lassen, aus dem Luther – sprich: aus seiner mitteldeutschen, sächsischen Heimat – kaum hinauskam. Wenn hier etwa ein Vergleich mit Ignatius von Loyola (1491–1556) hergestellt wird, der in einem ganz anderen geistigen Kontext als Luther groß wurde, der tatsächlich die Universalität im Blick hatte, der bis an die Grenzen der Welt reiste, sich der inneren und äußeren Missionsarbeit verschrieb, dann werden die Unterschiede in *dieser Hinsicht* manifest. Und dann geht es meines Erachtens nicht an, wenn Ignatius bloß zu einem Abhängigen Luthers gemacht wird, den man sich „ohne die Herausforderung durch den Wittenberger kaum vorstellen" kann.[33]

Ist es nicht vielmehr so, dass Ignatius – ähnlich wie Luther, aber doch eigenständig – zu einer ganz intensiven Christozentrik fand, spirituell gefüllt und theologisch durchdacht. Ist es nicht bezeichnend, dass Ignatius seine Christusbewegung, seinen Orden, später *Societas Jesu* nannte? Wenn in den Exerzitien des Ignatius der einzelne Mensch, seine Ambiguität, sein Gewissen, seine Freiheit und seine ganze Existenz in den Mittelpunkt gestellt werden, wenn diese Exerzitien Generationen prägen (und bis heute zum festen Bestand kirchlicher Priesterausbildung gehören), dann blieb das nicht ohne Wirkung. Ignatius hat unbestritten nicht zuletzt wissenschaftlich, theologisch-spirituell und politisch Revolutionäres geleistet; sein Orden konnte innerhalb weniger Jahre nicht nur weiteste Ausdehnung, sondern auch höchstes Ansehen selbst außerhalb Europas und in nichtchristlichen Kulturen erlangen. Er erbrachte unbestritten eine gewaltige Transferleistung; aber soll man ihm deswegen einen übermächtigen Einfluss auf die Entwicklung der neuzeitlichen Geschichte zuschreiben[34]? Lag das, was Ignatius und Luther vereint, damals möglicherweise ‚in der Luft‘?

Im Licht des Lutherjubiläums – zumal unter der enormen Erwartungshaltung, die mit Blick auf das Jahr 2017 sehr bewusst aufgebaut wurde – erscheint alles auf Luther hingeordnet, wird alles aber auch von ihm vereinnahmt. Damit steht die Lutherdeutung nicht nur in der Gefahr grandioser Geschichtsklitterung, sondern auch konfessionspolitischer Instrumentalisierung.[35] Zwar entsteht die Moderne – sagen wir es platt – *auch* durch die Konkurrenz der Konfessionen in ihrem Streben um Selbsterhalt und Vorrang. Doch gleich wie dieser Wettstreit ausging, ausgeht: Luther ist, wenigstens in Schillings Biographie, bereits der Sieger, denn ihm, und zwar ihm allein – solus Eleutherius[36] – ist der *Anstoß* zu dieser Entwicklung zuzuschreiben.

4. Luthers und der Reformation gedenken?

1. Luther ist nicht mit der Reformation identisch. Wenn der Reformation gedacht wird, dann kann Luther tatsächlich nicht in seiner Ausschließlichkeit betont werden. Und dann liegen die großen Differenzen zwischen dem Luthertum, den Reformierten und dem ‚linken Flügel' der Reformation auf dem Tisch. Wird aber Luthers gedacht, so sollte er als der erinnert werden, der er tatsächlich war. Dann kann es nicht um eine Folgeentwicklung gehen, die nicht seinem Willen entsprach, und die auch nur indirekt mit ihm zusammenhängt.
2. Wenn es um eine Verheutigung Luthers geht, so muss offen gesagt werden, dass Luther auch jetzt wieder von einer Zeit und von einer Idee in Dienst genommen wird. Das ist ein pastoraler Ansatz. Und er ist legitim. Der Historiker darf dazu sicher die Hand bieten, erklären, erläutern. Aber er ist doch einer anderen ‚Wahrheit' verpflichtet.
3. Gibt es *den* Luther überhaupt? Wohl so wenig, wie es *die* Reformation gibt. Wir sehen ihn durch unsere heutige und jeweilige Brille. Den ‚fremden' Luther und eine fremde Zeit dargestellt zu haben, gehört zu den Verdiensten von Heinz Schilling. Die Übernahme po-

lemischer Stereotypen in die historische Darstellung würde ich zu seinen historiographischen Sünden rechnen. Aber ich würde nicht anstehen, ihm – nach Persolvierung gestellter Bedingungen – auch einen entsprechenden Ablass zu erteilen.

Anmerkungen

*   *Der Beitrag entstand im Rahmen der von der Würzburger Wissenschaftlichen Gesellschaft verantworteten Veranstaltungsreihe „Symposium in der Residenz". Hier sprach am 24. April 2015 als Hauptredner der Historiker und Buchautor Heinz Schilling über „Luther und die Reformation 1517–2017: Wie ist Luther und der Reformation 2017 zu gedenken? Die Antwort eines Historikers". Den „ersten kritischen Kommentar" hatte der Verfasser des vorliegenden Beitrags zu geben. Das Genre eines „kritischen Kommentars" bringt es mit sich, dass die Aussagen pointiert sind. Er versucht daher kein abwägendes Urteil, sondern fordert die Kontroverse heraus. Der Vortragsstil wurde beibehalten. – Nur geringfügig veränderter Wiederabdruck aus: Würzburger Diözesangeschichtsblätter 78 (2015) 509–522.*

1   Heinz Schilling, Martin Luther. Rebell in einer Zeit des Umbruchs, München 2012. – Dem Beitrag zugrunde liegt die 3. durchgesehene Auflage von 2014.

2   Freilich gibt es auch misslungene Sätze, die dem Historiker wohl aus einer verquasten Theologie in die Feder geflossen sind. Etwa: „Es ist diese eschatologische Dimension des gleichsam in der Seele des Studenten und auch noch des Mönchs Martin Luder ausgetragenen welt- und heilsgeschichtlichen Ringens, die den Ereignissen von 1505 für Luther und den auf ihm fußenden Protestantismus Dignität verleiht. Denn es war der über Heil und Verderben nicht nur Luthers und seiner Zeitgenossen, sondern aller zukünftigen Generationen entscheidende Kampf zwischen Satan, der die Wiederentdeckung der reinen Lehre verhindern will und daher die römische Irr-Kirche stützt, und Gott, der Luther zum Instrument der notwendigen Erneuerung der christlichen Kirche ausersehen hat". Schilling, Luther (wie Anm. 1), 83.

3   Vgl. etwa ebd., 36.

4   Ebd., 631.

5   Vgl. etwa ebd., 268.

6   So in seinem Würzburger Vortrag. Vgl. auch Heinz Schilling, Am Anfang waren Luther, Loyola und Calvin – ein religionssoziologisch-entwicklungsgeschichtlicher Vergleich. Antrittsvorlesung (Humboldt-Universität zu Berlin. Fachbereich Philosophie und Geschichtswissenschaften. Institut für Geschichtswissenschaften Heft 6), hg. v. Marlis Dürkop, Berlin 1993; noch einmal, mit wissenschaftlichem Apparat: Heinz Schilling, Luther, Loyola, Calvin und die europäische Neuzeit, in: Archiv für Reformationsgeschichte 85 (1994) 5–31.

7   Vgl. den Ankündigungstext des Würzburger Vortrags: „Gegenüber früheren Gedenktagen Luthers und der Reformation haben sich die Bedingungen des 500jährigen Reformationsgedächtnisses 2017 verändert. Sie sind erstmals gesamtdeutsch demokratisch, frei von konfessionellem Argwohn und nicht mehr national oder europazentrisch".

8   Dies scheint Schilling zuzugestehen, wenn er – etwas unvermittelt – das Bekenntnis ablegt: „Seit den 1520er Jahren hat Luther dieses [sein] Prophetenamt in immer neuen Wendungen und mit immer kräftigeren, ja unflätigen Worten ausgeübt, um den Papst als Antichrist zu entlarven und ihn an seiner satanischen Obstruktion der Heilsgeschichte zu hindern. Von solcher Verteufelung sind die Protestanten inzwischen längst abgerückt. Geblieben ist indes die radikale Ablehnung eines päpstlichen Amtes innerhalb einer evangelisch begründeten und verfassten Kirche – jenseits aller Polemik ein Grundprinzip der von Luther eingeleiteten Kirchenerneuerung, das auf Dauer eine Vereinigung der protestantischen Kirchen und der römischen Papstkirche, auch in ihrer neuzeitlichen Gestalt, unmöglich erscheinen lässt". Schilling, Luther (wie Anm. 1), 177.

9   Mit unter schränkt Schilling diese redundant vorkommende apodiktische Setzung insofern ein, als er gesteht: „Luther wurde wider Willen zum Geburtshelfer der pluralistischen und liberalen Moderne". Ebd., 634. – Eine allerdings zweischneidige Argumentation!

10 Vgl. etwa ebd., 14, 94, 98, 108, 110, 153, 154, 622, 624 u. ö.

11 Ebd., 32.

12 Ebd., 86, 89, 92, 108 u. ö.; als Variante: „Werkfrömmigkeit" ebd., 154.

13 Steigerungen sind möglich. Ein Satz wie der Folgende ist eher dem übergebliebenen Arsenal eines überheblichen Kulturprotestantismus zuzurechnen, als objektiver Geschichtsschreibung: „Es bahnt sich [mit Luther] ein Grundsatzwandel in der Frömmigkeit, ja in der christlichen Kultur generell an, der die europäische Neuzeit tief prägen sollte – von der Leistungsfrömmigkeit und dem Markt der religiösen Verrichtungen hin zur Glaubens- und Gnadenfrömmigkeit, vor der alle Angebote der spätmittelalterlichen Kirche zu wertlosen Heilspflästerchen wurden. Für Luther und seine Anhänger war Heilssicherheit allein und gratis im Glauben an Christus zu finden". Ebd., 152.

14 Ebd., 92, ähnlich 76 und 152.

15 Ebd., 133, 144.

16 Vgl. Heinrich Denifle, Luther und Luthertum in der ersten Entwicklung. Quellenmäßig dargestellt, Bd. 1/1, Mainz ²1904, 395; Ders., Luther in rationalistischer und christlicher Beleuchtung. Prinzipielle Auseinandersetzung mit A. Harnack und R. Seeberg, Mainz 1904, 30 ff.

17 Schilling, Luther (wie Anm. 1), 145.

18 Vgl. Heinrich Denifle, Luther und Luthertum in der ersten Entwicklung. Quellenmäßig dargestellt, Bd. 1/2, ergänzt und hg. von Albert Maria Weiß, Mainz ²1906, 522 – 620.

19 In ähnlicher Weise sind Luthers heftige Verdikte und Urteile über Lehre und Praxis der Kirche seiner Zeit teils falsch, teils irreführend. Eine Unterscheidung zwischen dem, was von der Kirche und dem was in der Kirche gelehrt wird, war ihm fremd. Das ist natürlich nicht lutherspezifisch, sondern ein weit verbreitetes Muster, vor dem auch heutige Historiographie nicht unbedingt gefeit ist.

20 Schilling, Luther (wie Anm. 1), 15.

21 Ebd., 158. – Ausgiebig dargelegt ebd., 162 – 164.

22 Ablassinstruktion Albrecht von Brandenburgs. Abgedr. u. a. in: Heiko A Obermann, Die Kirche im Zeitalter der Reformation (Kirchen- und Theologiegeschichte in Quellen III), Neuenkirchen-Vluyn 1981, 12 – 15.

23 Schilling, Luther (wie Anm. 1), 71.

24 Vgl. Denifle, Luther und Luthertum (wie Anm. 19), Bd. 1/2, 591 – 612. Das Folgende konzise

formuliert bei Johannes Hollnsteiner, Luthers Werk im Lichte der Geschichte. Zur 450. Wiederkehr von Luthers Geburtstag (10. November 1483), in: Schönere Zukunft, 12. November 1933, 159–161, hier 160.

25 Ebd., 160.

26 Schilling, Luther (wie Anm. 1), 84.

27 Ebd., 86.

28 Ebd., 94.

29 Ebd., 144.

30 Ebd., 615. – „Kaum ein anderer hat den Aufbruch, den Europa seit dem späten Mittelalter erlebte, so stark geprägt", ebd., 617. – Luther war Dynamik. Von ihm profitierten auch seine Feinde. Schilling sieht in Luther, trotz seiner Grenzen, „einen Sieger", denjenigen, der an einer der großen Wegscheiden der Weltgeschichte den Fortgang der Geschichte entscheidend bestimmte, ebd., 618. – Dies ist nur eine kleine Auswahl vieler ähnlicher Formulierungen.

31 Es ist verständlich, dass die Fürsten die Chance nutzten, die Luther ihnen bot, ihre politische Macht und Souveränität zu stärken und ihre Territorien durch die Aufhebung von Klöstern, Hochstiften und anderen geistlichen Institutionen zu arrondieren.

32 Es gab, trotz aller (auch fragwürdiger) Versuche, gefährlich erscheinende Bewegungen einzudämmen oder zu eliminieren, eine Streitkultur, die den anderen leben ließ. Auch zeigte sich, dass sich diese mächtige Entwicklung auf Dauer nicht zurückdrängen ließ.

33 Schilling, Luther (wie Anm. 1), 617.

34 Ich will nicht missverstanden werden: es wäre falsch, aus Ignatius einen „alter Luther" zu machen. Ignatius versagte sich, zum Konfessionsgründer zu werden; das Potential dazu hätte er nicht weniger als Luther gehabt. Er behielt aber das größere Eine im Blick und wurde „nur" zum Gründer eines Ordens, wie es viele andere innerhalb der angeblich monolithischen „Papstkirche" gibt.

35 Was soll man zu Schlussfolgerungen wie der Folgenden sagen? „Die Erfolge, die heute die Päpste mit ihrer Inszenierung der Religion nicht zuletzt unter der Jugend feiern, sind zugleich die Erfolge Luthers, der im Moment drohender Verflachung die existentielle Kraft der Religion wiederbelebte". Schilling, Luther (wie Anm. 1), 624.

36 Zu dieser Selbstbezeichnung Luthers nach der Ablasskontroverse vgl. ebd., 170 f.

» Vom Trienter Konzil über den „Mythos Trient" zum tridentinischen Katholizismus – und wieder zurück

Günther Wassilowsky

1. Bilder von Trient

Was wäre die Geschichte der Religion ohne Mythen? Was wäre sie ohne jene die komplexe historische Wirklichkeit reduzierenden Symbolerzählungen über religiöse Heroen oder religiöse Ereignisse, mittels derer die Identität von Glaubenskollektiven immer wieder aufs Neue erzeugt und auf Dauer gestellt wird? Auch zum Verständnis der Geschichte der christlichen Konfessionen sind solche Geschichtsmythen von kaum zu überschätzender Bedeutung. Ohne symbolische Ursprungserzählungen konnte sich keine lutherische oder reformierte und keine katholische Konfessionskirche herausbilden und selbst vollziehen. Ob in der Form von Narrativen in gelehrter Geschichtsschreibung oder populären Legenden, ob durch konkrete Verbildlichung auf Titelblättern von Flugschriften oder Historiengemälden, ob in rituellen Inszenierungen bei Gedenk- und Feiertagen – mittels der Konstruktion von prägnanten, die Emotion wie die intellektuelle Deutung evozierenden Erzählmustern brachten sich die frühneuzeitlichen Konfessionen gleichsam selbst hervor, bildeten und erkannten sie ihr Eigen- und Fremdbild. Denn diese mythischen Geschichtsdeutungen schrieben wiederum selbst Geschichte, das heißt sie bestimmten das Handeln der Konfessionschristen auf sämtlichen Feldern dessen, was in neuerer Zeit im Begriff ‚Konfessionskultur' zusammengefasst wird. Eine Kulturgeschichte der christlichen Konfessionen müsste deswegen zu weiten Teilen ausschließlich darin bestehen, die Konstruktion solcher konfessionsbildenden Mustererzählungen in den unterschiedlichen zeitgenössischen Medien zu rekonstruieren und diese hinsichtlich ihres mehr oder weniger gezielten Einsatzes (also hinsichtlich ihrer historischen Wirksamkeit) in den unterschiedlichen Segmenten der jeweiligen konfessionellen Kultur zu identifizieren.

Während im protestantischen Bereich eher Personenmythen mit den jeweiligen Reformatoren am Ursprung der Konfessionsbildung stehen, so scheint für den Katholizismus ein Ereignismythos die alles entscheidende Rolle zu spielen. Es ist der Mythos vom Konzil von Trient. Kein anderes einzelnes Ereignis der neuzeitlichen Kirchengeschichte dürfte eine vergleichbare Flut von in höchstem Maße kontroversen und geradezu konträren Deutungen ausgelöst haben wie diese Kirchenversammlung, die in drei Sitzungsperioden zwischen 1545 und 1563 in dem schönen, am südlichen Alpenkamm im Etschtal gelegenen Städtchen getagt hat. Die Deutungskämpfe setzten mit aller Wucht bereits während, ja sogar noch vor der Abhaltung des Tridentinums ein. Völlig divergierende Vorstellungen, wie dieses Konzil aussehen und wo es stattfinden müsste, verhinderten über zwei Jahrzehnte hinweg überhaupt sein Zustandekommen. Und als es schließlich zur Versammlung kam, lagen die verschiedenen Akteursgruppen unaufhörlich miteinander in Konflikt darüber, was dieses Konzil denn nun sei und grundsätzlich bedeute. Aber auch die äußeren Beobachter ergriffen dieses Ereignis zum Teil aus weiter Ferne und machten es zu einem Objekt symbolischer Aufladung, an dem sichtbar werden sollte, wie die altgläubige Religion insgesamt und die verfasste Papstkirche wesenhaft ist. Die Debatte über Notwendigkeit und Form eines Konzils begann bereits im Zusammenhang mit dem Ablassstreit und der ersten Auseinandersetzung Luthers mit den kirchlichen Autoritäten 1518/19.[1] Sie produzierte im Laufe der folgenden Jahrzehnte sowohl im antirömisch-protestantischen als auch im papsttreu-altgläubigen Lager geradezu eine Flutwelle an Flugschriftenpublizistik zur Konzilsfrage.[2] In dieser Literatur wurde zu einem Großteil völlig unabhängig von dem, was faktisch in Trient vor sich ging, ein Set an stereotypen Charakterisierungen dieses Konzils geprägt (je nach Position entweder vernichtend oder wertschätzend), das mit einer frappierenden Langlebigkeit die Jahrhunderte überdauern sollte. Das Trient-Bild der reformatorischen Konzilspublizistik weist im Wesentlichen folgende Aspekte auf: Inhaltlich gründet die Theologie dieses Konzils nicht auf der Schrift und ist damit dezidiert gegen die reformatorische Theologie gerichtet. In formal-verfahrenspraktischer Hinsicht ist dieses Konzil deswegen zu verwerfen, weil es erstens unter der Tyrannei des Papstes steht, damit unfrei und völlig chaotisch verläuft, und weil es zweitens die Laien, und das heißt die weltlichen Fürsten, nur unzureichend beteiligt. Ein positives reformatorisches Konzilsverständnis bildete sich über weite Strecken in Abgrenzung zu diesem negativen Trient-Bild heraus. Und dementsprechend wurde wiederum in der altgläubigen Kontroversliteratur ein positives Gegenbild Trients im Speziellen und eines allgemeinen Konzils im Grundsätzlichen entworfen.

Diese früh geprägten Mythen und Gegenmythen über das Konzil von Trient werden am besten anschaulich, wenn man einen Blick wirft auf die allerersten ikonographischen Erzeugnisse zum Tridentinum. Denn in den frühesten gemalten bzw. gestochenen Konzilsbildern objektivieren sich die diskursiven Trient-Bilder der zeitgenössischen Publizistik augenscheinlich. Ein genuin katholisches Trient-Bild sehen wir in der ältesten bildlichen Darstellung des Tridentinums überhaupt, die eine venezianische Druckwerkstatt im letzten Konzilsjahr 1563 produziert hat (Abb. 1). Dieser Kupferstich, der durch möglichst exakte Darstellung des Ereignisses die Fiktion historischer Authentizität erzeugen will, wird die gesamte nachfolgende Bildtradition des Tridentinums prägen.[3] Der hundertfach reduplizierte und vielfach modifizierte Stich gibt nicht nur für nahezu sämtliche späteren Bilder des Konzils von Trient die Vorlage und Formel her, er begründet darüber hinaus einen vollkommen neuen Typ von Konzilsikonographie: Denn hier wird erstmalig – der historischen Faktizität entsprechend – eine konziliare Versammlung ohne die Person des Papstes dargestellt.

Abb. 1: Anonymer Kupferstich, Generalkongregation des Konzils von Trient in der Trienter Kirche Santa Maria Maggiore im Jahr 1563 [Venedig 1563]. Veröffentlicht in: Roberto Pancheri/ Domenica Primerano [Hgg.], L'uomo del Concilio. Il cardinale Giovanni Morone tra Roma e Trento nell'età di Michelangelo [Museo Diocesano Tridentino, Trento 4 aprile – 26 luglio 2009], Trient 2009, 331.

Der Stich zeigt eine Generalkongregation während der dritten Konzilsperiode in der Trienter Kirche *Santa Maria Maggiore*. In einem Halbrund sitzt in sechs erhöhten Reihen die kollegiale Gemeinschaft der bischöflichen Konzilsväter. In der Mitte des freien Raumes ist der Botschafter des spanischen Königs zu erkennen, dahinter an einem kleinen Tisch der Konzilssekretär. Dem Plenum gegenüber befinden sich die päpstlichen Legaten, durch die sich der Papst in Trient vertreten ließ. Nicht von ungefähr ist die Darstellung der sitzenden Konzilsväter als *iudices fidei*, als ‚Glaubensrichter', das vorherrschende Bildmotiv insbesondere in der Trienter Konzilsikonographie. Die Repräsentan-

ten des Papstes sitzen nicht höher als die oberste Reihe der Konzilsväter. Und sie sitzen nicht „in capite loci", wie das Kurienzeremoniale
von 1488 es vorschrieb.[4] Der gesamte Sitzapparat ist vielmehr um 90
Grad gedreht. Die päpstlichen Legaten sitzen auf gleicher Höhe an der
linken Seite des Hauptschiffes, den Konzilsvätern gegenüber, so dass
ein einziges Gesamtplenum entsteht.

Die zentrale Botschaft dieser bildlichen Trient-Konstruktion dürfte
jedem Betrachter deutlich ins Auge springen: Beim Konzil von Trient
handelte es sich keineswegs um eine päpstlich dominierte Kirchenversammlung. Vielmehr wird dieses Konzil als Selbstvollzug der fun-
damental episkopalen Verfassung der Kirche dargestellt, in dem das
päpstliche Element zwar nicht eliminiert, aber doch deutlich in das bi-
schöfliche Ganze eingeordnet ist. Die einmütig und in bester Ordnung
in der Konzilsaula zusammensitzenden Väter und Legaten sollen den
fundamentalen Konsens unter den Bischöfen und mit dem Papst sowie die Regelhaftigkeit der in Trient angewandten Entscheidungsver-
fahren zum Ausdruck bringen.

Völlig anders in dem vermutlich frühesten Trient-Stich reformatorischer
Provenienz! Er findet sich als Frontispiz auf dem Titelblatt des *Examen
Concilii Tridentini* von Martin Chemnitz der (ersten) Frankfurter Ausgabe
aus dem Jahr 1574 (Abb. 2). Wie im Titel bereits angekündigt, wird hier
die ganze „doctrina Papistica" sowohl auf der Grundlage der Schrift als
auch des Konsenses der rechtgläubigen Kirchenväter aufs Gründlichste
geprüft und zu Gunsten der christlichen Wahrheit kategorisch verworfen. In dem erst nach Konzilsabschluss entstandenen umfangreichen
Werk wurden die zentralen anti-tridentinischen Argumente der reformatorischen Publizistik nochmals aufgegriffen und in einem General-
angriff zusammengefasst; mit seinen zahlreichen Auflagen und Über-
setzungen ins Deutsche und Französische dürfte es die einflussreichste
Trient-Interpretation in den protestantischen Kirchen darstellen und
das reformatorische Trient-Bild dauerhaft verfestigt haben.

Der protestantische Kupferstecher, der die Frankfurter Ausgabe illust-
rierte, dürfte den katholischen Stich von 1563 gekannt haben. Zu offen-

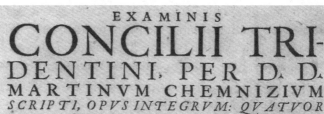

EXAMINIS
CONCILII TRI-
DENTINI, PER D. D.
MARTINVM CHEMNIZIVM
SCRIPTI, OPVS INTEGRVM: QVATVOR
partes, in quibus præcipuorum capitum totius doctrinæ Papisticæ, fir-
ma & solida refutatio, tùm ex sacræ scripturæ fontibus, tùm ex ortho-
doxorum Patrum consensu, collecta est: vno Volumine com-
plectens. Ad veritatis Christianæ, & Antichristianæ
falsitatis cognitionem, perquàm vtile &
necessarium.

IN PRIMA PARTE HVIVS
Examinis explicantur hi loci.

De Traditionibus.	De Operibus infidel.
De Peccato originis.	De Libero Arbitrio.
De Concupiscentia.	De Iustificatione.
De Vocabulo peccati.	De Fide.
De Conceptione B. Virg.	De Bonis operibus.

Cum Indice diligentissimè collecto: qui præter materiam doctrinæ, scripturæ quoq, testimonia
explicata, aut ita citata, vt explicata videantur: nec non Patrum authori-
tates, promptissimè subministrat.

FRANCOFORTI AD MOENVM.
M. D. LXXIIII.

Abb. 2: *Martin Chemnitz, Examen Concilii Tridentini, Frankfurt am Main 1574.*

sichtlich stellt seine Konzeption ein dekonstruierendes Gegenbild zu jenem dar. Und bestimmte Elemente, wie etwa der Konzilssekretär Massarelli (jetzt vorne rechts im Bild, mit dem Rücken zum Betrachter auf einem Hocker sitzend) oder der Theologe auf der Kanzel (links oben), werden dem älteren Stich entnommen und in den – freilich ganz veränderten – Bildkontext gestellt. Zwei kategorische Neuerungen sind jedoch konstitutiv für dieses protestantische Trient-Bild: Zum einen wird hier nicht gezögert, die konziliare Versammlung jetzt unter einem *in persona* anwesenden, über allem thronenden Papst stattfinden zu lassen, um so das Tridentinum als reine papistische Indoktrination zu diskreditieren. Und zum anderen wird die ganze Veranstaltung – insbesondere, wenn man an der Geordnetheit des katholischen Stiches Maß nimmt – als ein einziges aufgeregt hektisches Chaos desavouiert, aus dem unmöglich gottgefällige Entscheidungen erwachsen können. Selbst die Klage der Konzilspublizistik über die unzulängliche Partizipation weltlicher Instanzen wird ins Bild gebracht, indem die in der linken Bildhälfte dargestellten fürstlichen Repräsentanten lediglich als Zaungäste des Geschehens erscheinen.

Die in diesen Bildern erzählten Mythen und Gegenmythen über Trient prägten die Wahrnehmung dieses Konzils in ihrer Grundstruktur über viele Jahrhunderte hinweg, ja letztlich bestimmen sie den Diskurs bis zum heutigen Tag. Schon der erste Historiograph des Tridentinums, der venezianische Staatstheologe Paolo Sarpi (1552–1623), hat in seiner 1619 unter Pseudonym in London erschienenen *Istoria del Concilio Tridentino* die strukturgeschichtliche These vertreten, dass Trient nichts anderes als ein von Rom aus gelenktes Puppentheater gewesen sei. Bis in die neueste protestantische Historiographie hinein wird das Tridentinum als eine „Veranstaltung des Papsttums" betrachtet, mit der sich die „dezidiert gegenreformatorisch positionierende römisch-katholische Kirche [...] das dogmatische Fundament geschaffen [hat], auf dessen Grundlage die Reformpäpste der zweiten Hälfte des 16. Jahrhunderts weiterbauten"[5]. Und im Grunde steht auch das populäre Trient-Bild heutiger Katholiken letztlich in der Linie protestantischer

Trientdeutungen, und zwar nicht nur das Trient-Bild der fortschritt-lich-liberalen Anhänger des II. Vatikanums, die gerne den „Abschied von Trient"[6] feiern, sondern auch – welche Ironie der Geschichte! – der katholischen Traditionalisten etwa aus dem Lager der Lefebvrianer. Auch letztere sehen schließlich in Trient ein genuin päpstliches und geschlossen anti-protestantisches Konzil – freilich mit dem nicht un-wesentlichen Unterschied, dass sie gerade diese Struktur und diese Ausrichtung des von ihnen imaginierten Tridentinums aus vollem Herzen begrüßen und dazu benutzen, wiederum das jüngste Konzil des Abfalls von der echten katholischen Tradition zu zeihen.

Neben den ursprünglich protestantischen Elementen weist das Tri-ent-Bild heutiger Traditionalisten aber noch einen anderen Zug auf, der erst im Laufe des 19. Jahrhunderts in den Mythos Trient aufge-nommen wurde. In ultramontanen Kreisen begann sich ein Image von Trient herauszubilden, das die Abwehr jeglicher Form von kirchlicher Erneuerung legitimieren sollte. Denn die Synode von Trient habe die „unabänderliche Norm" festgelegt, mit der „den Neuerungssüchtigen [...] für alle Zukunft die gehörige Schranke gezogen" worden sei und mit der es heute gelingen würde, der „modernen Verbesserungssucht" und dem ständigen „Experimentieren und Projektemachen" den Gar-aus zu machen.[7] Ab jetzt galt das Tridentinum nicht mehr nur als an-tiprotestantische Phalanx, sondern auch als restauratives Bollwerk ge-gen die böse liberale und Wandlung fordernde Gegenwart insgesamt.[8]

2. Korrekturen am Trient-Bild:
Die Offenheit des Tridentinums selbst

Seit Leo XIII. im Jahr 1883 das Vatikanische Geheimarchiv inklusive al-ler erhalten gebliebenen Manuskripte aus Trient für die Wissenschaft öffnete und mehrere Forschergenerationen mit dem gigantischen Editionsunternehmen des *Concilium Tridentinum*[9] darauf reagierten, ist viel zur wissenschaftlichen Aufarbeitung dieses Konzils geleistet worden. Hubert Jedins in den Jahren zwischen 1949 und 1975 erschienene, vierbändige „Geschichte des Konzils von Trient" ragt daraus als Spitzenwerk hervor.[10] Dieser wohl beste Kenner der Vorgänge auf und im Kontext des Trienter Konzils kommt am Ende des letzten Bandes seiner Konzilsgeschichte zu dem Schluss: „Das Konzil war nicht, wie Sarpi gemeint hat, ein großangelegtes Betrugsmanöver."[11] Zwar hat Jedin die römischen Versuche zur Fernsteuerung der Versammlung durchaus wahrgenommen und in seiner Konzilsgeschichte auch minutiös rekonstruiert. Der päpstliche Dirigismus hatte es seiner Meinung nach jedoch nicht geschafft, die über das ganze Konzil hinweg existierenden Oppositionen und die Freiheit der Versammlung aufzuheben. So erscheint das Trienter Konzilsereignis in der Darstellung Jedins als ein kompliziertes, strukturell hoch komplexes Interagieren zwischen kurial-papalistischen, episkopalen und gallikanisch-konziliaristischen Kräften. Die auf dem Konzil zu Tage getretenen, miteinander konkurrierenden Geltungsansprüche und eine theologisch völlig offene Gewaltenfrage haben es schließlich verhindert, dass auf dem Konzil selbst eine explizite diskursive Ekklesiologie verabschiedet wurde.

Was aber hat die neuere Forschung zu den in Trient verhandelten und verabschiedeten Inhalten Neues zu Tage gefördert?[12] Was die Trienter Bestimmungen zur Reform der Kirche betrifft, so war es wieder bereits Jedin, der betont hat, dass es sich hier um praktikable und konsensfähige Kompromisslösungen für die verschiedenartigsten Probleme handelt. Im Unterschied zu den Lehrdekreten des Konzils hat man bei seinen Reformbeschlüssen kaum übersehen können, dass das Tridentinum kein konsistentes, systematisch alle Bereiche erfassendes Programm verabschiedet hat. Sämtliche Vorschriften des Tridentinums etwa zur Hebung der Klerikerbildung, zur Einhaltung der Residenz von Pfarrern und Bischöfen, überhaupt zur Verbesserung der Seelsorge oder zur Wiederbelebung des Synodalwesens etc. finden sich auch in spätmittelalterlichen Reformagenden. In Trient wurden diese Ideen nie ohne massive Widerstände aufgegriffen, so dass am Ende ein kompromisshaftes und einer gewissen Zufälligkeit nicht entbehrendes

Sammelsurium von Reformbestimmungen vorlag, mit dem das kuriale Benefizialsystem nicht angetastet und überhaupt die Reform von römischer Kurie und Papstamt von vornherein ausgeschlossen wurde. Bei der These, dass die *cura* bzw. *salus animarum* eine alles organisierende Leitidee in den Reformvorgaben des Tridentinums darstellt, handelt es sich um eine nachrationalisierende postkonziliare Abstraktion.

Was die Lehrbestimmungen angeht, so herrschte lange Zeit die Vorstellung vor, die immer schon auch einen integralen Bestandteil des Mythos Trient ausmachte, dass dieses Konzil eine geschlossene, in sich kohärente, systematische, monolithische, dezidiert anti-protestantische Dogmatik verabschiedete, auf deren Grundlage dann die posttridentinische katholische Kirche als homogenes, wiederum geschlossen gegenprotestantisches System entstehen konnte. Auch jene, welche die Systematik und innere Kohärenz der Trienter Lehrdekrete wesentlich niedriger veranschlagen, beobachten (und beklagen), dass ein Habitus der „Abgrenzung zu den Reformatoren" und die Absicht, „alle mißverständlichen Deutungen auszuräumen", in Trient sowohl zu einer „Verengung gegenüber der theologischen Vielfalt des Mittelalters" als auch zu einer Verdrängung etwa humanistisch inspirierter Neuansätze zugunsten der altbewährten Scholastik geführt hätten.[13]

In neuester Zeit hat nun die theologiehistorische Forschung aber noch einmal ganz andere Akzente gesetzt, so dass die lehrhaften Ergebnisse des Tridentinums in einer neuen Hermeneutik unter einem ganz anderen Licht erscheinen. Inzwischen entdeckt man auch im Lehrkorpus Trients sehr viel mehr Deutungsoffenheit, wesentlich größere Spielräume, eine bewusst vage Terminologie und durchaus immer wieder die Motivation, den Protestanten weitest möglich theologisch entgegen zu kommen. Überhaupt sei das Tridentinum von Anfang an davon ausgegangen, dass alle Christgläubigen nach wie vor auf dem Prinzip und Fundament des Nizänokonstantinopolitanischen Glaubensbekenntnisses stehen.[14] Im Unterschied zu den herkömmlichen eingefahrenen Lesarten, die das Ringen zwischen augustinischen, thomistischen, skotistischen oder nominalistischen Positionen auf dem Konzil beispielsweise im Bereich der Rechtfertigungslehre in einem agonalen Paradigma von Sieg und Niederlage deuteten, wird neuerdings vielmehr das „konsensual-integrative Bemühen" wahrgenommen, durch offene und auch absichtlich unpräzise Formulierungen möglichst unterschiedliche Auffassungen einzubeziehen und zuzulassen.[15]

Ähnlich ist man heute wesentlich vorsichtiger mit dem Urteil, dass die humanistisch gesinnten Theologen und Bischöfe in Trient einfachhin von hartem Dogmatismus besiegt worden wären.[16] Auch wenn sich viele der von Humanisten vorgebrachten Vorschläge nicht in den Schlussdokumenten finden, ist der subtile Einfluss humanistischer Gelehrsamkeit insbesondere während der ersten Sitzungsperiode deutlich zu greifen; etwa in der in zahlreichen Konzilsreden geäußerten Kritik an der lateinischen Bibelübersetzung, der Vulgata, im Bild vom Bischof (und auch vom Priester) als dem Prediger des Wortes Gottes oder in dem Dekret über die Einrichtung von Schrift-Lektoraten an bischöflichen Kathedralen.[17]

Grundsätzlich wird den Trienter Vätern ein feines Gespür dafür attestiert, dass bei jenen Fragen, bei denen kein Konsens unter den Theologen besteht, auch keine lehramtlichen Entscheidungen getroffen werden sollten. Unter Beachtung dieser bewussten Selbstbeschränkung habe das Konzil viele Fragen offen gehalten, wie etwa die Frage der *Immaculata Conceptio* Mariens, also der ohne Erbsünde empfangenen Gottesmutter, oder die Frage, ob die Bischofsweihe ein Sakrament darstellt.

Andere, durch die Reformation aufgeworfene Probleme seien äußerst differenziert und keineswegs in einem kategorisch antiprotestantischen Sinn behandelt worden.[18] Zwar hat das Konzil in seinem ersten Lehrdekret das von den Reformatoren vertretene Prinzip der *sola scriptura* verworfen und gegen eine völlige Trennung der Schrift von der Tradition argumentiert. Wie Josef Rupert Geiselmann schon nachweisen konnte[19], hat das Tridentinum jedoch mitnichten Schrift und Tradition als zwei material unterschiedliche, gleichgewichtige Quellen der Offenbarung verstanden, wie es dann die Neuscholastik getan hat. Trient ging vielmehr von der einen Quelle des Evangeliums aus, das „in libris scriptis et sine scripto traditionibus" durch die Zeiten weitergegeben wird.[20] Über das genaue materiale Verhältnis von Schrift und Tradition hat das Trienter Dekret geschwiegen. Ähnlich hätten das Dekret über die Rechtfertigung, das die Notwendigkeit von Gottes Gnade betont und die Unfähigkeit des Menschen, aus eigenen Kräften das Heil zu erlangen, oder das Messopferdekret, das die Einmaligkeit des Kreuzesopfers Christi hervorhebt, wesentlich antiprotestantischer ausfallen können. Weitere Beispiele wären anzuführen. Freilich darf damit nicht aus dem Blick geraten, dass den Trienter Vätern und Theologen vielfach sowohl die Kenntnis als auch das einfühlende Verständnis für die reformatorischen Theologien fehlte und dass das Konzil klare Grenzziehungen in vielen Bereichen und nicht selten aus purem Eigeninteresse vornahm. Aber vor dem Hintergrund der von der neueren theologiegeschichtlichen Forschung ermittelten differenzierten Lehraussagen und einem über weite Strecken auf Konsens zielenden Habitus ist man inzwischen wesentlich zurückhaltender, im Tridentinum ein dezidiert antiprotestantisches Konzil und ein einziges gegenreformatorisches Bollwerk zu erblicken.

3. Trient und tridentinischer Katholizismus: Ein komplexes Wirkungsverhältnis

Auch was die Rezeptionsgeschichte des Konzils von Trient betrifft, so hat die Forschung der letzten Jahrzehnte ein viel nuancierteres Bild gezeichnet, als es etwa noch in den Handbüchern des 20. Jahrhunderts anzutreffen war. Es gibt heute eigentlich keinen ernstzunehmenden Historiker mehr, der die alte Erzählung der ungebrochenen Erfolgsgeschichte katholischer Reform weiterschreibt, nach der die in Trient verabschiedeten doktrinären und disziplinären Dekrete unmittelbar von den kirchlichen Obrigkeiten in Kooperation mit den katholischen Landesherren eins zu eins umgesetzt wurden und auf diese Weise schon im 17. Jahrhundert überall im katholischen Europa und der Neuen Welt eine homogene tridentinische Konfessionskirche mit in Glauben und Lebensform allseits normierten Konfessionskatholiken entstanden ist. Das Konfessionalisierungskonzept mag mit seiner These, dass die von den geistlichen und weltlichen Obrigkeiten angewandten Sozialtechniken auch im Katholizismus zu Disziplinierung und einer relativen wie absoluten Modernisierung führten[21] und dem Konzil von Trient – teilweise intendiert, teilweise nicht intendiert – ein beträchtlicher Anteil daran zukomme[22], zuweilen den Eindruck erweckt haben, dieser Vorstellung zu huldigen. Dessen ungeachtet hat einer seiner Erfinder immer wieder betont, dass die praktische Bedeutung des Konzils von Trient „ziemlich begrenzt" blieb, erst im „19. und frühen 20. Jahrhundert umfassenden Erfolg gehabt" hat und „die konkrete Gesamterneuerung der Kirche [...] weder das Werk des Konzils noch des Papsttums, sondern unzähliger Zellen der Reform und der Selbstreform vor Ort" gewesen sei.[23]

Inzwischen hat die Forschung auf allen Feldern des kirchlichen Lebens zum Teil sehr detailliert nachgewiesen, dass die Trienter Beschlüsse häufig unter einem massiven Vollzugsproblem litten. Allem voran wurde das lange Zeit kolportierte Bild einer zentralistisch durchgesetzten „ehernen Einheitsliturgie" zerstört und durch eine Vorstellung ersetzt, die auch die posttridentinische Liturgiegeschichte gekennzeichnet sieht von zahlreichen lokalen Eigenliturgien und von sehr eigenständig durchgeführten liturgischen Reformen in den Ortskirchen. Ähnlich kommt die kunsthistorische Forschung zum Ergebnis, dass die katholische Bildpraxis des 17. und 18. Jahrhunderts keineswegs davon geprägt war, als ob den Bildern jedwede „Göttlichkeit und Kraft" („divinitas vel virtus") fehle, was das Bilderdekret bekanntlich einschärfen wollte.[24] Stattdessen lässt sich nach Trient geradezu eine Konjunktur des Gnadenbildes und des Bildkultes beobachten.[25] Leerstellen ergeben sich genauso bei einer Überprüfung, ob denn jene Forderungen, die für eine Realisierung des gesamten Trienter Reformkatalogs eine entscheidende Schlüsselstellung einnehmen sollten, wie etwa die überall auf der Welt in regelmäßigen Abständen abzuhaltenden Diözesan- und Provinzialsynoden, umgesetzt wurden. Und wie stand es mit der Einhaltung des Kumulationsverbotes und des Residenzgebotes für Bischöfe und Pfarrer oder überhaupt mit der Realisierung des von Jedin so genannten „tridentinischen Bischofsideals" und all den damit verbundenen Pflichten etwa zur Predigt oder Sakramentenspendung?

Wenn jemand in den zweieinhalb Jahrhunderten nach Konzilsabschluss das Ziel verfolgt hat, eine Trienter Vorgabe breite kirchliche Konvention werden zu lassen, dann waren es oft ganz unterschiedlich geartete Hindernisse, die ein solches Ansinnen erschwerten oder gänzlich blockierten: Häufig verhinderten überkommene Traditionen, wie zum Beispiel die alt angestammten Rechte der Domkapitel oder die seit Jahrhunderten verbrieften Privilegien der exemten Klöster, eine ortskirchlich-flächenmäßige Durchsetzung der episkopalen Jurisdiktionsgewalt, wie sie dem Tridentinum vorgeschwebt war. Auch alte liturgische und insgesamt frömmigkeitsgeschichtliche Eigengebräuche, die im Volk genauso wie bei den Eliten fest inkulturiert waren, stemmten sich gegen eine Homogenisierung gemäß den Trienter Neuerungen. Schließlich gab es strukturelle Rahmenbedingungen, wie etwa die fürstbischöfliche Verfassung der Reichskirche, unter denen die Durchsetzung des neuen Amtsideals nur sehr bedingt möglich war[26], oder die nach Trient notorisch werdenden Kollisionen mit der staatlichen Gewalt. In jedem Fall mussten die gesamtkirchlichen Verordnungen kreativ und flexibel an die konkreten lokalen Verhältnisse angepasst werden. Manchmal waren die Trienter Wunschvorstellungen schlicht zu teuer; wenn beispielsweise Pläne zur Errichtung von bischöflichen Priesterseminaren am Ende nicht umgesetzt wurden, dann oftmals nicht deswegen, weil es am Willen, sondern vielmehr an den finanziellen Mitteln gefehlt hatte (und zwar nicht nur in den italienischen Kleindiözesen). Und zu keinem geringen Anteil

Günther Wassilowsky
Vom Trienter Konzil über den „Mythos Trient"
zum tridentinischen Katholizismus – und wieder zurück

149

war Rom selbst vielfach für die Nichtrezeption Trients verantwortlich. Entweder deshalb, weil dort durch großzügig geübte, für Rom finanziell lukrative Dispenspraxis Trienter Reformbestimmungen unterlaufen wurden, oder deshalb, weil Rom kein Interesse hatte, potentielle Gegenkräfte wie etwa ein selbstbewusstes ortskirchliches Synodenwesen groß werden zu lassen, oder aber deswegen, weil man in den neu geschaffenen römischen Dikasterien – und insbesondere in der Konzilskongregation – von Anfang an darauf aus war, Trientrezeption im Modus einer universalkirchlichen Romanisierung und Verpäpstlichung durchzuführen, wogegen sich die nicht-römischen kirchlichen Instanzen wehrten.[27]

So viel zu den Widerständen und Hindernissen der Trientrezeption. Bei allem ehrenwerten Versuch, die alte Meistererzählung einer kontinuierlichen Erfolgsgeschichte Katholischer Reform zu dekonstruieren, kann inzwischen gelegentlich der Eindruck entstehen, als hätte das Konzil von Trient für die katholische Kirchengeschichte, ja für die Gesellschaft und Kultur des 17. und 18. Jahrhunderts (das nachrevolutionäre 19. Jahrhundert wird ja dann allgemein als das Jahrhundert nachgeholter Trientrezeption ausgerufen) überhaupt keine Rolle gespielt. Sowohl bei den alten Sichtweisen, die von einer ungebrochenen Durchsetzung der Trienter Dekrete ausgingen, als auch in vielen neueren Perspektiven, die eine Rezeption beinahe komplett verneinen, dürfte zuweilen im Hintergrund eine unterkomplexe Vorstellung davon stehen, wie Rezeptionsprozesse von Konzilien allgemein vonstattengehen. Die Wirkungsgeschichte eines gesamtkirchlich verbindliche Entscheidungen treffenden Konzilsereignisses war, wenn denn überhaupt eine Rezeption stattfand, immer schon gekennzeichnet von kreativen Aneignungen, die bis zur völligen Umdeutung der ursprünglichen Beschlüsse gehen können, von Adaptation an regionale und individuelle Gegebenheiten, von historischen Konjunkturen und Flauten der bewussten Bezugnahme sowie einer selektiven Auswahl einzelner konziliarer Bestimmungen und Aussagen. Wer beispielsweise angesichts der Tatsache, dass in Frankreich bereits im 17. Jahrhundert fast flächendeckend ein Seminarwesen existierte[28], dass bis zum Dreißigjährigen Krieg beinahe ein Drittel aller deutschen Diözesen[29] und die Hälfte aller italienischen Bistümer[30] eine derart finanzaufwendige Institution wie ein dauerhaftes Priesterseminar besaßen, trotzdem vom „Scheitern der Priesterseminare"[31] spricht, für den wird ein Konzil offensichtlich nur dann erfolgreich rezipiert, wenn die konziliar erlassenen Normen und Gesetze unmittelbar in kürzester Zeit und überall buchstabengetreu umgesetzt werden. Ähnlich steht es bei der Beurteilung der Wirksamkeit anderer Reformdesiderate: Zwar kam es in der kirchlichen Vor- oder Frühmoderne selbstverständlich nie zur Etablierung jenes umfassenden Kontrollapparates, der mit den postkonziliar gegründeten Institutionen der Überwachung, wie etwa dem bischöflichen und apostolischen Visitationswesen oder den Nuntiaturen, vielleicht angestrebt war. Aber kann man wirklich annehmen, dass diese neuen Organe keinerlei Effekt beim katholischen Volk und seinen Klerikern zeitigten – und sei es nur, dass kunstvolle Strategien entwickelt werden mussten, um die eigene Widerständigkeit zu kaschieren oder mit guten Argumenten zu legitimieren? Weiter wird heute niemand behaupten, dass sich die Bischofspopulationen der einzelnen Ortskirchen nach dem Tridentinum durch zentralistisch von Rom aus gesteuertes Top-down-Handeln mit einem Schlage geändert hätten.

Wenn man die Geschichte des frühneuzeitlichen Katholizismus nicht einfach als eine „Verlängerung des Mittelalters um nochmals zweihundert Jahre" begreift, wie Benno Hubensteiner es tat,[32] sondern die enormen Dynamisierungsprozesse berücksichtigen will, die freilich mit hauptsächlich aus dem Mittelalter stammenden Frömmigkeitsformen und Institutionen vor sich gingen, dann muss man erklären und zu verstehen versuchen, welche Faktoren zu diesem Wandlungsprozess hin zu einer nicht-reformatorischen Form des konfessionellen Christentums geführt haben. Steht diese Wandlungsdynamik von der mittelalterlichen Kirche zum ‚Katholizismus' zumindest teilweise in irgendeinem Bezug zum Tridentinum? Und wenn ja, auf welcher Ebene?

Genügt es hier, wie bislang immer nur geschehen, ausschließlich nach der Umsetzung einzelner Bestimmungen aus den promulgierten Schlussdokumenten zu suchen, oder müsste nicht in viel umfassender Weise die Wirkung des gesamten Konzilsereignisses und der konstruierenden Deutungen dieses Ereignisses durch die unterschiedlichen Akteure mit ihren unterschiedlichen Interessen – mit anderen Worten: die Mythisierung von Trient – in die Analyse mit einbezogen werden?

4. Die Wirksamkeit des Mythos Trient

Hier ist nun danach zu fragen, inwiefern das Trienter Konzil insgesamt im Prozess der Formierung des neuzeitlichen Katholizismus einen Referenzpunkt bildete, ganz unabhängig davon, ob diese Berufung auf Trient durch den Wortlaut seiner Beschlüsse oder das historische Konzilsereignis gedeckt war. Vielleicht besteht ja der wichtigste Beitrag dieses Konzils in der keineswegs selbstverständlichen Tatsache, dass es überhaupt stattgefunden hat. Allein das pure Faktum des Konzils könnte der durch die Reformation bis in die Grundfesten erschütterten alten Kirche wieder ein stabiles Fundament gelegt haben, auf das sich alle altgläubigen Akteursgruppen je unterschiedlich beziehen konnten. Dann läge die Bedeutung des Tridentinums primär darin, dass es der alten Kirche zu neuem Selbstbewusstsein verhalf. Während die Protestanten ihre Konfession im Medium der Erinnerung an Luther oder an einen der anderen Reformatoren errichteten, hatten die Katholiken nun ihr Konzil, mittels dessen sie sich selbst vergewissern und auf das sie sich bei allen möglichen Aktionen berufen konnten. Weil aber die Wirklichkeit des historischen Konzils viel zu widersprüchlich und komplex war, bedurfte es so etwas wie einer elementaren ‚Grundformel Trient', sprich: eines komplexitätsreduzierenden ‚Mythos Trient'. Es ging um die Schaffung von Einheitlichkeit und Einheit. Durch die Konstruktion einer einheitlichen, eindeutigen Basis in Lehre und Disziplin sollte die destabilisierte alte Kirche geeint werden. Ein fundamentaler Gründungsmythos sollte der katholischen Kirche wieder festen Boden unter die Füße geben. Und letztlich diente der Einheits-Mythos Trient – wie jede mythische Rede – der Bewältigung von Angst, jener existenzbedrohenden Angst, in der sich die Papstkirche befunden haben musste, nachdem sie die für sie so katastrophalen Auswirkungen der Reformation in ihrem ganzen Ausmaß realisiert hatte.

Es war vermutlich die römische Kurie, die in ihren neu entstandenen Dikasterien am frühesten erkannte, dass mit dem wirklichen Tridentinum kein Staat (das heißt: keine Konfessionskirche) zu machen ist. Sie hat eben deswegen – entgegen der ursprünglichen Absicht von Pius IV., sämtliche Akten des Konzils zu publizieren – die Dokumente aus Trient für Jahrhunderte in den Tresor schließen lassen und sich lieber eines selbst gesponnenen Trient-Mythos bedient, um das von ihr intendierte universale Romanisierungsprojekt zu realisieren.

Mit der Einrichtung der Konzilskongregation schon wenige Monate nach Abschluss des Konzils hat das Papsttum die Interpretation und Durchführung des Tridentinums an sich gezogen. Indem der Papst die Dekrete bestätigte und gleichzeitig das absolute Interpretationsmonopol für sich beanspruchte, sollte die Rezeption des Konzils von Anfang an unter die Kontrolle Roms gebracht werden. Vor allem aber sollte ausgeschlossen werden, was Giovanni Morone und die päpstliche Partei schon während des Konzils zu verhindern wussten: dass in Berufung auf Trient an Rom selbst Reformforderungen von außen herangetragen würden. Mit der Bestätigungsbulle *Benedictus Deus* war klar, dass der Papst nicht unter, sondern über den Dekreten des Konzils steht. Und in der Gründung der Konzilskongregation institutionalisierte das Papsttum diese Überordnung.[33]

Hier sollen wenigstens einige grobe Linien skizziert werden bezüglich der Frage, welche Konsequenzen aus der Etablierung einer mit derartigen Kompetenzen ausgestatteten Zentralbehörde für den posttridentinischen Reformprozess und die gesamte Ordnung der posttridentinischen Kirche resultierten. Dass die tridentinischen Reformdekrete beispielsweise von den Bischöfen des Reiches und von Frankreich nur sehr zögerlich und von manchen überhaupt nicht bestätigt und als geltendes Recht in ihren Territorien verkündet wurden, hat ganz bestimmt unterschiedliche Gründe.[34] Aber verantwortet nicht das Papsttum selbst zu einem guten Teil die Verweigerung der förmlichen Einführung des Tridentinums in den Ortskirchen – eben durch die in der Bestätigungsbulle festgeschriebene Tatsache, dass die authentische Auslegung allein in Händen des Papstes liegt? Wer nach 1564 das Disziplinarrecht des Tridentinums annahm, der verpflichtete sich zugleich, sich bei jeder Anwendungsunsicherheit an Rom zu wenden und unablässig seinem Urteil auszusetzen. Die deutschen Bischöfe dürften diese Gefahr der Aufgabe ihrer Rechtsautonomie erkannt haben. Ihre Verweigerung der formellen Annahme kann keineswegs in jedem Fall als Trientfeindlichkeit oder gar grundsätzliche Reformunwilligkeit interpretiert werden. Sie entzogen sich vielmehr einer von Rom intendierten Monarchisierung der Kirche und einer päpstlichen Vorstellung von Reform. Man müsste also in Zukunft viel stärker zwischen bischöflichen und päpstlichen Programmen der Trientrezeption unterscheiden.

Eine ähnliche Verschiebung in Richtung päpstlicher Zentralisierung vollzog sich im Bereich des posttridentinischen Synodalwesens. Die Väter des Tridentinums haben sich von einer Wiederbelebung der Synoden für die gesamtkirchliche Verwirklichung der tridentinischen Reform und für einen neuen Selbstvollzug des Bischofsamtes ungemein viel versprochen.[35] Doch ab 1588 wird kein Provinzialkonzil mehr einen Beschluss verkünden dürfen, ohne dass er zuvor der Konzilskongregation zur Prüfung und Revision vorgelegen hat. Deswegen hat Rom selbst durch die von ihm betriebene Kontrollierung des Synodeninstituts einen Anteil daran, dass die posttridentinischen Synoden – nach einem kurzen Aufblühen in den letzten Jahrzehnten des 16. Jahrhunderts – später in den meisten europäischen Ortskirchen nicht jene Kraft eines autonomen legislativen und judikativen Reforminstrumentes entwickelten, die das Konzil von ihm erwartet hatte.

In Absetzung von Hubert Jedin[36] würde ich die These aufstellen, dass das posttridentinische Papsttum die vom Tridentinum geschaffene Ordnung massiv verletzt hat. Denn das tridentinische Bischofsideal wurde durch die Praxis der postkonziliar vom Papsttum neu geschaffenen Instrumente zur Durchführung der tridentinischen Reform systematisch ausgehöhlt. Trient selbst sah weder ständige Kongregationen noch Apostolische Visitationen, weder Ad limina-Besuche noch feste Nuntiaturen vor.

Weiter würde ich die Hypothese aufstellen, dass es dem posttridentinischen Papsttum mehr als um die Verwirklichung von tridentinischer Reform um die permanente Geltendmachung der eigenen Entscheidungsgewalt und die symbolische Darstellung der päpstlichen Souveränität ging. Und genau durch diese Überformung und Instrumentalisierung des Konzils hat das Papsttum selbst nicht unwesentlich zur Verfremdung und Nichtrezeption von Trient aktiv beigetragen.

Jedenfalls muss die Geschichte der römischen Zentralisierung im Gefolge und unter funktionaler Indienstnahme eines ‚Mythos Trient' (und die Geschichte der gleichzeitigen antagonistischen Verweigerung dieser Zentralisierung in der Peripherie) erst noch geschrieben werden. Vielleicht wäre es in diesem Zusammenhang hilfreich (so wie wir gewöhnlich zwischen ‚thomasisch' und ‚thomistisch' unterscheiden), künftig terminologisch zwischen ‚trientisch' (also dem, was das ‚wirkliche' Konzil darstellte und wollte) und ‚tridentinisch' (also dem, was faktisch später aus Trient gemacht wurde) zu differenzieren.

In einer solchen Perspektive könnte wahrgenommen werden, wie variabel das Tridentinum zu den verschiedenen Zeiten in den unterschiedlichen Regionen und Handlungsebenen angeeignet, umgedeutet, implementiert worden ist und wie sehr insbesondere der ‚Mythos Trient' einen höchst flexiblen, verhandelbaren und doch im Konflikt einenden, orientierenden und stabilisierenden Referenzpunkt zur Formierung der distinkten Praktiken des Denkens, Deutens und Verhaltens von Katholiken bis weit in das 20. Jahrhundert hinein bildete. Denn was wäre die Geschichte der Religion ohne Mythen!

Günther Wassilowsky
Vom Trienter Konzil über den „Mythos Trient"
zum tridentinischen Katholizismus – und wieder zurück

155

Anmerkungen

1 Vgl. Christopher Spehr, Luther und das Konzil. Zur Entwicklung eines zentralen Themas in der Reformationszeit (Beiträge zur historischen Theologie 153), Tübingen 2010.

2 Vgl. Thomas Brockmann, Die Konzilsfrage in den Flug- und Streitschriften des deutschen Sprachraumes 1518–1563 (Schriftenreihe der Historischen Kommission bei der Bayerischen Akademie der Wissenschaften 57), Göttingen 1998.

3 Vgl. Roberto Pancheri, Il concilio di Trento. Storia di un'immagine, Trient 2012.

4 Marc Dykmans (Hg.), L'Œuvre de Patrizi Piccolomini ou le Cérémonial Papal de la Première Renaissance, Bd. 1 (Studi e Testi 293), Città del Vaticano 1980, 211.

5 Thomas Kaufmann, Geschichte der Reformation (Verlag der Weltreligionen), Frankfurt a. M. 2009, 670.674.

6 So ein Buchtitel aus dem Jahre 1969: Josef Bielmaier (Hg.), Abschied von Trient. Theologie am Ende des kirchlichen Mittelalters, Regensburg 1969.

7 So in einer Besprechung neuerer Trient-Literatur in der 1821 in Mainz gegründeten, an ein dezidiert katholisch-konservatives, anti-aufklärerisches Publikum gerichteten Zeitschrift Der Katholik: Das Konzil von Trient und die Bearbeiter seiner Geschichte, in: Der Katholik 80 (1841) 97–112, hier 97 ff.

8 Zur Erinnerungsgeschichte dieses Konzils vgl. meinen Essay: Günther Wassilowsky, Trient, in: Christoph Markschies / Hubert Wolf (Hg.), Erinnerungsorte des Christentums, München 2010, 395–412.

9 Concilium Tridentinum. Diariorum, Actorum, Epistularum, Tractatum. Nova Collectio. Ed. Societas Goerresiana promovendis inter Catholicos Germaniae Litterarum Studiis, 13 Bde., Freiburg 1901–2001.

10 Hubert Jedin, Geschichte des Konzils von Trient, 4 Bde., Freiburg 1949–1975.

11 Jedin, Geschichte des Konzils von Trient (w. Anm. 10), Bd. 4/2, 248.

12 Einige der im Folgenden dargestellten neuen Forschungsergebnisse sind auf dem Wissenschaftlichen Symposium vorgetragen worden, das die Gesellschaft zur Erforschung des Corpus Catholicorum e.V. aus Anlass des 450. Jahrestages des Abschlusses des Konzils von Trient vom 18. bis 21. September 2013 in Freiburg i. Br. durchgeführt hat. Die Beiträge erscheinen demnächst im Druck: Peter Walter / Günther Wassilowsky (Hg.), Das Konzil von Trient und die katholische Konfessionskultur (1563–2013) (Reformationsgeschichtliche Studien und Texte 163), Münster 2016.

13 Klaus Ganzer, Das Konzil von Trient und die theologische Dimension der katholischen Konfessionalisierung, in: Wolfgang Reinhard / Heinz Schilling (Hg.), Die katholische Konfessionalisierung. Wissenschaftliches Symposium der Gesellschaft zur Herausgabe des Corpus Catholicorum und des Vereins für Reformationsgeschichte 1993 (Schriften des Vereins für Reformationsgeschichte 198), Gütersloh – Münster 1995, 50–69, hier 69.

14 Auf diese bislang meist übersehene und in ihrer Tragweite nicht gewürdigte Annahme des gemeinsamen Fundamentes, die das Tridentinum in seiner dritten öffentlichen Sitzung (4. Februar 1546) formulierte, hat jüngst Peter Walter hingewiesen: Peter Walter, Schriftverständnis und Schriftauslegung auf dem Konzil von Trient, in: Wilhelm Damberg u. a. (Hg.), Gottes Wort in der Geschichte. Reformation und Reform in der Kirche, Freiburg – Basel – Wien 2015, 83–95, hier 84.

15 Vgl. den Beitrag von Volker Leppin, Spätmittelalterliche Theologie und biblische Korrektur im Rechtfertigungsdekret von Trient, in: Walter/Wassilowsky (Hg.), Das Konzil von Trient und die katholische Konfessionskultur (w. Anm. 12), 167–184.

16 Vgl. den Beitrag von Ulrich G. Leinsle, Humanismus und Thomismus auf dem Konzil von Trient, in: Ebd., 125–140.

17 Conciliorum oecumenicorum decreta / Dekrete der Ökumenischen Konzilien, Bd. 3, hg. von Josef Wohlmuth, Paderborn ³2002, 667–670 (künftig zitiert: COD).

18 Vgl. den Beitrag von Kardinal Kurt Koch, Wahrnehmung und Bedeutung des Tridentinums in Theologie und ökumenischem Dialog der Gegenwart, in: Walter/Wassilowsky (Hg.), Das Konzil von Trient und die katholische Konfessionskultur (w. Anm. 12), 37–50.

19 Josef Rupert Geiselmann, Die Heilige Schrift und die Tradition. Zu den neueren Kontroversen über das Verhältnis der Heiligen Schrift zu den nichtgeschriebenen Traditionen (Quaestiones Disputatae 18), Freiburg/Br. 1962.

20 COD III, 663.

21 Vgl. Reinhard/Schilling (Hg.), Die katholische Konfessionalisierung (w. Anm. 13).

22 Vgl. Wolfgang Reinhard, Das Konzil von Trient und die Modernisierung der Kirche. Einführung, in: Paolo Prodi/Ders. (Hg.), Das Konzil von Trient und die Moderne (Schriften des Italienisch-Deutschen Historischen Instituts in Trient 16), Berlin 2001, 23–42.

23 Ebd., 40.

24 COD III, 774-776.

25 Vgl. Christian Hecht, Katholische Bildtheologie der Frühen Neuzeit. Studien zu Traktaten von Johannes Molanus, Gabriele Paleotti und anderen Autoren, Berlin 2012.

26 Dazu jetzt Bettina Braun, Princeps et episcopus. Studien zur Funktion und zum Selbstverständnis der nordwestdeutschen Fürstbischöfe nach dem Westfälischen Frieden (Veröffentlichungen des Instituts für Europäische Geschichte Mainz 230), Göttingen 2013.

27 Vgl. dazu Günther Wassilowsky, Posttridentinische Reform und päpstliche Zentralisierung. Zur Rolle der Konzilskongregation, in: Andreas Merkt / Ders. / Gregor Wurst (Hg.), Reformen in der Kirche. Historische Perspektiven (Quaestiones Disputatae 260), Freiburg/Br. 2014, 138–157.

28 Joseph Bergin, Church, society and religious change in France, 1580-1730, New Haven – London 2009, 194–204.

29 Erwin Gatz (Hg.), Priesterausbildungsstätten der deutschsprachigen Länder zwischen Aufklärung und Zweitem Vatikanischem Konzil (Römische Quartalschrift. Supplementheft 49), Rom 1994.

30 Maurizio Sangalli (Hg.), Chiese chierici sacerdoti. Clero e seminari in Italia tra XVI e XX secolo, Roma 2000.

31 Peter Hersche, Muße und Verschwendung. Europäische Gesellschaft und Kultur im Barockzeitalter, 2 Bde., Freiburg i. Br. 2006, 177.

32 Benno Hubensteiner, Vom Geist des Barock. Kultur und Frömmigkeit im alten Bayern, München ²1978, 21.

33 Vgl. die Bulle in: Heinrich Denzinger, Enchiridion symbolorum, definitionum et declarationum de rebus fidei et morum. Lat.-dt. hg. von Peter Hünermann unter Mitarbeit von Helmut Hoping, Freiburg/Br. ³⁷1991, 582–584.

34 Dazu Hansgeorg Molitor, Die untridentinische Reform. Anfänge katholischer Erneuerung in
    der Reichskirche, in: Walter Brandmüller u. a. (Hg.), Ecclesia militans. Studien zur Konzilien-
    und Reformationsgeschichte (FS Remigius Bäumer), Bd. 1, Paderborn u. a. 1988, 399–431.
35 Vgl. COD III, 761.
36 Hubert Jedin, Papst und Konzil. Ihre Beziehungen vor, auf und nach dem Trienter Konzil,
    in: Ders., Kirche des Glaubens – Kirche der Geschichte. Ausgewählte Aufsätze und Vorträge,
    Bd. 2: Konzil und Kirchenreform, Freiburg u. a. 1966, 429–440, hier 440.

» II. Systematisch-ökumenische
Blickwinkel

» Ist Martin Luther katholisch? Annäherungen an eine provozierende Frage

Dorothea Sattler

Konturen der Fragestellung

Ich habe für meinen Beitrag eine ungewöhnliche Fragestellung gewählt: Ist Martin Luther katholisch? Bewusst frage ich nicht: *War* Martin Luther katholisch? Rückblickend auf seine Lebensgeschichte ist diese Frage sehr leicht zu beantworten. Gewiss wurde Martin Luther in die katholische Kirche hinein getauft, er war katholischer Mönch und Priester, katholischer Lehrer der Theologie, und Martin Luther war unbestritten zeitlebens gut vertraut mit der katholischen Lehrtradition.

Mit meiner Fragestellung verbinde ich zudem nicht das Interesse zu klären, *wie lange* Luther noch katholisch blieb. Es gibt sehr viele kontrovers argumentierende Forschungsbeiträge zu der Frage, zu welchem Zeitpunkt die später als Beginn der reformatorischen Bewegung zu diagnostizierende Veränderung im Denken von Luther bei seiner Deutung des christlichen Evangeliums sowie der schriftgemäßen Gestalt der Kirche geschah.[1] Wann ist die reformatorische Wende eingetreten? An dem Streit über diese Frage will und kann ich mich nicht beteiligen: Ich kann nicht, weil ich keine Lutherforscherin bin, die im Konzert der unterschiedlichen Meinungen je mithalten könnte. Stimmt die Frühdatierung der reformatorischen Wende schon einige Jahre vor 1517 im Kontext von Luthers Auslegung des Römerbriefs und seiner Entdeckung der Bedeutung der Rechtfertigungslehre oder stimmt die Spätdatierung nach 1520 angesichts der sich polemisch zuspitzenden Anfeindung durch römische Kreise? War es ein kontinuierlicher Prozess oder gab es einen Bruch? Wer vermag dies zu entscheiden? Könnte nicht beides richtig und falsch zugleich sein? Ich will mich an dieser Debatte nicht beteiligen, weil ich eine primär an der Kontinuität *oder* an den Brüchen in der Biographie von Martin Luther orientierte Fragestellung unter den Vorzeichen der später gewordenen und gegenwärtig bestehenden ökumenischen Situation als uns nicht weiterführend empfinde, weil sie zu sehr auf eine Person bezogen sind. Martin Luther wünschte nicht einmal selbst, die mit ihm begonnene neue Entwicklung möge sich auf immer mit *seinem* Eigennamen verbinden – eben ‚lutherisch' sein.

Spätestens jetzt ist es nicht nur ein Gebot der Höflichkeit, wenn ich betone, dass die Lutherforschung gewiss aus historischer Perspektive von wissenschaftlichem Interesse bleibt. Zu Recht wird beklagt, dass die Erforschung der Theologie von Martin Luther in der jüngeren römisch-katholischen Theologie vernachlässigt wird. Dem damals Geschehenen in der Rückschau in all seiner Komplexität mit den Mitteln der historischen Forschung gerecht werden zu wollen, ist gewiss auch heute noch von Bedeutung in der Ökumene. Wir tauschen Gestalten der Erinnerungen an Martin Luther aus und suchen nach einem versöhnlichen, die Person Luthers differenziert betrachtenden Ausgleich der überlieferten Bilder von ihm.[2] War er ein Held oder war er ein Verräter? Eine solche Frage lässt sich nicht beantworten. Andere Fragen – nicht alternativ formulierte – müssen gestellt werden.

Ich verstehe mich als eine Vertreterin der Systematischen Theologie mit Einblicken in die gegenwärtige ökumenische Situation im multilateralen Kontext, in dem alle christlichen Konfessionen sich um ein lebendiges Erbe der Anliegen von Martin Luther bemühen. In diesem Kontext, vor diesem Hintergrund gehe ich in den Grenzen meiner Möglichkeiten auf Martin Luther zu und frage: *Ist* Martin Luther katholisch? Oder anders formuliert: Welche seiner Anliegen sind auch heute noch immer katholisch? Ich möchte darüber hinaus fragen: Ist nicht durch Martin Luther die gesamte Kirche wieder katholisch – gar katholischer – geworden?

Dorothea Sattler

Ist Martin Luther katholisch?
Annäherungen an eine provozierende Frage

163

Ausgewählte Kriterien – oder:
Wer ist (römisch-) katholisch?

Die von mir gestellte Frage macht zunächst eine Begriffsbestimmung erforderlich. Was meine ich, wenn ich ,katholisch' sage? Nach welchen Kriterien entscheidet sich, wer ,katholisch' ist? Im ökumenischen Kontext ist es sehr vertraut, im Sinne des Nizäno-Konstantinopolitanischen Glaubensbekenntnisses aus dem Jahr 381 n. Chr. den Begriff ,katholisch' als ein die christlichen Konfessionen verbindendes, gemeinsames Kennzeichen aller Gemeinschaften zu verstehen, die die eine, heilige und apostolische Kirche bilden. Als ,Kirche im eigentlichen Sinne' kann sich angesichts dieser frühkirchlichen Konzilsentscheidung nur verstehen, wer katholisch ist – es zumindest sein möchte. ,Katholisch' meint in dieser frühen Zeit des Christentums zunächst: allgegenwärtig, überall der Intention nach präsent – alle Räume umfassend. Diese auf lokale Verhältnisse konzentrierte Begriffsbestimmung ist nicht die einzig überlieferte und auch heute nicht die einzig mögliche: Streitsituationen haben im frühen Mittelalter dazu verleitet, den Begriff ,katholisch' temporal – nicht mehr lokal – zu verstehen: Katholisch ist danach, was zu allen Zeiten immerzu gilt. Philipp Melanchthon hat eine dritte Variante in die Bestimmung von ,katholisch' eingebracht.[3] Es lag ihm sehr daran, die Reformatorische Kirche als katholisch und die Römische Kirche als nicht katholisch zu bezeichnen. Katholisch ist nach Melanchthon eine Kirche, die der Heiligen Schrift gemäß ihr Leben gestaltet. Katholisch ist somit, wer original ist – wer dem Anfang, dem überlieferten Ursprung entspricht. Melanchthon sah im Jahr 1539 in seiner Schrift mit dem Titel *Die fürnemisten Unterscheid zwischen reiner christlichen lere des Evangelii und der abgöttischen papistischen Lere* viele Gründe – sechzehn zählt er auf –, die belegen, dass die Römische Kirche nicht katholisch ist: beispielsweise angesichts der Anrufung der Heiligen in der Fürbitte, aufgrund der Verpflichtung der Kleriker zu Mönchsgelübden, angesichts des Wallfahrtswesens sowie der Lehre von der eschatologischen Läuterung – früher Fegefeuer genannt. All dies gibt es heute in der Römisch-katholischen Kirche noch immer: eine Anrufung der Heiligen im Gebet, den Zölibat, Wallfahrten, das Totengedächtnis in der Eucharistie. Grundlegende Einwände gegen die Katholizität der Römischen Kirche sieht Melanchthon in der Rechtfertigungslehre, im Verständnis der Sakramente und in der Ämterlehre. ‚Katholisch' ist für Melanchthon ein Merkmal von hoher Qualität, ein wertvolles Gütesiegel. Melanchthon war sich gewiss, er sei und bleibe katholisch.

Wenn ich frage, ob Martin Luther katholisch ist, dann frage ich im Sinne der drei gerade erläuterten Kennzeichen von katholisch: lokal, temporal und original. Lokal: im weltweiten Kontext; temporal: unter Achtung der Traditionsgeschichte; original: auf die Bibel als Quelle der Erkenntnis des guten Ursprungs bezogen. Eines ist dabei ganz gewiss: römisch-katholisch ist nicht identisch mit katholisch. Mit Blick auf die gegenwärtige Römisch-katholische Kirche lässt sich offenkundig gerade heute zudem hinzufügen: römisch-katholisch ist nicht römisch-katholisch. Viele Vorgänge in der Gegenwart lassen transparent werden, was wir intern immer schon wussten: Die Römisch-katholische Kirche ist in sich plural.

Eine Auskunft zu der Frage, was die Römische Kirche katholisch sein lässt, macht immer eine Auswahl der Aspekte erforderlich. Ich habe drei Aspekte ausgewählt, die mir für das Selbstverständnis der Römisch-katholischen Kirche signifikant erscheinen.

1. Verkündigung Jesu Christi in der gesamten Welt

Der Römisch-katholischen Kirche liegt sehr daran, dass das eine Evangelium in der weltweiten Gemeinschaft der Getauften in einer einmütigen Weise verkündigt wird. Das 2. Vatikanische Konzil hat in vielen Dokumenten die Verkündigung des Wort Gottes als die Hauptaufgabe in allen kirchlichen Diensten beschrieben. Insbesondere den Bischöfen wird der Dienst der Verkündigung des Evangeliums als primäre Aufgabe ans Herz gelegt.[4] Ich zögere nicht, den reformatorischen Ruf

Dorothea Sattler
Ist Martin Luther katholisch?   165
Annäherungen an eine provozierende Frage

sola scriptura – allein durch die Schrift erhalten wir Erkenntnis von Gottes Sein und Handeln – als heilsam auch für die Römisch-katholische Kirche zu betrachten. Im römisch-katholischen Selbstverständnis verbindet sich mit dem Ruf nach der Verkündigung des einen Evangeliums die Vorstellung, das eine Wort Gottes könne in aller Welt in gleicher Weise gehört werden. Es gibt eine für alle Regionen der Erde gültige gemeinsame Leseordnung in der römisch-katholischen Liturgie. Das konkrete Wort Gottes ist den Verkündigern zur Auslegung aufgegeben; sie treffen bei der Bestimmung des Predigttextes keine persönliche Wahl; sie hören weltweit gemeinsam auf das eine Wort Gottes, das sie für alle Menschen auslegen. Ist dies auch die reformatorische Praxis? In der Ökumene stellt sich grundlegend die Frage, ob beispielsweise in ethischen Themenbereichen einmütig eine Meinung vertreten werden sollte. Die Römisch-katholische Kirche ringt heute darum, eine solche Übereinstimmung zu erreichen. Offenkundig ist dies nicht leicht in einer Weltkirche mit dem Anspruch, mit einer Stimme sprechen zu können. Ist dies ein angemessenes Ziel?

2. Feier der (sieben) Sakramente

Die Römisch-katholische Kirche hält mit der Orthodoxie an der im Mittelalter begrifflich bestimmten Zahl der Sakramente fest.[5] Symbolisch ist diese Zahl zu verstehen – als Summe von drei und vier. Die Symbolzahl sieben ist als Hinweis auf die Möglichkeit der Offenbarung des Geheimnisses Gottes (symbolisch: drei) in Zeit und Geschichte (symbolisch: vier) zu verstehen. Spezifische Lebenssituationen werden gemäß der römisch-katholischen Tradition durch Sakramente begleitet: der Beginn des Lebens; die Zeit, erwachsen zu werden – auch im Glauben; die Eheschließung; die Übernahme eines Dienstes in einer Gemeinschaft – das Amt also; die Krankheit und das Lebensende. Biographische Bezüge wählen heute viele, die aus römisch-katholischer Sicht von Sakramenten sprechen. Lässt sich dies in Verbindung mit den Anliegen von Martin Luther bringen?

3. Geordnete Gestalt der kirchlichen Institution

Der dritte von mir gewählte Gesichtspunkt in einem möglichen Vergleich zwischen Martin Luther und der Römisch-katholischen Kirche betrifft die Frage nach dem institutionellen Charakter der kirchlichen Glaubensgemeinschaften. Bekanntlich liegt der Römisch-katholischen Kirche sehr an geordneten Strukturen in ihrer Institution. Was ist dabei das primäre Anliegen? Es geht dabei um eine Gewährleistung der Treue zum Ursprung; es geht um eine lebendige Verbundenheit mit den Anfängen des Christentums. Aus römisch-katholischer Sicht ist eine Gewähr des lebendigen Gedächtnisses des Ursprungs durch Personen möglich, die ihre Deutung des Evangeliums von Generation zu Generation weitergeben. Die geordnete Gestalt der kirchlichen Institution ist aus römisch-katholischer Sicht kein Selbstzweck. Von frühester Zeit an – so interpretiert die Römisch-katholische Kirche die Tradition – gab es drei Garanten für die Kontinuität in der Verkündigung des einen Evangeliums: (1) die Festlegung des Kanons der Heiligen Schriften; (2) die Bestimmung wesentlicher Gehalte des Glaubens; (3) die Weitergabe des Evangeliums von Person zu Person – in überprüfbarer, geordneter Weise.

Ich habe drei Themenbereiche angesprochen, auf die sich seit Jahrzehnten viele ökumenische Dialoge beziehen: das Evangelium – die Sakramente – das Amt. Gibt es Indizien dafür, dass Martin Luther in diesen Themenbereichen ‚katholisch' dachte und fühlte?

Mögliche Indizien – oder: Wie katholisch ist Martin Luther?

1. Zeuge im Dienst am Evangelium

Ohne jeden Zweifel verbindet das Anliegen, das Evangelium Jesu Christi verkündigen zu wollen, die Römisch-katholische Kirche heute mit dem Anliegen, das Martin Luther in seiner Zeit vertrat. Die Internationale Dialogkommission zwischen dem Lutherischen Weltbund und

Dorothea Sattler
Ist Martin Luther katholisch?
Annäherungen an eine provozierende Frage

167

der Römisch-katholischen Kirche hat 1983 eine gemeinsame Würdigung des Lebenswerks von Martin Luther vorgelegt, die den Titel trägt: *Martin Luther – Zeuge des Evangeliums*[6]. Durch Martin Luther geschah eine Zentrierung des Evangeliums auf die Botschaft von der Annahme, der Bejahung, der bleibenden Beziehungswilligkeit Gottes uns Sünderinnen und Sündern gegenüber. Diese Zentrierung ist durch die Rezeption der paulinischen Rechtfertigungsbotschaft im Reformationszeitalter geglückt. Dankbar schauen wir heute auf das Geschenk, das Martin Luther der gesamten Christenheit durch seine Konzentration auf die Mitte des christlichen Evangeliums bereitet hat. Niemand kann einen anderen Grund legen als den, welcher gelegt ist in Christus Jesus (vgl. 1 Kor 1,3). Dieser gläubige Gedanke steht unter dem Reformationsaltar, den es in Wittenberg bis heute zu betrachten gibt. Ich werde nicht müde, den römisch-katholischen Studierenden in meinen Lehrveranstaltungen den Reformationsaltar von Lukas Cranach zu zeigen und zu erläutern. Er ist auf 1547 datiert, ein Jahr nach Luthers Tod. Martin Luther steht rechts unten auf der Kanzel und predigt über die Mitte: Jesus Christus. Auch Einfältige und Unmündige können seinen Worten folgen – auch Frauen (sinnbildlich für die Einfältigen) und die Kinder (sinnbildlich für die Unmündigen). Alle sollen verstehen, was ihnen verkündigt wird. Vielfach tauchen Frauen und Kinder in Selbstdarstellungen im reformatorischen Zeitalter auf. Allen ist das Evangelium zu verkündigen. Alle sollen es auf eine für sie verständliche Weise hören. In diesem Sinne ist Martin Luther – katholisch – auf alle bezogen.

2. Offenheit für unterschiedliche Begriffe von ‚Sakrament'

Katholisch – bezogen auf eine lange Tradition – argumentierte Luther auch im Blick auf die Sakramente. Wer den Reformationsaltar näher betrachtet, wird im rechten Flügel oben eine Darstellung der Beichte finden. Bei Johannes Bugenhagen, dem Stadtpfarrer von Wittenberg, stellen sich Frauen und Männer in Reihen an und hören ein Wort, das sie löst, oder ein Wort, das sie bindet. Die Binde- und Lösegewalt – das

Sakrament der Versöhnung nach dem gegenwärtigen römisch-katholischen Sprachgebrauch – hat auch Martin Luther hoch geachtet.[7] Er hat sehr darunter gelitten, dass er mit seinem Ruf nach der Freiheit der Beichte dazu beigetragen haben könnte, dass Menschen die Absolution nicht mehr hören. Für ihn war die Absolution die dichteste Gestalt der Verkündigung des Evangeliums. Wer weiß heute in der Ökumene darum, von welch hoher Bedeutung die Beichte und die Absolution aus lutherischer Sicht sind?

Martin Luther war offen für eine unterschiedliche Zählung der Sakramente. Gibt es drei Sakramente – der Einsetzung durch Jesus Christus nach? Oder gibt es zwei Sakramente – Taufe und Abendmahl – wie Augustinus annimmt, weil er nach einem sinnenhaften, materialen Zeichen bei den Sakramenten suchte? Heute folgen wir in der ökumenischen Sakramentenlehre den Spuren von Luther, der in *De Captivitate Babylonica* im Jahr 1520 Offenheit für unterschiedliche Sakramentenbegriffe zeigte. Er hat dazu beigetragen, dass wir uns gemeinsam an den biblischen Ursprung des Sakramentenbegriffs erinnern: Die lateinische Übersetzung mit *sacramentum* des griechischen Wortes *mysterion* hat eine Veränderung im Verständnis der Sakramente bewirkt. Alle wissen: Es gibt nur ein offenbares Geheimnis Gottes: Jesus Christus – so Kol 1,15. Zugleich stellt sich die Frage, welche Bedeutung die versammelte Gemeinschaft beim Bekenntnis des christlichen Glaubens hat.

3. Appell an ein allgemeines Konzil

Spät – vielleicht zu spät – hat Martin Luther die Hoffnung geäußert, ein Konzil könne eine Schlichtung in den Streitfragen bewirken. Auch wenn er der Überzeugung war, dass Päpste und auch Konzile irren können, so blieb ihm doch ein Grundvertrauen in die Möglichkeit, dass Beratungen unter Menschen guten Willens bei der Wahrheitsfindung wichtig sind.

Hätte Martin Luther das 2. Vatikanische Konzil oder gar die gegenwärtige Dialogbereitschaft im Pontifikat von Franziskus erlebt – wäre er dann katholisch geblieben? Eine solche Frage lässt sich nicht beantworten – sie ist offenkundig anachronistisch. In der Ökumenischen Theologie stellen wir dennoch diese Frage, weil sich so verdeutlichen lässt, wie anders die gegenwärtige römisch-katholische Wirklichkeit im Vergleich mit der des 16. Jahrhunderts ist. Sehr umfangreich ist die Liste der Themen, die in den ökumenischen Dialogen als Übereinstimmungen zwischen den Anliegen Martin Luthers und den Errungenschaften des 2. Vatikanischen Konzils betrachtet werden: Die christologische Zentrierung aller Fragestellungen; die Heilige Schrift als Norm der Lehre; das gemeinsame Priestertum aller Getauften; die beständige Reformbedürftigkeit der Kirche(n). In der Ökumene träumen wir davon, dass es im 3. Jahrtausend zu einem ökumenischen Konzil kommt, das diesen Namen verdient. Offen zu fragen ist an dieser Stelle: Wer anders könnte dazu einladen als der Bischof von Rom?

Ich habe bisher drei Themenbereiche beschrieben, in denen Martin Luther als ‚katholisch' in einem vorbildlichen, wegweisenden, ermutigenden Sinn gelten kann: die Verkündigung des Evangeliums, Zutrauen zu sakramentalen Handlungen und das Vertrauen auf die Beratungen eines Konzils. Nun ist von den Zweifeln zu sprechen, die in den Sinn kommen, wollte jemand Martin Luther als katholisch bezeichnen. Ich verstehe die nun kurz anzudeutenden Aspekte als eine Einladung zur Fortführung der ökumenischen Gespräche.

Bestehende Zweifel – oder: Worüber müssen wir in der Ökumene noch sprechen?

1. Gesetz und Evangelium

Es erscheint mir wichtig, über das Verhältnis zwischen Gesetz und Evangelium gemeinsam weiter nachzudenken. Wenn jene Menschen immer schon verdächtig erscheinen, die den Weisungen Gottes – dem Gesetz – folgen möchten und Gutes tun, dann wird katholischer Widerspruch laut. Ist denn jedem Menschen zu unterstellen, dass er mit seinen guten Werken einen Lohn erwerben möchte? Wie lässt sich die – aus reformatorischer Sicht bestehende – qualitative Differenz zwischen den Werken des Menschen vor dem Hören der Rechtfertigungsbotschaft und den Werken des Menschen in der Folge des Rechtfertigungsgeschehens angemessen beschreiben? Ist es nicht auch angemessen, sich eine Anerkennung, ein Lob, einen Dank von Gott zu erwarten, wenn ich Gutes tue?[8] Eine aus meiner Sicht in diesem Kontext der Rechtfertigungslehre zudem offene Frage ist, wie die Passivität des Menschen in diesem Geschehen zu denken ist. Ist die Bereitschaft zur Annahme der Gnade Gottes bereits eine zu wünschende Aktivität?

2. Ehe und Amt

Was mag es bedeuten, dass wir in der christlichen Ökumene uns in besonderer Weise über die Frage streiten, in welcher Weise die institutionelle Gestalt der Kirchen zu formen ist? Die Ämterlehren trennen die Kirchen – nicht das eine Evangelium.[9] Der zweite neuralgische Punkt in den ökumenischen Gesprächen ist das Verständnis der Ehe. Es gibt viel zu sagen über die erreichten ökumenischen Konvergenzen, die Übereinstimmungen in beiden Themenbereichen. In der Biographie von Martin Luther haben sich beide Fragen eng miteinander verbunden. Zu wenig im katholischen Bewusstsein ist, welche Bedeutung Luther der Ehe gibt – auch wenn er sie nicht Sakrament nennt. Die Ehe ist auch nach Luther mehr als ein „weltlich Ding"; sie hat Gottes Segen; sie ist ein Geschenk des Schöpfers. Aus meiner Sicht ist das Potential der ökumenischen Verständigung im Verständnis der Ehe noch nicht ausgeschöpft. Auch in den Ämterlehren könnten wir einander näher sein. An der Ordination unter Gebet und Handauflegung hat Luther meines Wissens immer festgehalten. Zugleich brachte er einen Gedanken in das Gespräch ein, über den es im ökumenischen Kontext gemeinsam nachzudenken gilt: In Notsituationen ist die vorrangige Sorge, die Verkündigung des Evangeliums zu gewährleisten.

3. Der Papst – ein Antichrist?

Ein dritter Zweifel an der Katholizität von Martin Luther ist in seinen Äußerungen über den Papst begründet. Wir haben gelernt – wir besprechen das Thema freundschaftlich miteinander – wir haben gelernt, in diesem Zusammenhang zwischen den biographischen Herausforderungen und den grundlegenden Perspektiven zu unterscheiden. Martin Luther hat viele Päpste erlebt, und einer war schlimmer als der andere.[10] Sie machten es schwer, zu einem anderen Urteil zu kommen als Luther: Er erkannte – damals – im Papst den Antichrist. Wir sind dankbar in der Ökumene, dass es seit geraumer Zeit üblich ist, jede mögliche Identifikation eines gegenwärtigen Papstes mit dem Antichrist auszuschließen. In der Ökumene wissen wir um die Schwierigkeit, sich auf ein angemessenes Verständnis vom Dienstamt des Bischofs von Rom zu verständigen. Wir arbeiten daran. Eines ist dabei gewiss: Es bedarf in einer künftigen katholischen Kirche anderer Formen der Partizipation an den Entscheidungsfindungsprozessen, als dies bisher der Fall ist. Es bedarf der fachlichen Beratung und der kollegialen Prüfung – unter Teilhabe auch der Frauen in der katholischen Kirche – so weit dachte selbst Martin Luther wohl noch nicht.

Zu ziehende Konsequenzen – oder:
Wie gelingt eine ökumenische Feier von Luther?

Ich schließe mit wenigen Gedanken. Können Katholiken Luther feiern? Uneingeschränkt: Ja, denn seine Theologie hat die katholische Kirche bereichert; und – wie gezeigt – Martin Luther ist ein Gesprächspartner auch für eine katholische Theologin. Gemeinsam können wir also 2017 fröhlich feiern – im Wissen um die Grenzen einer menschlichen Persönlichkeit.

1. Wertschätzung und Achtung der Person und ihrer Anliegen
Katholische Christinnen und Christen bemühen sich an vielen Orten um eine Achtung von Martin Luther. Es gibt im römisch-katholischen Raum – so kann ich bezeugen – eine sehr hohe Bereitschaft, sich vorbehaltlos seinem Lebenswerk anzunähern.

2. Differenzierungen in der Wahrnehmung
Es macht aus meiner Sicht keinen Sinn, Martin Luther jene Äußerungen – Haltungen – Handlungen vorzuwerfen, die auch der römisch-katholischen Tradition nicht fremd sind: der Antisemitismus, die mangelnde Sensibilität für soziale Konflikte, rigorose Standpunkte einfach aus Prinzip. Auch in den Versuchungen, denen Martin Luther erlegen ist, ist er katholisch.

3. Bewährung in der eigenen Reformwilligkeit
Manche Reformprozesse liegen noch vor der Römisch-katholischen Kirche. Im 16. Jahrhundert war die Situation dramatischer als heute. In diesen Zeiten ringen wir wieder darum, was katholisch ist und vermeintlich immer und überall galt. Von Martin Luther können wir uns ermutigen lassen, den kontroversen argumentativen Austausch nicht zu scheuen – um des einen Evangeliums willen.

Anmerkungen

1   In der neueren römisch-katholischen Lutherforschung hat Otto Hermann Pesch kundige und ökumenisch sensible Beiträge hinterlassen: vgl. Otto Hermann Pesch, Hinführung zu Luther, Mainz ³2004.

2   Die ökumenische Forschung neigt heute dazu, Martin Luther in die größeren zeitgeschichtlichen Kontexte zu stellen, in denen er wirkte; zudem gilt es, gemeinsam auf die Wirkungsgeschichte seines Handelns zu blicken: Vgl. Volker Leppin / Dorothea Sattler (Hg.), Reformation 1517–2017. Ökumenische Perspektiven, Freiburg – Göttingen 2014.

3   Vgl. dazu ausführlicher: Dorothea Sattler, „... mit der katholischen Kirche Christi eines Sinnes...". Melanchthon und die Ökumene, in: Philipp Melanchthon – „Grenzüberschreitungen". Lebenskreise eines Reformators, Wittenberg 2010, 102–120.

4   Vgl. 2. Vatikanisches Konzil, Dogmatische Konstitution über die Kirche Lumen Gentium, Nr. 25.

5   Vgl. zu den ökumenischen Annäherungen im Verständnis des Begriffs ‚Sakrament' grundlegend: Karl Lehmann/Wolfhart Pannenberg (Hg.), Lehrverurteilungen – kirchentrennend? Rechtfertigung, Sakramente und Amt im Zeitalter der Reformation und heute, Freiburg – Göttingen 1986, bes. 77–88.

6   Vgl. Martin Luther – Zeuge Jesu Christi. Wort der Gemeinsamen Römisch-katholischen / Evangelisch-lutherischen Kommission anlässlich des 500. Geburtstages Martin Luthers 1983, in: Harding Meyer u. a. (Hg.), Dokumente wachsender Übereinstimmung, Bd. 2, Frankfurt – Paderborn 1992, 444–451.

7   Vgl. Umkehr ökumenisch feiern. Theologische Grundlagen und Praxismodelle. Erarbeitet von Paul Deselaers u. a. in Verbindung mit der Arbeitsgemeinschaft Christlicher Kirchen in NRW, Frankfurt – Paderborn 2011.

8   Vgl. dazu ausführlicher: Dorothea Sattler, Weisung und Verheißung. Neuere bibeltheologische Erkenntnisse im Themenfeld „Gesetz und Evangelium", in: Theodor Schneider / Wolfhart Pannenberg (Hg.), Verbindliches Zeugnis, Bd. III: Schriftverständnis und Schriftgebrauch, Freiburg – Göttingen 1998, 191–203.

9   Ökumenischer Arbeitskreis evangelischer und katholischer Theologen, Abschließender Bericht, in: Dorothea Sattler / Gunther Wenz (Hg.), Das kirchliche Amt in apostolischer Nachfolge, Bd. III: Verständigungen und Differenzen, Freiburg – Göttingen 2008, 167–267.

10   Vgl. dazu ausführlicher: Dorothea Sattler, Vom Antichrist zum Zeichen der Einheit. Evangelische Wandlungen im Verständnis des Petrusdienstes, in: Welt und Umwelt der Bibel. Sonderheft: Petrus, Paulus und die Päpste. Geschichte und Bedeutung des Papsttums, Stuttgart 2006, 58–65.

» Das Paradox des Papstamtes beseitigen. Johannes Paul II. und Franziskus zu Papstamt, Primat und Petrusdienst

Regina Radlbeck-Ossmann

Dem Bischof von Rom obliegt es, einen Dienst an der universalen Einheit der Kirche zu erbringen. Die Kirchengeschichte belegt eindrücklich, dass die Päpste diesen Dienst über Jahrhunderte hin tatsächlich erbracht haben. Weil die Einheit der Kirche dabei immer wieder neu und immer wieder anders bedroht war, konnte das Papstamt seine Aufgaben nur erfüllen, indem es flexibel auf gegebene Problemstellungen reagierte. Dadurch hat dieses Amt sich im Laufe seiner langen Geschichte immer wieder gewandelt. Ein vergleichbarer Wandel steht auch heute an, und er erscheint dringlicher denn je. Spektakulär war vor diesem Hintergrund die Entscheidung Papst Johannes Pauls II., in seiner 1995 veröffentlichten Ökumene-Enzyklika *Ut unum sint* sein Amt zur Diskussion zu stellen und die von Rom getrennten Kirchen zum Dialog über eine erneuerte Form der Primatsausübung einzuladen. In seiner 2013 erschienenen Programmschrift *Evangelii gaudium* hat auch Papst Franziskus eine Neuausrichtung des Papstamtes angekündigt. Die Initiativen der beiden Päpste richten sich vordergründig auf das gleiche Ziel. Der nähere Blick zeigt jedoch, dass die Ansatzpunkte wie auch die jeweils leitenden Zielvorstellungen beider Initiativen höchst unterschiedlich sind. Je anders wird auch der Spielraum eines möglichen Entgegenkommens abgesteckt.

In einer globalen Welt dominiert die Erfahrung ungeheurer Vielfalt. Das allein ist schon Grund genug, darüber nachzudenken, wie angesichts dieser Vielfalt die Einheit der Kirche noch sinnenfällig zum Ausdruck kommen kann. Dies erklärt, warum man die neue, von Papst Franziskus signalisierte Gesprächsbereitschaft in der Ökumene ernst nehmen sollte.

Der Dienst an der universalen Einheit der Kirche als Frage der Ökumene

Die Frage eines auf die Gesamtkirche bezogenen und damit universalen Dienstes an der Einheit der Kirche wurde im ökumenischen Dialog zunächst ausgeklammert. Zu schwierig schienen die damit zusammenhängenden theologischen Herausforderungen, zu belastend die historischen Erfahrungen, die man über Jahrhunderte hin mit dem Papstamt gemacht hatte. In den Jahren nach dem II. Vatikanischen Konzil (1962–65) begann man diese skeptische Zurückhaltung jedoch schrittweise aufzugeben. Das erneuerte Selbstverständnis der katholischen Kirche, wie es in den Dokumenten *Lumen gentium, Gaudium et spes* und *Unitatits redintegratio* zu Tage trat, schuf hierfür eine neue Basis. Hinzu kam, dass eine Ansprache, die Papst Paul VI. im Jahre 1967 vor dem Sekretariat zur Förderung der Einheit der Christen gehalten hat, zum Dialog über einen erneuerten Dienst an der Einheit der Kirche regelrecht einlud. In dieser Rede sprach der Papst sehr freimütig davon, dass ausgerechnet sein Amt, welches als Felsenfundament kirchlicher Einheit wirken sollte, faktisch das größte Hindernis auf dem Weg zu dieser Einheit darstellte.[1] Diese Äußerung brachte das belastende Paradox, unter dem das Papstamt bis heute steht, unmissverständlich auf den Punkt.

Die Reaktion in der Ökumene ließ nicht lange auf sich warten. Schon bald entspannen sich interkonfessionelle Dialoge, die sich mit einem erneuerten Dienst an der Einheit der Kirche befassten.[2] Von Anfang an stand dabei für alle Gesprächsteilnehmer fest, dass ein solcher Dienst nicht in einem voraussetzungsfreien Neuentwurf erfolgen könne. Dies ergab sich bereits aus dem geschichtlichen Faktum eines vom Papstamt über Jahrhunderte hin erbrachten Dienstes an der Einheit. Des Weiteren war zu bedenken, dass während der gesamten Kirchengeschichte kein anderer Bischof den Anspruch erhoben hatte, einen vergleichbaren Dienst an der Einheit der Kirche zu erbringen. Dies schloss nicht aus, dass man den konkret erbrachten Dienst der Päpste sowie die aktuell erreichte Gestalt ihres Amtes durchaus kritisch sah. Von daher war man sich einig, dass es bei einem erneuerten Dienst an der universalen Einheit der Kirche nicht einfach nur um eine Neuauflage des Papstamtes in seiner vorliegenden Form gehen könne.

Früh erfolgte Vorklärungen schlugen sich unter anderem darin nieder, dass man eine neue Begrifflichkeit schuf und den gesuchten zukünftigen Dienst an der universalen Einheit der Kirche nicht mehr unter der Bezeichnung ‚Papstamt‘, sondern unter der neuen Begrifflichkeit ‚Petrusdienst‘ ansprach. Die begrifflichen Veränderungen signalisierten einen doppelten Reformbedarf: Mit dem Wechsel vom ‚Papst‘ zu ‚Petrus‘ war angezeigt, dass ein erneuerter Dienst an der Einheit der Kirche sich nicht an irgendeinem römischen *Status quo* ausrichten könne, sondern in neuer Weise an den biblischen Ursprüngen dieses Dienstes und damit am Dienst des Apostels Petri selbst Maß nehmen müsse. Mit dem Wechsel vom institutionellen ‚Amt‘ zum dynamischeren ‚Dienst‘ stellte man darüber hinaus klar, dass der Träger des Petrusdienstes durch die ihm übertragene Aufgabe keine Position erlangte, die ihn aus der Schar der übrigen Bischöfe grundsätzlich heraushob.

Auf der Basis dieser Vorklärungen befasste man sich über rund drei Jahrzehnte auf teilkirchlicher wie auf weltkirchlicher Ebene mit einem universalen Petrusdienst des Bischofs von Rom.[3] Die Gespräche profitierten davon, dass die Päpste seit Johannes XXIII. einen in vielfacher Hinsicht sensiblen und weithin anerkannten Dienst an der Einheit der Kirche erbrachten. Im Austausch der ökumenischen Partner kam es zum Abbau bestehender Vorurteile. Gleichzeitig wuchs das

Verständnis dessen, was ein solcher Dienst leisten kann. In der Sache beschränkten sich die Gesprächsergebnisse auf erste Annäherungen.[4] Trotz ihrer verhaltenen Formulierungen waren diese Texte in den nicht-römischen Konfessionen nicht unumstritten.

1. *Ut unum sint* – Die Initiative Papst Johannes Pauls II.

Ein weiterer Markstein der Entwicklung ergab sich mit der Ökumene-Enzyklika *Ut unum sint* (UUS), die Papst Johannes Paul II. im Mai 1995 veröffentlichte.[5] Das Schreiben entnimmt seinen Titel dem Abschiedsgebet Jesu (Joh 17,21ff.) und teilt mit diesem auch seine Zielsetzung: die Einheit der Kirche. Dass der Papst in dieser Frage voranging, wurde als spektakulär empfunden, es war theologisch jedoch nur konsequent, wies sein Amt ihm diesbezüglich doch eine besondere Verpflichtung zu.

1.1 Große Zeiten, große Ziele, große Worte
Die Enzyklika des Papstes wagt es, in bewegten Zeiten große Worte zu sprechen. Sie tut dies, um das große Ziel einer Einheit der Kirche zu erreichen. Neben der theologisch gebotenen Herausforderung scheint dabei auch der konkrete geschichtliche Zeitpunkt eine bedeutsame Rolle gespielt zu haben (UUS 1–4). Im Jahre 1989, und damit wenige Jahre vor der Veröffentlichung der Enzyklika, war es allein mit friedlichen Mitteln gelungen, den Eisernen Vorhang zu Fall zu bringen. Über mehr als 40 Jahre hatte dieser die Welt in zwei einander feindlich gegenüberstehende Lager gespalten. Mit dem Fall der militärisch befestigten Trennlinie war die Teilung der Welt beendet. Zum ersten Mal in der Geschichte der Menschheit war damit ein globales Miteinander aller Menschen denkbar geworden. Johannes Paul II. hatte in dieser weltgeschichtlichen Wende eine bedeutsame Rolle gespielt. Seine Interventionen haben aller Wahrscheinlichkeit nach nicht nur in seinem Heimatland Polen dazu beigetragen, dass die

Regina Radlbeck-Ossmann
Das Paradox des Papstamtes beseitigen.
Johannes Paul II. und Franziskus zu Papstamt, Primat und Petrusdienst

179

anstehenden Umbrüche sich nahezu ohne Blutvergießen vollziehen konnten.[6]

Die zum Abfassungszeitpunkt der Enzyklika gegebene, besondere Situation speiste sich neben diesen politischen Entwicklungen noch aus einem zweiten Datum: Die Wende zum dritten Jahrtausend stand unmittelbar bevor. Unter dem Eindruck dieser in doppelter Weise qualifizierten, besonderen historischen Situation schrieb der Papst seine Enzyklika. Sein großes Ziel war es, in einer politisch geeinten, globalen Welt nun auch die Einheit der Kirche zu erreichen. 1000 Jahre lang waren die Christen schon voneinander getrennt. Die Wiedererlangung kirchlicher Einheit schien angesichts dessen in weiter Ferne zu liegen. Doch hatten auch die großen politischen Umwälzungen lange Zeit als undenkbar gegolten. So hoffte der Papst, in einer politisch geeinten Welt nun auch die Einheit der Kirche zu erreichen und die Christenheit geeint ins dritte Millennium führen zu können (UUS 3). Um dies zu erreichen, war er bereit, große Schritte zu tun.

Johannes Paul II. wusste, dass die Einheit der Kirche nur zu gewinnen war, wenn es gelang, das Paradox aufzulösen, unter dem sein eigenes Amt stand. Das Papstamt durfte nicht länger als Stolperstein wirken und den Weg zur Einheit blockieren. Es musste zu einem neuen, verlässlichen Fundament der Einheit werden. Der Papst selbst sah sich als Nachfolger Petri vor allen anderen Bischöfen herausgefordert, diese Veränderung anzustoßen. Der argumentative Duktus der Ökumene-Enzyklika läuft deshalb folgerichtig auf die Passage zu, in der Johannes Paul II. sich bereit erklärt, sein Amt zur Disposition zu stellen (UUS 88–99). Die Enzyklika unterbreitet das Gesprächsangebot des Papstes und konkretisiert dieses, indem sie die Bischöfe und Theologen der von Rom getrennten Kirchen zu einem Dialog über das Papstamt einlädt. Johannes Paul II. hofft auf diese Weise klären zu können, wie der Dienst des Bischofs von Rom umgestaltet werden müsse, um auch von den nicht römisch-katholischen Gesprächspartnern als wertvoller Dienst an der Einheit der Kirche anerkannt werden zu können (UUS 95 f).

Wie sehr der Papst auf diese Umgestaltung hoffte, zeigt nicht zuletzt die Auswahl der Bibelstellen, die seine Argumentation begleiten. Das von seinen Vorgängern häufig bemühte Felsenwort (Mt 16,18 f) wird in *Ut unum sint* sparsam eingesetzt. An prominente Stelle rückt stattdessen die lukanische Primatsstelle, die Petrus zur Umkehr auffordert. Das an den Apostel gerichtete, kritische Wort Jesu „und wenn du dich wieder bekehrt hast, stärke deine Brüder" (Lk 22,32) wird in der Enzyklika gleich mehrfach zitiert (UUS 4; 91).

1.2 Drei Elemente und eine klare Grenze des Entgegenkommens

Der Gesprächsbeitrag, mit dem der Papst selbst in den Dialog eintritt, unterbreitet keine in sich geschlossene Position, sondern stellt, untergliedert in je eigene Textabschnitte, drei Elemente vor. Diese dienen je unterschiedlichen Schwerpunkten.

Das **erste** Element (UUS 91 ff.) faltet das in der Enzyklika betonte Umkehrmotiv weiter aus. Wie der Papst erklärt, sei es Petrus gewesen, der der Barmherzigkeit Gottes als erster bedurfte. Deshalb, so die Folgerung, müsse auch der dem Bischof von Rom übertragene Dienst an der Einheit sich wesentlich als Dienst der Barmherzigkeit erweisen.

Das **zweite** Element ist in Form und Inhalt kontrastierend angelegt. Es spricht sehr deutlich von der Sonderstellung des Bischofs von Rom, seinem Wächteramt über die anderen Kirchen und den dazu notwendigen Vollmachten (UUS 94). In diesem Zusammenhang fällt auch der ausdrückliche Hinweis auf die Definitionen des I. Vatikanischen Konzils (1869/70). Die Ausführungen zu diesem zweiten Element dienen nicht nur einer anderen Aussageabsicht, sie schlagen auch sprachlich gesehen einen ganz anderen Ton an. Dadurch entsteht der Eindruck, hier werde plötzlich eine Gegenrede geführt, die der vordem bekundeten Bereitschaft zu Barmherzigkeit und Umkehr Grenzen setzen, wenn nicht gar Einhalt gebieten wolle.

Ein **drittes** Element bietet das unmittelbar folgende Kapitel. Der Textabschnitt nimmt den warmen, werbenden Ton wieder auf, der kurz zuvor aufgegeben worden war. In einer erneut sehr persönlich gefärbten,

Regina Radlbeck-Ossmann

Das Paradox des Papstamtes beseitigen.
Johannes Paul II. und Franziskus zu Papstamt, Primat und Petrusdienst

181

emotional sichtbar bewegten Sprache wird nun nachgereicht, dass all das, was eben noch in unmissverständlicher Klarheit über den besonderen Aufgabenbereich des Dienstes Petri und seine besonderen Vollmachten gesagt worden sei, sich selbstverständlich „immer in Gemeinsamkeit" mit den übrigen Bischöfen vollziehen müsse. Dies wird damit begründet, dass der Bischof von Rom stets einer im Kollegium der Bischöfe bleibe und die Mitglieder dieses Kollegiums „gleichfalls ,Stellvertreter und Gesandte Christi'" seien. Die besondere Aufgabe, die der Bischof von Rom als Nachfolger Petri erhalten habe, sei deshalb „nicht von der Sendung [zu trennen], die allen Bischöfen anvertraut ist" (UUS 95).

Die drei im Gesprächsbeitrag des Papstes aufgeführten Elemente lassen nicht erkennen, wie eine Synthese aus ihnen aussehen könnte. Insbesondere bleibt offen, wie die mit dem zweiten Element markant betonte Sonderstellung eines primatialen Einheitsdienstes mit dem im dritten Element präsentierten Gedanken eines stets gemeinschaftlich angelegten Handelns aller Bischöfe zusammenzudenken ist. Papst Johannes Paul II. hatte wohl vor, diese Klärung dem Gespräch mit den von Rom getrennten Kirchen zu überlassen. Eine entsprechende Einladung schließt der Papst an die Bekanntgabe seiner Position an.

Damit der Austausch miteinander nicht unter falschen Voraussetzungen begonnen wird, benennt der Papst vorweg die Grenze jedes möglichen Entgegenkommens. Sie ist für ihn dort erreicht, wo das „Wesentliche der petrinischen Sendung" tangiert wird (UUS 95). Mit dieser Grenzziehung macht Johannes Paul II. darauf aufmerksam, dass es bei der Suche nach einem erneuerten Dienst an der Einheit der Kirche nicht um einen voraussetzungsfreien Neubeginn dieses Dienstes gehen könne. Vielmehr müsse jede legitime Form eines universalen Einheitsdienstes an die apostolischen Ursprünge der Kirche zurückgebunden bleiben. Die Grenzziehung des Papstes erinnert bis in den Wortlaut hinein an die Aussagen, die in den der Enzyklika vorauslaufenden Dialogen formuliert worden waren. Das Schreiben des Papstes geht jedoch weder auf diese Gespräche noch auf die dabei erreichten Ergebnisse ein. Offen bleibt darüber hinaus, welche Aspekte seines Dienstes zum Wesentlichen der petrinischen Sendung zu rechnen sind.[7]

1.3 Ein enger Verhandlungsspielraum und schwierige Gespräche

Die Ökumene-Enzyklika des Papstes hat eine differenzierte Würdigung erfahren. In einer an großen Entwicklungen reichen Zeit weckten ihre Ankündigungen zunächst große Erwartungen. Auf zahlreichen Zusammenkünften diskutierten die Vertreter aller bedeutenden christlichen Kirchen, Bischöfe und Theologen, das in *Ut unum sint* ergangene Gesprächsangebot. Ihre zunächst intensiven Beratungen kamen jedoch schon nach kurzer Zeit wieder zum Erliegen, ohne dass es zu einer nennenswerten Annäherung gekommen wäre. Beim Eintritt in das dritte Jahrtausend war Johannes Paul II. zwar immer noch Papst, die Einheit der Kirche aber nicht erreicht. Nicht erreicht war auch die gesuchte Neugestaltung des dem Bischof von Rom übertragenen Dienstes an der Einheit der Kirche.

In der Ökumene sind die Meinungen zu *Ut unum sint* heute geteilt. Verschiedentlich hält sich noch die Ansicht, die Initiative des Papstes habe in einer weltgeschichtlich bedeutsamen Stunde einst eine Tür zur Wiedererlangung der Einheit geöffnet, die man bedauerlicherweise nicht entschlossen genug durchschritten habe. Einer kritischen Analyse des päpstlichen Schreibens bleibt jedoch nicht verborgen, dass das Gesprächsangebot Johannes Pauls II. aufgrund seiner weitreichenden und in sich spannungsvollen inhaltlichen Vorgaben einen ausgesprochen engen Verhandlungsspielraum eröffnete und divergierende Erwartungen auslöste. Seine schließlich zu konstatierende Fruchtlosigkeit ist angesichts dessen nicht wirklich überraschend.

Über dem Wunsch zu greifbaren Ergebnissen zu kommen, übersah man, dass das in *Ut unum sint* unterbreitete Gesprächsangebot des Papstes auch das Paradigma aufgab, unter dem eine Neugestaltung des Dienstes an der universalen Einheit der Kirche in der Ökumene zunächst besprochen wurde. Die frühen Aussprachen waren stets zu dem Schluss gekommen, dass ein neuer, ökumenisch sensibler Dienst an der Einheit der Kirche nicht an einem modifizierten Papstamt anknüpfen, sondern am apostolischen Urbild des Dienstes Petri Maß nehmen müsse. Diese Vorgabe geriet im Gefolge von *Ut unum sint* völlig aus dem Blick.[8] Stattdessen schob sich ganz gegen den Wunsch der ökumenischen Partner nun doch wieder das entfaltete Papstamt ins Zentrum der Überlegungen. Diese grundlegende Verschiebung lässt verstehen, warum die Enzyklika die ihr vorauslaufenden ökumenischen Gespräche und deren Zwischenergebnisse mit keinem Wort erwähnt und auch den in diesen Gesprächen geprägten Begriff ‚Petrusdienst' nicht aufgreift. Nach eigenen Auskünften zielt das Schreiben des Papstes denn auch auf eine veränderte „Form der Primatsausübung" (UUS 95).

2. Evangelii gaudium – Die Initiative von Papst Franziskus

Knapp 20 Jahre nach Johannes Paul II. hat jüngst auch Papst Franziskus eine Neuausrichtung des Papstamtes angekündigt. Die von ihm ergriffene Initiative verdankt sich zum einen dem im Konklave geäußerten Wunsch der Kardinäle und zum anderen dem genuinen Entschluss des Papstes selbst. Die Kardinäle sahen in der Serie von Entgleisungen, die sich im Vorfeld des Rücktritts von Papst Benedikt XVI. zugetragen hatten, ein dringliches Anzeichen dafür, dass das kirchenleitende Amt einer Umgestaltung bedürfe, um in einer globalen Welt seinen Dienst weiterhin tun zu können. Die Wahl fiel auf Jorge Maria Bergoglio, den Erzbischof von Buenos Aires. Seine Rede im Vorkonklave hatte einen Weg aus der Krise aufgezeigt, der die Mehrheit der Kardinäle überzeugte. Erzbischof Bergoglio entwickelte seine Vorstellung eines veränderten Papstamtes nämlich aus der Rückbesinnung auf das, was die erste Aufgabe der Kirche darstellt: der Dienst am Evangelium.
Papst Franziskus bevorzugt dabei den stärker prozessorientierten Begriff der ‚Evangelisierung'. Die Art und Weise, wie er diesen Begriff in seinem Schreiben *Evangelii gaudium* (EG) füllt, schließt sich eng an die

Vorgaben des II. Vatikanischen Konzils an (vgl. EG 17), präsentiert diese jedoch in einer Fortführung, hinter der man die in Argentinien entwickelte ‚Theologie des Volkes' erkennt. Lucio Gera, einer der theologischen Lehrer des Papstes, hat diese in Europa bislang wenig bekannte Theologie maßgeblich mitgeprägt.[9] Anders als die hierzulande geläufigen Varianten der Befreiungstheologie arbeitet die ‚Theologie des Volkes' nicht mit einem politischen, sondern mit einem kulturwissenschaftlichen Instrumentarium. Unter diesem alternativen Ansatz konzentriert sie sich inhaltlich auf das Geschehen der Evangelisierung. Dieses versteht sie als einen Prozess, in dessen Verlauf das Evangelium die Lebenszusammenhänge einer Gemeinschaft durchdringt und sie dabei allmählich umgestaltet (EG 115–118). Träger der Evangelisierung sind danach – ganz wie die Konzilskonstitution *Lumen gentium* dies beschreibt – Menschen, die unter der Führung des Heiligen Geistes zum Glauben gekommen sind und sich unter seiner fortwährenden Begleitung zu einer Gemeinschaft, dem Volk Gottes, zusammenfinden (EG 119–126; 259–280).

Die ‚Theologie des Volkes' prägt das Auftreten des neuen Papstes in Wort und Tat. Sie wirkt, wie Franziskus in *Evangelii gaudium* unterstreicht, darüber hinaus formgebend für die angestrebte Neuausrichtung seines Amtes (EG 32).[10] Die 288 Kapitel des als Programmschrift geltenden Textes (vgl. zum Anspruch EG 1; 25) machen nur wenige Angaben dazu, wie die Gestalt eines erneuerten Dienstes an der Einheit konkret aussehen soll. Umso detaillierter wird der Prozess der Evangelisierung als die zentrale Lebenswirklichkeit der Kirche vorgestellt.[11] Diese Schwerpunktsetzung spiegelt die relativ offene Gesprächsposition des Papstes wider. Sie deutet an, dass der Papst bereit ist, im ökumenischen Gespräch auf vieles einzugehen, von *einer* definitiven Vorgabe jedoch nicht abrückt: die gesuchte erneuerte Gestalt des Papstamtes muss sich wie die Kirche selbst und jedes Amt in der Kirche als Dienst am Evangelium bewähren. In der Perspektive des auf die konkrete Wirklichkeit bedachten Papstes (EG 231 ff.) bedeutet dies, dass dieses Amt sich an den nachweisbaren Erfordernissen der Evan-

Regina Radlbeck-Ossmann

185

Das Paradox des Papstamtes beseitigen.
Johannes Paul II. und Franziskus zu Papstamt, Primat und Petrusdienst

gelisierung ausrichten muss (EG 32). Um den Hintergrund der päpstlichen Initiative besser zu verstehen, ist kurz zu sichten, was der Papst in *Evangelii gaudium* zu den Grundlinien der Evangelisierung zählt.

2.1 Evangelisierung, ein Prozess in der Lebenswirklichkeit der Ortskirche

Glaube entsteht für Papst Franziskus überall dort, wo Menschen sich von der rettenden Liebe Gottes anrühren lassen (EG 264–267). Dies ist für ihn weniger ein intellektuelles als ein existenzielles Geschehen. Dabei geht es über die Annahme von Glaubenssätzen hinaus um ein persönliches Ergriffensein. Dieses persönliche Ergriffensein ist *Evangelii gaudium* zufolge wesentlich geistgewirkt. Der Geist ist es danach auch, der die von der Liebe Christi berührten Menschen dränge, sich vom Evangelium immer weiter erfassen und verwandeln zu lassen (EG 119 f). Papst Franziskus betont die Prozesshaftigkeit dieses Geschehens. Er erklärt, dass es in dessen Verlauf nicht darauf ankomme, den Weg des Evangeliums fehlerlos zu gehen; wohl aber sei gefordert, dies in steter Lernbereitschaft zu tun (EG 151). Unter dieser weiten Perspektive würdigt der Papst das persönliche Ringen um ein Leben aus dem Glauben und erklärt, dass bereits das Innehalten und Nachdenken über den eigenen, im Glauben beschrittenen Lebensweg ein Dienst an der Wahrheit des Evangeliums sei (EG 146).

Eine weitere Wirkung des Heiligen Geistes besteht *Evangelii gaudium* zufolge darin, dass er die Glaubenden zur Vergemeinschaftung dränge (EG 111–134; 259–280). Das Schreiben des Papstes führt aus, dass der gläubige Mensch aus der inneren Dynamik seines Glaubens heraus die Gemeinschaft anderer Menschen suche, die wie er selbst mit dem Evangelium unterwegs seien und wie er selbst versuchten, die Worte der Frohbotschaft mit Leben zu füllen. Dem Drängen des Geistes folgend entstehe so ein Volk, das auf die von Gott geschenkte Rettung vertraue und als Gemeinschaft darauf zugehe. Wie der Papst betont, trägt jedes Mitglied des Volkes mit seiner Lebensgestaltung dazu bei, eine vom Evangelium durchdrungene Lebenskultur zu schaffen (EG 111–121). Dadurch beginne das Wort der Schrift in unterschiedlichen Lebenskontexten Fleisch anzunehmen (EG 90). Die Inkulturation des Evangeliums ist nach *Evangelii gaudium* also ein vom Wort der Schrift angestoßener und vom Heiligen Geist begleiteter Prozess, dessen irdisch-menschlicher Träger die Gemeinschaft des Volkes Gottes ist.

Der Papst greift auf die Kirchenkonstitution des II. Vatikanischen Konzils zurück (EG 17), um zu erläutern, worin die Rolle der Bischöfe im Prozess der Evangelisierung besteht (EG 30-33). Diese werden bevorzugt im Bild des Hirten angesprochen. In Fortführung der Aussagen der Konzilskonstitution über die Kirche *Lumen gentium* weist Franziskus dem Volk Gottes als dem Träger des vom Heiligen Geist gewirkten Inkulturationsprozesses eine primäre Bedeutung zu, der gegenüber alle Dienstämter der Kirche, damit auch das des Bischofs, sekundär sind. Wie ein guter Hirte müsse der Bischof sein Volk deshalb vor allem begleiten und eine Beziehung der Nähe zu ihm pflegen (EG 31).[12] Verschiedentlich könne es zwar vorkommen, dass der Hirt dem Volk vorangehe. Öfter aber werde es nötig sein, dass er hinter dem Volk her gehe, so etwa um für die zu sorgen, die ohne seinen Schutz in der Gefahr stehen, zurückgelassen oder vergessen zu werden.

Bemerkenswert wenig spricht der Papst vom Lehramt der Bischöfe. Diese Beschränkung wird möglich, weil er zum einen um die Stärke des Evangeliums weiß und zum anderen auf das Wirken des Heiligen Geistes vertraut, der das Volk Gottes aus sich heraus immer tiefer in die Wahrheit des Evangeliums einführt (EG 111–126). Vor diesem Hintergrund ermahnt der Papst die Hirten, die Volksfrömmigkeit als Ausdruck eines existenziell tiefen Glaubens zu achten (EG 90; 122–126). In seiner Verkündigung solle der Bischof sich deshalb auf die Kernbotschaft des Evangeliums besinnen und den Gläubigen nicht zu viele Lasten auferlegen (EG 34–39; 43–ff.;142). Vielmehr solle er als froher Bote des Evangeliums auftreten und befreiende Lösungen anbieten (EG 168). Dabei empfehle es sich gut vorbereitet, aber kurz zu predigen. Diese Zurückhaltung gewährleiste, dass das Wort des Hirten nicht mehr leuchte als das des Evangeliums (EG 138).

Regina Radlbeck-Ossmann

187

Das Paradox des Papstamtes beseitigen.
Johannes Paul II. und Franziskus zu Papstamt, Primat und Petrusdienst

Evangelii gaudium bekennt sich schließlich zum Wert der Teilkirchen (EG 30). Wo Bischof und Volk einander nahe sind, gemeinsam leben und glauben und diesen Glauben in der Eucharistie feiern, wird den Worten des Papstes zufolge das gelebt, was im Neuen Testament selbst Kirche genannt wird.[13] Die Gesamtheit der Kirche Jesu Christi gerate über dieser Betonung der Ortskirchen nicht aus dem Blick. Das Wirken des Heiligen Geistes bewahre sie nämlich davor, sich in ihrer Partikularität abzuschließen. Der Geist bestärke die Gemeinschaft vor Ort nämlich nicht nur in ihrer Freude am Evangelium, sondern leite sie auch an, das zu achten, was die nicht nachlassende Fruchtbarkeit des Evangeliums andernorts an Besonderheiten hervorgebracht habe (EG 125–131). Die Freude über ein inkulturiertes und damit ein vom Leben durchdrungenes Evangelium führe jede Teilkirche über sich hinaus und öffne sie für alternative Lebenswirklichkeiten des einen Glaubens (EG 115–118). Diese Freude dränge sie schließlich auch, das Evangelium zu all denen zu tragen, die ihm bislang noch nicht begegnet sind. An zahlreichen Beispielen führt der Papst aus, dass dabei nicht nur die Verkündigung des Wortes Gottes, sondern auch der diakonische Einsatz zugunsten der Schwachen und Ausgebeuteten sowie die prophetische Kritik an den Strukturen der Ausbeutung ihren Platz haben (EG 48–60; 182–192).

2.2 Das Papstamt von der Evangelisierung her neu denken, eine Aufgabe aller Christen

Die Strukturprinzipien der Evangelisierung haben nun auch Bedeutung für die Neuausrichtung, die Papst Franziskus für sein eigenes Amt vorsieht (EG 32). Wie er ausführt, wird ein Umbau seines Amtes nötig, damit er selbst erfüllen kann, was er von seinen Mitbrüdern im Hirtenamt verlangt. Den in *Evangelii gaudium* dargelegten Grundsätzen folgend ist die erste, notwendige Beziehung der Gläubigen die Beziehung zu ihrem Hirten, dem Bischof. Immerhin sei er es, der die Lebensbedingungen der ihm anvertrauten Menschen teile und sie in ihrer Inkulturation des Evangeliums begleite (EG 30–33). Papst

Franziskus erkennt dies an und zieht daraus die Konsequenz, dass auch er selbst sich zunächst als Bischof von Rom versteht (EG 32). Was den ihm übertragenen Dienst an der Einheit anbelangt, kündigt er an, diesen stärker in die Kollegialität der Bischöfe einbinden zu wollen. Das sinnvollste Instrument hierzu erscheint ihm die im II. Vatikanischen Konzil angedachte Aufwertung der Bischofskonferenzen (EG 32).

Den Umbau des Papstamtes von seinem bislang geltenden hierarchisch geprägten Erscheinungsbild hin zu einem stärker kollegial und synodal angelegten Dienst an der Kirche geht Franziskus konsequent an. Bedeutsam ist in dieser Hinsicht allem voran sein Verständnis der Sondervollmachten, die das I. Vatikanische Konzil mit dem Papstamt verbunden hat. Mit Blick auf die legitimen Kompetenzen der Ortskirchen rückt der Papst einmal schon den ihm zuerkannten universalen Jurisdiktionsprimat zurecht (DH 3059–3064). Der Tendenz, Fragen von lokaler oder regionaler Bedeutung durch einen römischen Spruch geregelt zu sehen, erteilt er gleich zu Beginn seines Schreibens eine Absage (EG 16). Dem in der Kirche weit fortgeschrittenen Zentralismus will er durch eine „heilsame Dezentralisierung" gegensteuern (EG 32). Sie wurde in den letzten Jahrzehnten aus verschiedenen Gründen gefordert, darunter auch solchen der Effizienz. Papst Franziskus argumentiert an dieser Stelle jedoch nicht pragmatisch, sondern theologisch. Den stichhaltigsten Grund für die gebotene Dezentralisierung findet er darin, dass der Zentralismus das Leben der Kirche kompliziere und die Evangelisierung hemme (EG 32). Der Rückbau päpstlicher Zentralgewalt sei deshalb dringlich geboten.

In ähnlicher Weise verfährt der Papst auch hinsichtlich der mit seinem Amt verbundenen Unfehlbarkeit in Glaubens- und Sittenfragen. Auch diese zweite Sondervollmacht ordnet er konsequent in die Gesamtheit der Kirche ein. *Evangelii gaudium* erklärt, dass das vom Heiligen Geist geleitete Volk Gottes in seiner Gesamtheit (!) unfehlbar sei (EG 119). Eine entsprechende Aussage, die der Person des Papstes in dieser Frage eine besondere Vollmacht zuerkennt, unterbleibt. Daraus ist nicht

Regina Radlbeck-Ossmann

Das Paradox des Papstamtes beseitigen.
Johannes Paul II. und Franziskus zu Papstamt, Primat und Petrusdienst

189

zu schließen, dass der Papst die Konzilsbeschlüsse von 1870 leugnet oder sie auch nur ignoriert. Angesichts einseitig zentralistischer Interpretationen, die in der jüngeren Vergangenheit zugenommen haben, liegt ihm jedoch daran, die Lehre vom *Sensus fidelium* (LG 12) wieder in Erinnerung zu rufen. Diese lehrt die Unverirrlichkeit des ganzen Gottesvolkes in Glaubens- und Sittenfragen und deutet diese geistliche Zurüstung aller Gläubigen als eine Eigenschaft der Gesamtkirche, an der die päpstliche Unfehlbarkeit lediglich partizipiert.

Sodann äußert sich der Papst auch zur ökumenisch brisanten Frage nach dem seinem Dienst zu Grunde liegenden Einheitsmodell. Die Bedeutung, die er einer lebendigen Inkulturation des Evangeliums im Bereich der Teilkirche zugewiesen hat, lässt nur ein Modell zu, das in hohem Maße mit dem Wert legitimer Vielfalt rechnet. Der Papst verdeutlicht das von ihm favorisierte Modell, indem er auf das Bild zweier dreidimensionaler geometrischer Körper zurückgreift: Kugel und Polyeder (EG 236). Die Kugel baut sich nach einem strengen Prinzip auf, das jedes ihrer Teilchen durch seinen Bezug zum Mittelpunkt bestimmt. Der Polyeder hingegen ist nur durch die Vielzahl der Beziehungen zu beschreiben, die seine Teile zueinander haben. Der Papst deutet die Konnotationen, die sich aus den beiden geometrischen Figuren ergeben, kurz an und stellt dabei klar, dass die Einheit der Kirche nicht nach dem Modell der Kugel gedacht werden könne, sondern sich besser nach Art eines Polyeders beschreiben lasse.

Welche Aufgabe kommt nun dem Papst selbst als Träger des Dienstes an der universalen Einheit der Kirche zu? Festzustellen ist, dass *Evangelii gaudium* in dieser Frage die weitreichendste Zurückhaltung übt. Papst Franziskus begründet dies damit, dass er in der konkreten Gestalt des ihm übertragenen Einheitsdienstes für die Vorschläge der ökumenischen Partner offen bleiben wolle (EG 32). Man wird davon ausgehen müssen, dass diese Gespräche, mehr als drei Jahre nach Amtsantritt, bereits begonnen haben. Was der Öffentlichkeit an expliziten Aussagen dazu noch verborgen ist, deutet sich immerhin in den Formen an, in denen der Papst sein Hirtenamt innerhalb der römisch-katholischen Kirche wahrnimmt. Beispielhaft mag dafür etwa das Prozedere der ersten von ihm einberufenen Bischofssynode sein. Mit dem in *Evangelii gaudium* beschriebenen Verständnis von Evangelisierung als Interpretament wird vieles plötzlich verständlich: die der Bischofsversammlung vorausgehende, kirchengeschichtlich singuläre Befragung des Volkes, die an alle Teilnehmer gerichtete Ermunterung zur freien Rede, das Bemühen um Strukturen, in denen jeder nicht nur reden darf, sondern auch Gehör findet sowie der Verzicht auf ein die Debatte abschließendes päpstliches Statement. Keine Frage: in diesem neuen Verfahren äußert sich bereits jetzt ein neues Selbstverständnis des Papstamtes. Hier begegnet der Bischof von Rom seinen Brüdern im Bischofsamt schon jetzt als einer, der in neuer Weise Raum schafft für die Vielfalt, in neuer Weise aber auch zusammenruft zur Einheit.

2.3 Noch unabgeschlossen, aber ökumenisch aussichtsreich

Die von Papst Franziskus angekündigte Neuausrichtung des Papstamtes hat in der Öffentlichkeit bislang bemerkenswert wenig Resonanz erfahren. Dies mag zum einen damit zusammenhängen, dass die Medien ihre Aufmerksamkeit vor allem darauf richteten, was sich mit dem Amtsantritt des neuen Papstes in der römisch-katholischen Kirche bewegte. Die Beschränkung auf eine binnenkatholische Perspektive mag sich aber auch daraus erklären, dass Papst Johannes Paul II. mit seiner Enzyklika *Ut unum sint* rund 20 Jahre früher schon einmal eine Reform des Papstamtes angekündigt hatte, ohne dass es daraufhin zu konkreten Schritten gekommen wäre. Das mediale Schweigen, das die von Papst Franziskus angestrebte Neuausrichtung des Papstamtes begleitet, muss jedoch kein Nachteil sein. Unter Umständen ermöglicht gerade dieses Schweigen ein umso gedeihlicheres Gesprächsklima unter den um Einheit ringenden Kirchen.

Der Blick auf die von Papst Franziskus gestartete Initiative beschreibt einen noch in Gang befindlichen Prozess. Für ein Urteil über dessen Fruchtbarkeit ist es deshalb noch zu früh. Immerhin aber wird man sagen können, dass das Statement des Papstes eine Gesprächsbasis

Regina Radlbeck-Ossmann

Das Paradox des Papstamtes beseitigen.
Johannes Paul II. und Franziskus zu Papstamt, Primat und Petrusdienst

191

schafft, die ökumenisch aussichtsreich erscheint. Eine Reihe von Gründen lässt sich dafür anführen. Sieben Argumente scheinen besonders stichhaltig zu sein.

Ein **erstes** Argument liegt bereits darin, dass der von Franziskus unterbreitete Gesprächsbeitrag in allen Punkten logisch konsistent ist. Dies ist keineswegs selbstverständlich. Wie etwa das von Johannes Paul II. in *Ut unum sint* unterbreitete Angebot zeigt, sind auch Gesprächsstrategien denkbar, die das komplexe Ganze des Papstamtes in einander komplementär ergänzenden Ansätzen einzuholen versuchen. Die Erfahrung hat jedoch gezeigt, dass diese Strategie sich nicht anbietet. Die von Papst Franziskus in *Evangelii gaudium* vorgelegte Position schlägt diesen Weg nicht ein. Sie ist in sich schlüssig und transparent. Von daher dürfte ihr ein Schicksal, wie die Enzyklika *Ut unum sint* es erfuhr, wohl erspart bleiben.

Ein **zweites** Argument liegt darin, dass dieses neue Angebot sich uneingeschränkt dem Dienst am Evangelium verpflichtet weiß. Dieser Ansatzpunkt ist theologisch so grundlegend, dass er eine Basis jenseits aller Spaltungen schafft. Von daher ist zu erwarten, dass die ökumenischen Partner interessiert und gesprächsbereit darauf reagieren.

Ein **drittes** Argument besteht darin, dass dieses Konzept die beiden Sondervollmachten, die das I. Vatikanische Konzil dem Papstamt zuwies, in geordneter Weise in die Kirche integriert. Im Blick auf die Lehre von der Unfehlbarkeit kann der Papst sich dabei auf die ohnehin grundlegende katholische Lehre vom *Sensus fidelium* stützen. Hinsichtlich des ebenfalls einzuordnenden universalen Jurisdiktionsprimates hat der Papst sich ebenfalls in eindeutiger Weise geäußert und die angekündigte „heilsame Dezentralisierung" bereits wirksam in Angriff genommen. Weitere Schritte wie etwa die kirchenrechtliche Aufwertung der Bischofskonferenzen sollen folgen. Wenn dies, wie angedeutet, theologisch an die Tradition der Patriarchatskirchen angebunden wird, dürfte dies auch in der Orthodoxie positiv aufgenommen werden.

Ein **viertes** Argument ergibt sich aus dem Einheitsverständnis, das mit dem erneuerten Dienst verbunden wird. Das gewählte Einheitsmodell eröffnet der legitimen Vielfalt in der Annahme des Evangeliums großen Raum. Dies lässt erwarten, dass damit auch die in den ökumenischen Schwesterkirchen bereits bestehende Vielfalt angemessen gewürdigt werden kann.

Ein **fünftes** Argument erwächst aus der scharfsinnigen Analyse dessen, was der Papst unter die Zeichen der Zeit rechnet (EG 50–109): Der weitgehende Traditionsabbruch in der Glaubensweitergabe (EG 70), die Gefahr einer fortschreitenden Banalisierung des menschlichen Lebens (EG 62 ff.), der Verfall der Familienstrukturen (EG 65 f.), die Ökonomisierung sämtlicher Lebensbereiche (EG 52–60) und das wachsende Heer der Armen (EG 186–216) sowie verschiedene „Prozesse der Entmenschlichung" (EG 51). Die genannten Entwicklungen fordern alle christlichen Kirchen in ihrem Selbstverständnis heraus. Dies provoziert die Frage, wie die Stimme des Christentums künftig vernehmlicher ertönen und stärkeres Gehör finden kann.

Ein **sechstes** Argument ist schließlich darin zu erkennen, dass der Papst die zwischen den Konfessionen über Jahrzehnte hin geführten Gespräche zur Kenntnis genommen hat. Was er in *Evangelii gaudium* ausführt, nimmt in seinen grundlegenden Konturen erkennbar Bezug auf die Aspekte, die in der Ökumene seit langem als bedeutsam benannt werden. Dazu gehört das Bemühen um eine evangeliumsgemäße Fassung des Dienstes an der Einheit, ein Anliegen, auf das die aus der Reformation hervorgegangenen Kirchen pochen. Dazu gehört ebenso der Vorschlag einer Erneuerung der kollegialen und synodalen Strukturen, ein Aspekt, welcher der Orthodoxie besonders am Herzen liegt. Dazu gehört auch die von allen nichtrömischen Kirchen formulierte Bitte zu klären, wie die auf dem I. Vatikanischen Konzil benannten Sondervollmachten des Papstes ökumenisch sensibel in die kirchlichen Strukturen eingebunden werden können.

Ein **siebtes** Argument ergibt sich aus dem unerwartet großen Verhandlungsspielraum, den Papst Franziskus gewährt. Die angekündigte Bereitschaft, gemeinsam mit den Hirten der von Rom getrennten

Regina Radlbeck-Ossmann

Das Paradox des Papstamtes beseitigen.
Johannes Paul II. und Franziskus zu Papstamt, Primat und Petrusdienst

193

Kirchen über die konkrete Ausgestaltung eines erneuerten Dienstes an der Einheit nachdenken zu wollen, lässt hoffen. Sie signalisiert, dass die zukünftige Gestalt dieses Dienstes nicht an eine der Diskussion enthobene römisch-katholische Vorgabe gebunden ist, sondern in einem gemeinsamen, wahrhaft geschwisterlichen Dialog gesucht werden soll. Unter Umständen erweist sich dabei auch das ursprünglich verwendete Suchparadigma eines erneuerten Petrusdienstes als hilfreich. Franziskus, der Predigern rät, eine bilderreiche Sprache zu benutzen, wählt im Blick auf den Dialog in der Ökumene selbst ein starkes Bild. Dieses spricht davon, dass man „das Herz ohne Ängstlichkeit dem Weggefährten anvertrauen" und auf das schauen solle, was man gemeinsam sucht (EG 244).

3. Von der ‚Gemeinschaft sub Petro‘ zur ‚Gemeinschaft cum Petro‘

Die große Resonanz, mit der man 1995 in der Ökumene auf die von Johannes Paul II. eingebrachte Initiative antwortete, belegt, dass die christlichen Kirchen bereit sind, über einen veränderten Dienst an der Einheit nachzudenken. Bedauerlicherweise hat diese erste Initiative ihr Ziel nicht erreicht. Dies mag daran liegen, dass sie in der Ökumene vielfach als Einladung zu einer ‚Gemeinschaft *sub Petro*‘ verstanden wurde.[14] Die von Papst Franziskus eingeleitete neue Initiative ruft deshalb noch einmal zum Gespräch. Im Wissen darum, dass man mit dem in *Ut unum sint* eingeschlagenen Weg nicht weitergekommen ist (EG 32), bittet Franziskus die Hirten der von Rom getrennten Kirchen nun darum, selbst Vorschläge zu machen, wie eine ‚Gemeinschaft *cum Petro*‘ aus ihrer Sicht aussehen könnte. Man wird gespannt sein dürfen auf die eingehenden Antworten. Gespannter aber noch wird man darauf warten, wie Papst Franziskus den von ihm angedeuteten weiten Verhandlungsspielraum schließlich nutzt.

Im Jahr 2017 ist der 500. Jahrestag der Reformation wohl das beherrschende kirchliche Datum. Darüber sollte man jedoch nicht übersehen, dass in diesem Jahr noch ein zweites Gedenken ansteht, bei dem es zwar nicht um 500, wohl aber um 50 Jahre geht. Gemeint ist die von Papst Paul VI. 1967 geäußerte Einsicht zum Paradox seines eigenen Amtes. Keine Frage: Die Persönlichkeiten, die während dieser fünf Jahrzehnte das höchste Amt in der Kirche bekleideten, haben ihren Dienst an der Einheit unter großem Einsatz erbracht. Das bestehende Paradox hat die Fruchtbarkeit ihrer Bemühungen jedoch gemindert. So versteht man, wenn der Blick auf eine amtlich anerkannte, über 50 Jahre hin bestehende paradoxe Konstellation die Hoffnung bestärkt, dass es in absehbarer Zeit zu einer Umgestaltung des Papstamtes kommt, bei der es gelingt, das Paradox dieses Amtes zu beseitigen. Ein erneuerter Dienst an der Einheit der Kirche ist heute dringlicher denn je.

Anmerkungen

1 Vgl. AAS 59 (1967) 493–498, hier besonders 498.

2 Vgl. Raymond E. Brown u. a. (Hg.), Der Petrus der Bibel. Eine ökumenische Untersuchung, Stuttgart 1976; Albert Brandenburg / Hans J. Urban (Hg.), Petrus und Papst. Evangelium, Einheit der Kirche, Papstdienst, 2 Bde., Münster 1977-1978; Arbeitsgemeinschaft Ökumenischer Universitätsinstitute (Hg.), Das Papsttum als ökumenische Frage, München 1979.

3 Vgl. Johann-Adam-Möhler-Institut (Hg.), Das Papstamt – Anspruch und Widerspruch. Zum Stand des ökumenischen Dialogs über das Papstamt, Münster 1996.

4 Heinrich Leipold bietet hierzu prägnante Auskünfte: vgl. Ders., Papsttum II, in: TRE 25 (1995) 690 f.

5 Verweise auf Aussagen der Enzyklika werden in den fortlaufenden Text eingefügt und erscheinen in Klammern gesetzt mit dem Kürzel UUS und der jeweiligen Kapitelangabe.

6 Vgl. Otto Kallscheuer, Antikommunismus, Antikapitalismus, Apostolische Führung. Zum widersprüchlichen Erbe eines konservativen Revolutionärs: http://www.kath-akademie-bayern.de/tl_files/Kath_Akademie_Bayern/Veroeffentlichungen/zur_debatte/pdf/2005/2005_03_kallscheuer.pdf (zuletzt aufgerufen am 08.08.2016). Vgl. ebenso Ders., Römischer Katholizismus als paradoxe Form. Das politische Profil des Papstamtes zwischen Weltkirche und Weltöffentlichkeit, in: Silvia Hell / Lothar Lies (Hg.), Papstamt: Hoffnung, Chance, Ärgernis, Innsbruck 2000, 37–60.

7 Präzisierend dazu die Stellungnahme der Glaubenskongregation mit einer Maximalposition: vgl. Joseph Ratzinger, Der Primat des Nachfolgers Petri im Geheimnis der Kirche. Erwägun-

Regina Radlbeck-Ossmann

Das Paradox des Papstamtes beseitigen.
Johannes Paul II. und Franziskus zu Papstamt, Primat und Petrusdienst

195

gen der Kongregation für die Glaubenslehre, OR 1998/50, 8 f. Diese Position blieb in der katholischen Theologie freilich nicht unwidersprochen.

8   Dies mag auch damit zusammenhängen, dass man gemeinhin glaubt, über den Dienst Simon Petri ließen sich keine hinreichend klaren und hinreichend verlässlichen Aussagen mehr gewinnen. Auf der Basis der im Neuen Testament aufbewahrten historischen Informationen sind jedoch sehr wohl aussagekräftige Daten in dieser Frage zu erzielen. Dabei lässt sich etwa nachzeichnen, welches Verständnis kirchlicher Einheit für den Dienst des Apostels leitend war; des Weiteren lässt sich eingrenzen, in welchen Formen Petrus seinen Dienst bevorzugt erbrachte: vgl. Regina Radlbeck-Ossmann, Vom Papstamt zum Petrusdienst. Auf der Suche nach einem ursprungstreuen und zukunftsfähigen Dienst an der Einheit der Kirche, Paderborn 2005. Für einen knappen Überblick vgl. Dies., Der Dienst Simon Petri. Urbild eines authentischen Dienstes an der Einheit der Kirche, in: Catholica 58 (2004) 212–234, sowie Dies., El servicio de Simón Pedro. Modelo original de un autentico servicio de la unidad de la Iglesia, Selecciones de teología 45 (2006), No. 180, 243–258.

9   Vgl. Margit Eckholt, „... bei mir erwächst die Theologie aus der Pastoral". Lucio Gera–ein ‚Lehrer in Theologie' von Papst Franziskus", in: Stimmen der Zeit 232 (2014) 157–172.

10 Verweise auf Aussagen dieses Schreibens sind in den fortlaufenden Text eingefügt und erscheinen in Klammern gesetzt mit dem Kürzel EG und der jeweiligen Kapitelangabe.

11 Das Schreiben des Papstes hat eine weite Perspektive. Es richtet sich auf eine Evangelisierung nach innen und nach außen (EG 14). Näher entfaltet wird vor allem der nach innen gerichtete Prozess einer Vertiefung des Glaubens.

12 Bekannt ist Franziskus' Aussage von den Hirten, die den Geruch der Schafe an sich tragen sollen. Das Wort fiel ein erstes Mal eine Woche nach Amtsantritt, in der Predigt zum Gründonnerstag 2013.

13 In eben diesem Sinne äußert sich auch die Konzilskonstitution Lumen gentium, vgl. LG 23 und 26.

14 Die beiden lateinischen Begriffe stellen eine ‚Gemeinschaft in Unterordnung unter Petrus' einer ‚Gemeinschaft in Verbundenheit mit Petrus' gegenüber.

» Die Freiheit eines Christenmenschen. Luthers Freiheitsverständnis als Impuls für eine aktuelle Debatte

Patrick Becker

Die Willensfreiheit stellt eine Ur-Intuition des Menschen dar: Wesentliche gesellschaftliche Konzepte beruhen darauf, dass dem einzelnen Menschen die Fähigkeit und Verantwortung zugesprochen wird, Entscheidungen selbst zu fällen. Davon hängt viel ab: Die vorherrschenden Vorstellungen von Vertrauen, Schuld, Gerechtigkeit, Beziehungen und im Letzten vermutlich nahezu jeder Aspekt des Menschenbildes sind zumindest beeinflusst oder basieren sogar auf dem Freiheitsgedanken. Daher betrifft die Frage nach der Willensfreiheit auch religiöse Konzepte im Kern: Das Verhältnis von Gott und Mensch ist auch davon bestimmt, ob dem Menschen echte Eigenständigkeit zugestanden wird. Damit korrelieren wiederum wichtige (wenn nicht alle) theologischen Traktate. Sogar das Gottesbild selbst hängt davon ab, da Eigenschaften wie Gnade und Gerechtigkeit immer in Relation zum menschlichen Vermögen stehen.

Die Frage, wie der Freiheitsgedanke gefüllt ist oder ob er überhaupt Anerkennung findet, berührt also gesellschaftliche und auch spezifisch theologische Grundlagen. Er gehört daher nicht in den Appendix eines theologischen Grundlagenwerkes, sondern in dessen Zentrum. Auch die ökumenische Auseinandersetzung muss sich dieser Frage und damit allgemein der Anthropologie stellen.[1] Man kann sogar mit Otto Hermann Pesch der Meinung sein, dass „auf dem Feld der Theologischen Anthropologie über ökumenische Chancen und Hoffnungen entschieden wird"[2]. Wie die Konfessionen die Freiheit des Menschen und ihr Verhältnis zur Gnade Gottes verstehen, dürfte in der Tat einen starken Impuls auf ökumenische Brennpunktthemen ausüben, etwa auf das Sakramenten- oder Amtsverständnis, und zudem wesentlich über die Anschlussfähigkeit einer Konfession an gesellschaftlich vorherrschende Menschenbilder entscheiden.

Der Vergleich der christlichen Denominationen, also der verschiedenen Kirchen und Gemeinschaften, zeigt, dass der Freiheitsgedanke nicht nur von einzelnen Theologinnen und Theologen unterschiedlich expliziert wurde, sondern dass auch konfessionelle Traditionslinien ausgemacht werden können. Diese will ich nach der Logik dieses Bandes beschränkt auf die katholische und evangelisch-lutherische Seite im zweiten Teil des Beitrags aufgreifen und im dritten Teil für die aktuelle Debatte um das Menschenbild aufbereiten, nachdem ich mich zuvor im ersten Teil explizit mit Luthers Position auseinandergesetzt habe. Ich argumentiere in diesem Beitrag, dass die Position Luthers zum einen eine Zuspitzung besitzt, die zu berechtigter Ablehnung führen kann, dass es zugleich aber möglich ist, ihre Stärken herauszuarbeiten und so einen Impuls für die aktuell breit geführte Debatte um die Willensfreiheit und das Menschenbild zu setzen. Mir geht es in diesem Beitrag also weniger um eine möglichst umfassende und neutrale Analyse und Bewertung der Position Luthers, dies wurde an anderer Stelle geleistet. Ich versuche vielmehr, Luthers Anliegen nachzuvollziehen und so im dritten Teil in die aktuelle gesellschaftliche Debatte einzuführen.

Luthers Verhältnis zur Willensfreiheit

Die Befreiung des Menschen kann als Luthers Kernanliegen verstanden werden: Luther selbst bezeichnet seine Schrift *Von der Freiheit eines Christenmenschen* in dem Vorabschreiben an Papst Leo X. von 1520 als die ganze Summe seines christlichen Lebens. Er legt in ihr seine Grundüberzeugung zum Sinn und Wesen des christlichen Glaubens dar, die er in der Befreiung der Seele von den äußeren, weltlichen Umständen sieht, und damit auch von (religiösen) Vorschriften und Handlungserwartungen.

Unter Berufung auf Paulus, nämlich Röm 1 und 3, erklärt Luther, dass Freiheit nicht durch bestimmte Handlungen entstehe, sondern wenn wir dem Wort Gottes vertrauen, da dann der Mensch sein verdorbenes Wesen überwinde und „gerecht, wahrhaftig, befriedet" (FC 6,107–109)[3] sei. Luther predigt also eine Vertrauenshaltung, eine innere Einstellung, die der Handlung vorausgeht. Entscheidend sei nicht die Tat des Menschen, sondern seine Gottesbeziehung. Wer das Seelenheil dagegen an Werken festmache, erzeuge lediglich einen Erwartungsdruck und verändere die Person im Inneren nicht. Entsprechend mache das stupide Einhalten von (religiösen) Geboten das Leben gerade nicht leichter und befreie eben nicht.

Luther unterscheidet zu Recht, dass die Gebote zwar lehren, was man tun soll, damit aber nicht die Kraft geben, es auch zu tun (FC 8,139–140). Wer sich also nur aus Pflichtbewusstsein an die Gebote Gottes hält, kann diese erstens kaum als Befreiung erfahren und wird sie zweitens als unerfüllbar erleben. Daher ist Luthers drastische Aussage, dass die Aufgabe der Gebote alleine darin gesehen werden könne, „dass der Mensch daran sein Unvermögen zum Guten sehe" (ebd.), konsequent. Das Vertrauen auf Gottes Wort, auf dessen den Menschen rechtfertigende Gnade, befreie den Sünder, der seine eigene Schwäche einsieht: „Durch den Glauben wird so die Seele von dem Gotteswort heilig, gerecht, wahrhaftig, friedsam, frei und aller Güte voll" (FC 10,159–160). Freiheit entstehe nämlich nicht im Einhalten der Gebote, sondern durch das Evangelium: „Es befreit den Menschen sowohl aus seiner Sünde der Gottesverachtung als auch aus seiner Unfreiheit unter der Macht des Gesetzes."[4]

Damit formuliert Luther eine positive Zielvorgabe, die der Mensch allerdings nicht selbst erreichen kann. Der Mensch steht nämlich in Abhängigkeit, und zwar im Zentrum von Gott, der ihn alleine befreien kann, und im Konkreten von der Welt. Luther war sich bewusst, dass die irdische Welt nicht aus dem Idealzustand vollständig vertrauender und damit befreiter Menschen besteht. Daher wendet er sich in der zweiten Hälfte seiner Schrift *Von der Freiheit eines Christenmenschen* der Lebenswirklichkeit zu, in der die Seele des Menschen an einen Leib gebunden ist. Hier sieht Luther sehr wohl die Notwendigkeit von guten Taten.

Luther sperrt sich explizit gegen die Sichtweise, dass seine Freiheitsbotschaft die Indifferenz gegenüber menschlichen Handlungen impliziere. Zwar solle der Glaube zu einer Unabhängigkeit von den irdischen Verstrickungen führen, das führe aber gerade nicht zu einer ethisch verwerflichen Lebensführung (FC 10,159–160). Wer innerlich gut ist, handelt entsprechend – nicht aus einer Art Tauschgerechtigkeit heraus, nach der eine gute Tat von Gott belohnt wird, sondern aus der tiefen Überzeugung heraus, die im Vertrauen auf Gott (und damit: das Gute) besteht. Luther bringt dies unter Bezug auf Mt 7,18 auf die Formel: „Gute, rechtschaffene Werke schaffen niemals einen guten, rechtschaffenen Mann, sondern ein guter, rechtschaffener Mann schafft gute, rechtschaffene Werke" (FC 23,260–262). Daraus schließt Luther, dass Gott uns nicht aufgrund unserer Taten verurteilt, sondern dass unsere Einstellung zählt (vgl. ebd.). Die höchste Qualität des Guten bringt Luther mit ‚Liebe' auf den Begriff, daher sei gelebte Nächstenliebe Kennzeichen und Erscheinungsweise des Glaubens. Er schließt die Schrift mit der Feststellung, „dass ein Christenmensch nicht in sich selbst lebt, sondern in Christus und in seinem Nächsten: in Christus durch den Glauben, im Nächsten durch die Liebe" (FC 30,325).

Im ersten Moment mag überraschen, dass Luther 1525, fünf Jahre nach diesem Plädoyer für die Befreiung eine zweite Schrift vorgelegt hat, in der er sich bereits im Titel explizit gegen die Willensfreiheit ausspricht: *Von der Unfreiheit des Willens*. Auch in dieser Schrift betont er, dass mit der Frage der menschlichen (Un-)Freiheit der Kernpunkt seiner Theologie erreicht sei. Er antwortet damit auf das in Luthers Sicht unangemessene Menschenbild des Erasmus von Rotterdam, der zuvor dafür argumentiert hatte, dass der Mensch sich in Freiheit für den Glauben entscheiden könne und daher zum Angebot der

Patrick Becker

Die Freiheit eines Christenmenschen.
Luthers Freiheitsverständnis als Impuls für eine aktuelle Debatte

201

Gnade Gottes auch die Entscheidung des Menschen hinzukommen müsse.[5] Von der daraus folgenden synergetischen Position, nach der Mensch und Gott bei der Erlangung des Heils zusammenwirken, grenzt sich Luther ab, weil diese den Menschen zu einer egoistischen und selbstherrlichen Einstellung verführe.[6] Entsprechend geht es ihm in seiner Schrift nicht um Alltagsentscheidungen. Dass der Mensch dort „wählen kann, war Luther eine Selbstverständlichkeit, die eigens zu betonen er keinen Anlass sah"[7], erklärt Hans-Martin Barth. Luther stellt sogar klar, dass der Mensch „zu guten Werken oder zur Gerechtigkeit des bürgerlichen oder sittlichen Gesetzes" (LDStA 1, 607)[8] fähig sei, nicht jedoch „zur Gerechtigkeit Gottes" (ebd.). Das dazu nötige höhere Willensvermögen, das auf die dem Menschen übergeordnete Instanz des Glaubens an Gott gerichtet ist, ist auch hier wie zuvor in *Von der Freiheit eines Christenmenschen* Luthers Thema.

Es geht ihm also um die grundsätzliche Ausrichtung des Menschen auf Gott und die völlige Abhängigkeit des Menschen von Gottes Gnade. Daher handeln weite Teile der Schrift vom Gottesverständnis Luthers, insbesondere von der Allwirksamkeit Gottes und von dem entsprechenden Unvermögen des Menschen, am Heil mitzuwirken. Der Mensch sei nicht Herr über die Welt, und schon gar nicht Herr über die Ewigkeit. Der Mensch sei erlösungsbedürftig, sein Heil müsse von außen kommen, er könne es sich nicht selbst schaffen oder verdienen (LDStA 1, 635). Luther hält Erasmus vor, sich selbst zu widersprechen, wenn er den Vorrang der Gnade betont und zugleich den Menschen für frei erklärt, diese Gnade anzunehmen.[9]

Aus der völligen Abhängigkeit des Menschen von Gott folgert Luther gerade kein pessimistisches Menschenbild, sondern im Gegenteil die christliche Frohbotschaft: Das Heil werde dem Menschen geschenkt. Wer sich dieser Botschaft anvertraue und damit Gottes Willen unterordne, der sei von allen Zwängen befreit und tue aus dem Herzen heraus das Gute. Das Böse geschehe durch die Ich-Bezogenheit des Menschen und damit die Abkopplung des Einzelnen von Gott. Als Ziel setzt Luther dagegen „das Zunichtewerden des Ich und des Willens"[10].

Die Einfügung in den Willen Gottes gelinge aber nicht aus eigenem Antrieb, sondern sei Geschenk Gottes, der damit die Verwandlung und Neuschöpfung des Menschen vollziehe. Diesen Vorgang fängt Luther mit dem berühmten Bild vom Lasttier ein, das entweder vom Teufel oder von Gott geritten werde (LDStA 1, 291). Dieses Bild lebt erstens von einer eindeutigen Scheidung zwischen Gut und Böse und zweitens davon, dass nicht der Mensch sich zwischen beiden Seiten entscheiden könne, sondern er in seiner zentralen Ausrichtung auf das Gute oder das Böse fremdgesteuert sei. Wolfgang Achtner erklärt daher, dass der Mensch in Luthers Denken keine „Entscheidungsfreiheit in ethisch-religiöser Hinsicht"[11] besitze. Welche konkreten Entscheidungen wir treffen, sei davon bestimmt, welche grundlegende Überzeugung wir hätten, also im Bild gesprochen davon, welcher Reiter uns steuere. Um dem Menschen zugleich in Alltagssituationen Willensfreiheit zusprechen zu können[12], führt Luther eine „Hierarchisierung der Kontexte[13] durch: Auf niedriger, weltlicher Ebene besitzt der Mensch Macht und damit Freiheit, auf der höchsten, religiösen Ebene nicht.

Daraus folgt ein Menschenbild, das Freiheit in einfachen, für das Seelenheil nicht relevanten Fragen zugesteht, aber nicht dort, wo es um das Wesentliche geht. Hans-Martin Barth relativiert diese Sichtweise: Indem er betont, dass das Bild von den beiden Reitern im Kontext einer Auslegung von Lk 11,18 – 22 steht, in dem es um Dämonenaustreibungen durch Gottes Finger geht, kann er argumentieren, dass es lediglich auf den Wechsel des Reiters anzuwenden sei: Wenn Gott den Teufel aus dem Sattel hole, dann stelle dies einen Akt von Befreiung dar, den der Mensch – das Reittier – selbst nicht vollziehen könne. Barth betont also in dieser Interpretation den Gnadenakt der Befreiung: „Das Bild vom gefangenen und schon besetzten Reit- oder Lasttier muss unter der Perspektive der notwendigen und auch verheißenen Befreiung gesehen werden"[14], folgert er.

Patrick Becker

Die Freiheit eines Christenmenschen.
Luthers Freiheitsverständnis als Impuls für eine aktuelle Debatte

203

Aber auch in dieser Interpretation behält ein deterministisches Element Oberhand: Luther sah den Menschen dem Gnadenakt ausgesetzt. Wer die Gnade des Glaubens erfährt und wer nicht, verbleibe Gottes Geheimnis und Entscheidung. Die Position des Erasmus, dass Glaube im Zusammenspiel von vorausgehender Gnade und daran anschließender Entscheidungsfreiheit des Menschen entstehe, lehnt Luther kategorisch ab.

Die ökumenische Relevanz der Willensfreiheit

An dieser Stelle, an der die völlige Irrelevanz des Menschen am Heil steht, setzt der Vorwurf von katholischer Seite ein, das lutherische und auf Luther rekurrierende reformatorische Menschenbild sei zu pessimistisch, da es dem Menschen gerade im Wesentlichen nichts zutraue. Luthers Argument gegen den eigenständigen Beitrag des Menschen am Heil baut in „Von der Unfreiheit des Willens" auf der Allmacht Gottes, die nicht durch den Menschen beschnitten werden könne. Luther sah die Allmacht Gottes „nur dann gewahrt (...), wenn der Mensch in Bezug auf sein Heil nichts beizutragen hätte."[15]
Hier zeigt sich die enge Verwobenheit von Menschen- und Gottesbild in der Frage der Willensfreiheit. Kurt Koch entdeckt entsprechend den Knackpunkt dieser ökumenischen Debatte in „einer unterschiedlichen Interpretation des biblischen Fundamentalthemas der Gottebenbildlichkeit des Menschen"[16]. Nach Koch betone die katholische Tradition, dass die Gottebenbildlichkeit des Menschen durch die Sünde zwar beschädigt, aber nicht verloren gegangen sei. In dieser Logik habe der Mensch zwar die Gottebenbildlichkeit im Sinne der *similitudo* verloren, die sich speziell in der Verwirklichung der Liebe zeigt, habe aber seine Vernunftausstattung behalten und sei deshalb nach wie vor im Sinne des *imago Dei* als Gottes Ebenbild zu verstehen.
Die reformatorische Tradition verneine demgegenüber die gezogene Differenz von *imago* und *similitudo*. Christian Danz erklärt, dass Luther

den Menschen zwar sehr wohl als *imago Dei* ansah, aber nur noch in einer gefallenen Variante, die den Menschen ganz unter die Macht des Teufels stelle. Dies gelte auch für dessen Vernunft, die in der katholischen Tradition dem göttlichen Vermögen des Menschen zugeordnet wurde.[17] Dorothea Sattler sieht hier zwei Traditionslinien begründet, die sich zumindest in der Tendenz bis zum heutigen Tag zeigen. Während die katholische Theologie „eher mit der Möglichkeit des Menschen, dauerhaft, beständig das Gute wirken zu können", rechne, betone die evangelische Theologie die „immer bestehende, bleibende Sündigkeit des Menschen, seine Passivität im Erlösungsgeschehen"[18]. Heinrich Bedford-Strom erkennt in diesen Traditionslinien allerdings keine Gegenpositionen, sondern nur „unterschiedliche Blicke auf die gleiche Sache"[19]. Er betont daher auch, dass Luther kein Verächter der Vernunft und auch nicht der Willensfreiheit gewesen sei.[20] In der Tat stehen sich beispielsweise in den Thesen zur Disputation über den Menschen wertschätzende Aussagen zur Vernunft, die als „etwas Göttliches"[21] (These 4 – LDStA 1, 665) bezeichnet wird, und die oben bereits benannte Aussage, dass sie im Menschen „unter der Macht des Teufels" stehe (These 24 – LDStA 1, 667), nebeneinander.

Auch in Luthers Aussagen zur Willensfreiheit kann man keinen ontologischen Determinismus herauslesen, wie Bedford-Strohm zu Recht betont. Dennoch widerspricht Kurt Koch, dass die evangelische Traditionslinie nur eine andere Perspektive einnehme, indem er ihr einen „hamartiologischen Pessimismus"[22] attestiert, den er so in der katholischen Tradition nicht sieht. Diese betone stärker die positiven, schaffenden Qualitäten des Menschen, auch in Bezug auf seinen Heilserwerb. Luther habe dagegen die Losung, der Mensch sei ganz Sünder, dadurch verschärft und begründet, dass er die katholische Trennung zwischen Todsünden und lässlichen Sünden aufgegeben habe: „Der Mensch ist ganz Sünder, und alle seine Werke sind Todsünden"[23], fasst Christian Danz Luthers Position zusammen. Daraus folge ein anderes Bußverständnis, das seinen sakramentalen Charakter verliere und zur

Patrick Becker

Die Freiheit eines Christenmenschen.
Luthers Freiheitsverständnis als Impuls für eine aktuelle Debatte

205

Lebensbuße werde, die eine (von Gott geschenkte) innere Selbsterkenntnis zum Ziel habe. Es fällt auf, dass in den Texten Luthers selbst Argumente für das Trennende und das Gemeinsame gefunden werden können. Es lässt sich auch kaum bestreiten, dass Luther eine Denklinie begründet hat, die in einer gewissen Abgrenzung und Spannung zur katholischen Tradition steht. Diese führt durchaus zu Konsequenzen in der aktuellen Debatte um die Willensfreiheit, auf die ich im folgenden dritten Teil des Beitrags eingehen werde. Gleichzeitig betonen beide zitierte Autoren, Kurt Koch wie Heinrich Bedford-Strom, die breite gemeinsame Basis der beiden Konfessionen in der Anthropologie. Das mag zum einen damit zusammenhängen, dass sich „Luther mit seiner radikalen Position der göttlichen Allwirksamkeit auf Kosten der menschlichen Freiheit innerhalb der evangelischen Theologie nicht durchgesetzt"[24] habe, wie Wolfgang Achtner erklärt, der zumindest beim späten Luther einen allumfassenden Determinismus erkennt.

Zum anderen wird sich die große Gemeinsamkeit zwischen katholischer und evangelischer Anthropologie, wie sie heute im gesellschaftlichen Diskurs (in den Grundlagen, nicht unbedingt in einzelnen ethischen Fragen) festzustellen ist, nur dadurch erklären lassen, dass Luther **kein** anti-katholisches Menschenbild proklamierte. Offensichtlich spielte, allen gegenteiligen Textstellen zum Trotz, die (Willens-)Freiheit bis zum Schluss doch eine wesentliche, positive Rolle in seinem Gedankengebäude.

Luther steht nicht umsonst am Anfang der Neuzeit, die den einzelnen Menschen in den Vordergrund rückt: Seine Betonung der (religiösen) Bildung des Individuums und dessen individuellen Handelns zeigt eine Wertschätzung, die zum Bild des völlig unfreien Menschen nicht passt. Johannes von Lüpke bringt die Spannung auf den Punkt: Nach Luther ist „der Mensch (...) nicht so frei, dass er gar nicht mehr befreit werden müsste. Und er ist nicht so unfrei, dass er gar nicht befreit werden könnte."[25] Luther geht es nämlich nicht um die Negierung von Freiheit, sondern um ihre Inbezugsetzung zu Gott: „What Luther rejects (...)

is thus the idea of human liberty as independence."[26] Auf diese Position werden sich alle christlichen Denominationen einlassen können.

Impuls für ein christliches Menschenbild in Zeiten des Naturalismus?

Der heutige Leser stolpert in den Texten Luthers über Gegenüberstellungen, und zwar sowohl auf der ethischen Ebene von Gut und Böse bzw. theologisch von Gott und Satan als auch entsprechend auf anthropologischer Ebene von (gutem) Geist und (sündigem) Fleisch, von dem inneren und dem äußeren Menschen. Entsprechend verstehe Luther „the existence of the Christian as a battle between Spirit and flesh according to two basic principles"[27], erläutert Knut Alfsvåg. Derartige Dualismen sind zwar nach wie vor in der Populärkultur verbreitet, aber in philosophischen und theologischen Debatten kaum anschlussfähig: Sowohl in der Ethik wird in der Regel eine schwarz-weiß-Zeichnung vermieden als auch in der Bewusstsein-Gehirn-Debatte, wo vehement gegen ein dualistisches Menschenbild, das beide Seiten ontologisch trennt, argumentiert wird.[28]

Wolfgang Achtner weist allerdings zu Recht darauf hin, dass Luther weniger an einer Entgegensetzung denn an einer komplementären Sicht interessiert ist, die beide Seiten zusammenführt: Luther betont die grundsätzliche Sündhaftigkeit des Menschen in allen seinen Aspekten und predigt gleichzeitig die Befreiung des ganzen Menschen im Glauben, sodass man ihm sehr wohl ein integrativ-ganzheitliches Personenbild zuschreiben kann.[29] Reinhard Schwarz weist darauf hin, dass Luther die Leiblichkeit des Menschen in seine Freiheits-Botschaft integriert.[30] Auch die Gegenüberstellung von höherwertigem ‚inneren Menschen' und niederem ‚äußeren Menschen' hatte Luther nicht im Sinn, da, wie Hans-Martin Barth erklärt, der Mensch „von außen, nämlich durch das Evangelium und das Wirken des Heiligen Geistes konstituiert wird"[31].

Patrick Becker

207

Die Freiheit eines Christenmenschen.
Luthers Freiheitsverständnis als Impuls für eine aktuelle Debatte

Daraus darf man schließen, dass die Polarisierungen, mit denen Luther arbeitet, nicht ontologisch überbewertet werden dürfen. John Witte spricht unter Rückgriff auf berühmte lutherische Erkenntnisformulierungen sogar von einer „dialectic theology"[32], die von der Paradoxie lebt, dass der Mensch zwei entgegengesetzte Seiten besitze: „First, each person is at once a saint and a sinner, righteous and reprobate, saved and lost (...). Second, each person is at once a free lord who is subject to no one, and a dutiful servant who is subject to everyone." Gerade in dieser „two fold nature"[33] läge die Würde des Menschen.

Wer Luther nicht philosophisch dem dualistischen Lager zuweist, wird ihn vielleicht für anschlussfähig an heutige philosophische Positionen halten[34], die dem Naturalismus nahestehen und daher behaupten, dass die Willensfreiheit des Menschen nur ein kausal wirkungsloses Nebenprodukt von determinierten Gehirnprozessen ist.[35] Eine heute verbreitete, kompatibilistisch genannte Position besteht darin, dem Menschen im äußeren Handeln Freiheit zuzuschreiben, aber nicht in seinen inneren Überzeugungen. Diese Aussage scheint Luthers Vorstellungen nahe zu stehen. Allerdings bricht der Unterschied zu Luther sofort auf: Während Luther die inneren Überzeugungen in Beziehung zu Gott setzt, sieht der Kompatibilismus diese als durch Gene und Umwelteinflüsse zustande gekommen und determiniert.[36] Der Mensch sei demnach frei, wenn er seine – unfrei zustande gekommenen – Entscheidungen umsetzen könne.

Luther geht es nun gerade nicht darum, den Menschen als unfreies Glied einer determinierten Kausalkette innerhalb der Natur zu verstehen. Indem er den Menschen in Abhängigkeit und damit in Beziehung zu Gott setzt, verschafft er ihm einen besonderen, wertvollen Status, der christlich mit der *imago Dei* oder säkular mit der Menschenwürde zu fassen versucht wird. Luther will die Freiheit des Menschen nicht negieren, sondern in ihrer Besonderheit fassen. Dietrich Korsch fasst Luthers Anliegen von der Unfreiheit des Menschen so zusammen: „Dass wir uns als leibliche freie Menschen nur annehmen, aber nicht machen können, das ist mit der reformatorischen These von der Unfreiheit des menschlichen Willens gemeint."[37]

Dennoch tun sich manche evangelische Theologinnen und Theologen leichter mit der aktuell populären, von einigen Ergebnissen der Hirnforschung inspirierten These von determinierten Willensentscheidungen. So fällt das Nebeneinander der Beiträge von Matthias Petzoldt aus evangelischer und von Georg Gasser und Josef Quitterer aus katholischer Perspektive im Sammelband *Zukunftsperspektiven im theologisch-naturwissenschaftlichen Dialog* auf, in denen die katholische Seite mit Vehemenz für die Willensfreiheit argumentiert, während die evangelische eine deutlich höhere Gelassenheit an den Tag legt.[38] Dies mag die These von bis heute wirksamen konfessionellen Traditionslinien stärken, darf aber nicht überzogen werden. Luthers Problematisierung der Freiheit des Menschen steht nicht in der naturwissenschaftlichen Logik, die mittels funktionaler Analyse Kausalketten bildet, sondern nimmt ihren Ausgang vom moralischen Gesetz Gottes und vom dahinter stehenden christlichen Gottesbild.

Daraus folgt, dass Luthers These von der Unfreiheit des Willens nicht in die aktuelle Auseinandersetzung mit dem Naturalismus verpflanzt werden sollte. Sie gehört in die theologische Debatte um das Verhältnis von Gott und Mensch: „Luther wollte verhindern, dass das Rechtfertigungsgeschehen die eigenmächtige Tat des Menschen würde, also letztlich eine Selbsterlösung"[39], stellt Johannes Schwanke klar. Genau hier liegt das Gegenüber zu einer zunehmend naturalistisch ausgerichteten Gesellschaft, die auf die Fähigkeit des Menschen zur Naturbeherrschung setzt. Luther fordert die Logik der Naturalisierung des Menschen geradezu heraus, indem er Gottes Allmacht und die Angewiesenheit des Menschen auf Gnade betont und so einen Kontrapunkt zur Leistungsfixierung unserer Zeit setzt.

Damit lehrt Luther einerseits eine tief gehende Demut und andererseits das befreiende Angebot Gottes. Davon könnte sich die heutige Theologie inspirieren lassen: Es könnte und sollte ihre Aufgabe sein, die Transzendenz als sinnstiftende Instanz in unserer verinnerweltlichten Gesellschaft wieder ins Gespräch zu bringen.[40]

Wer dieses Anliegen teilt, wird – wie Luther – weniger einzelne konkrete Handlungen zum Maßstab nehmen, sondern die gesamte Einstellung und Weltsicht des Menschen. Damit ist eine moderne ethische Position auf den Punkt gebracht, dass nicht die Handlung als solche zu beurteilen sei, sondern die dahinter stehende Absicht in Rechnung gestellt werden müsse. „Nicht die einzelnen Verfehlungen sind aus Luthers Perspektive Grund für das Gericht Gottes über den Menschen, sondern seine prinzipielle Selbstliebe"[41], stellt Johannes Schwanke klar. Dass Luther als Merkmal des Glaubens und damit als Kriterium für Handlungen die Liebe vorschlägt, dürfte ihn im aktuellen ethischen wie theologischen Diskurs hoch anschlussfähig machen.[42]

Anmerkungen

1   So muss der Wunsch von Daniel Munteanu nach einer „voll entfaltete[n] ökumenische[n] Anthropologie" (Daniel Munteanu, Was ist der Mensch? Grundzüge und gesellschaftliche Relevanz einer ökumenischen Anthropologie anhand der Theologien von K. Rahner, W. Pannenberg und J. Zizioulas, Neukirchen-Vluyn 2010, 4), die es bis zum heutigen Tag nicht gebe, mit Nachdruck unterstützt werden.

2   Otto Hermann Pesch, Katholische Dogmatik. Aus ökumenischer Erfahrung, Bd. 1, Ostfildern 2008, 9.

3   Ich zitiere Luthers Schrift *Von der Freiheit eines Christenmenschen* auf der Basis der deutschen Fassung in der lateinisch-deutschen Ausgabe von Reinhold Rieger mit der Sigle FC und der Angabe des Paragraphen und der Seitenzahl: Reinhold Rieger, Von der Freiheit eines Christenmenschen. De libertate christiana, Tübingen 2007.

4   Reinhard Schwarz, Luthers Freiheitsbewußtsein und die Freiheit eines Christenmenschen, in: Dietrich Korsch / Volker Leppin (Hg.), Martin Luther. Biographie und Theologie, Tübingen 2010, 31–68, hier 48.

5   Zur Geschichte der Auseinandersetzung zwischen beiden vgl. Theodorus H. Akerboom, Erasmus and Luther on the Freedom of the Will in their Correspondence, in: Perichoresis 8 (2010) 233–277.

6   Vgl. Wolfgang Achtner, Willensfreiheit in Theologie und Neurowissenschaften, Darmstadt 2010, 146.

7   Hans-Martin Barth, Freiheit, die ich meine? Luthers Verständnis der Dialektik von Freiheit und Gebundenheit, in: Una sancta 62 (2007) 103-115, hier 104.

8   Ich zitiere Luthers Schrift *Von der Unfreiheit des Willens* nach der lateinisch-deutschen Studienausgabe, Bd. 1, in der Übersetzung von Athina Lexutt mit der Sigle LDStA 1 und der Angabe der Seitenzahl: Martin Luther, Lateinisch-Deutsche Studienausgabe, Bd. 1: Der Mensch vor Gott, hg. v. Wilfried Härle u. a., Leipzig 2006.

9   Diesem Widerspruch kann man allerdings begegnen: Aus der Notwendigkeit von Gnade folgt nämlich logisch nicht zwangsläufig, dass diese auch hinreichend ist. Ich verdanke diesen Hinweis Winfried Schmidt auf einer Tagung des Buchenauer Kreises.

10   Achtner, Willensfreiheit (w. Anm. 6), 144.

11   Ebd., 149.

12   Vgl. Wilfried Härle, Der freie Wille in theologischer Sicht, in: Jochen Tröger (Hg.), Wie frei ist unser Wille?, Heidelberg 2007, 151–174, hier 154 f.

13   Achtner, Willensfreiheit (w. Anm. 6), 149.

14   Barth, Freiheit (w. Anm. 7), 110.

15   Johannes Schwanke, Freier oder unfreier Wille? Die Kontroverse zwischen Martin Luther und Erasmus von Rotterdam, in: Werner Zager (Hg.), Martin Luther und die Willensfreiheit, Darmstadt 2010, 41–58, hier 41.

16   Kurt Koch, Der Mensch als ökumenische Frage: Gibt es (noch) eine gemeinchristliche Anthropologie?, in: Bertram Stubenrauch / Michael Seewald (Hg.), Das Menschenbild der Konfessionen. Achillesferse der Ökumene?, Freiburg 2015, 18–32, hier 21.

17   Vgl. Christian Danz, Hominem iustificari fide. Überlegungen zur protestantischen Anthro-

Patrick Becker

Die Freiheit eines Christenmenschen.
Luthers Freiheitsverständnis als Impuls für eine aktuelle Debatte

211

pologie, in: Stubenrauch/Seewald (Hg.), Das Menschenbild der Konfessionen (w. Anm. 16), 157–185, hier 164 f.

18 Dorothea Sattler, Brennpunkte des Dialogs, in: Michael Kappes u. a. (Hg.), Trennung überwinden. Ökumene als Aufgabe der Theologie, Freiburg u. a. 2007, 88.

19 Heinrich Bedford-Strohm, Anthropologie aus evangelischer Sicht, in: Stubenrauch/Seewald (Hg.), Das Menschenbild der Konfessionen (w. Anm. 16), 33–49, hier 45.

20 Ebd. 38.

21 Ich zitiere die Disputation über den Menschen von 1536 nach der lateinisch-deutschen Studienausgabe Bd. 1 in der Übersetzung von Wilfried Härle mit der Sigle LDStA 1 und der Angabe der Seitenzahl – Martin Luther, Lateinisch-Deutsche Studienausgabe, Bd. 1: Der Mensch vor Gott, hg. v. Wilfried Härle u. a., Leipzig 2006.

22 Koch, der Mensch als ökumenische Frage (w. Anm. 16), 22.

23 Danz, Hominem iustificari fide (w. Anm. 17), 161.

24 Achtner, Willensfreiheit (w. Anm. 6), 194.

25 Johannes von Lüpke, Zwischen Allmacht und Ohnmacht. Der Streit um die Freiheit in der Perspektive reformatorischer Theologie, in: Ders. (Hg.), Gott – Natur – Freiheit. Theologische und naturwissenschaftliche Perspektiven, Neukirchen – Vluyn 2008, 163–181, hier 168.

26 Knut Alfsvåg, Cusanus and Luther on Human Liberty, in: Neue Zeitschrift für systematische Theologie und Religionsphilosophie 54 (2012) 66–80, hier 76.

27 Ebd., 73.

28 In der Regel dient René Descartes als Symbolfigur für ein lange Zeit kulturell vorherrschendes dualistisches Menschenbild, gegen das in den letzten Jahrzehnten mit Vehemenz argumentiert wird, so etwa von: Antonio Damasio, Descartes' Irrtum. Fühlen, Denken und das menschliche Gehirn, übers. v. Hainer Kober, Berlin 2004, 328–333; zu einer Auseinandersetzung mit dualistischen Menschenbildern vgl. Patrick Becker, In der Bewusstseinsfalle? Geist und Gehirn in der Diskussion von Theologie, Philosophie und Naturwissenschaften, Göttingen 2009, 47–61.

29 Achtner, Willensfreiheit (w. Anm. 6), 149.

30 Schwarz, Luthers Freiheitsbewußtsein (w. Anm. 4), 64–66.

31 Barth, Freiheit (w. Anm. 7), 112.

32 John Witte, The Freedom of a Christian. Martin Luther's Reformation of Law & Liberty, in: Evangelische Theologie 74 (2014) 127–135, hier 131.

33 Beide Zitate: Ebd., 129.

34 Vgl. Michael Lapp, Die Freiheit des Willens und seine Abhängigkeiten. Läßt sich die These vom freien Willen heute noch behaupten?, in: Luther 82 (2011) 192–196, hier 192.

35 Vgl. Dirk Evers, Neurobiologie und die Frage nach der Willensfreiheit, in: Joachim Weinhardt, Naturwissenschaften und Theologie. Methodische Ansätze und Grundlagenwissen zum interdisziplinären Dialog, Stuttgart 2010, 107–123; an anderer Stelle argumentiere ich, dass auch aktuelle philosophische Positionen wie die von Michael Pauen, die sich nicht explizit auf die naturalistische Logik berufen, sich ihr implizit dennoch einfügen: Patrick Becker, Naturalisierbarkeit des Geistes? Zu einer Bestimmung von ‚Freiheit', ‚Kreativität' und ‚Liebe' unter den naturalistischen Kausalitätsbedingungen, in: Ulrich Herkenrath (Hg.), Der Zufall in der belebten Natur (in Druck vsl. 2016).

36 Vgl. Becker, Bewusstseinfalle (w. Anm. 28), 200–217; Kerstin Stürzekarn, Freiheit, die Befrei-

ung braucht. Konturen eines theologischen Freiheitsbegriffs, Regensburg 2015.

37   Dietrich Korsch, Freiheit im Widerstreit. Reformatorisches Freiheitsverständnis und moderne Sittlichkeit, in: Zager (Hg.), Martin Luther und die Willensfreiheit (w. Anm. 15), 149–162, hier 162.

38   Geort Gasser / Josef Quitterer, Naturalismus und christliches Menschenbild, in: Patrick Becker / Ursula Diewald (Hg.), Zukunftsperspektiven im theologisch-naturwissenschaftlichen Dialog, Göttingen 2011, 177–192; Matthias Petzoldt, Christliches Menschenbild im Zeitalter der Naturwissenschaften, in: Ebd., 163–176.

39   Schwanke, Freier oder unfreier Wille (w. Anm. 15), 41.

40   Vgl. Patrick Becker, Christliche Jenseitsbotschaft in einer innerweltlich orientierten Gesellschaft, in: Patrick Becker / Ursula Diewald (Hg.), Die Zukunft von Religion und Kirche in Deutschland. Perspektiven und Prognosen, Freiburg 2014, 169–178.

41   Schwanke, Freier oder unfreier Wille (w. Anm. 15), 53.

42   Dieses Anliegen wird von katholischer Seite stark gemacht in: Werner G. Jeanrond, Theology of Love, London – New York 2010.

Patrick Becker

Die Freiheit eines Christenmenschen.
Luthers Freiheitsverständnis als Impuls für eine aktuelle Debatte

213

» Die kenotische Christologie Martin Luthers

Johannes Grössl

Martin Luther hinterfragte viele theologische Annahmen, die zu seiner Zeit von der Kirche gelehrt wurden. Die Theologie war damals stark von Thomas von Aquin geprägt; allerdings gewann der Nominalismus, der sich unter anderem auf William von Ockham berief, zunehmend an Einfluss, und auch Luther wurde im Studium von dieser *via moderna* geprägt. Meist wird Luthers Theologie in der katholischen Dogmatik mit einem Schwerpunkt auf der Gnadenlehre, der Soteriologie und der Ekklesiologie analysiert; seine Thesen zum Verhältnis von Vernunft und Glauben werden in der Fundamentaltheologie ausführlich diskutiert. In diesem Beitrag möchte ich zeigen, dass es sich lohnt, auch Luthers Christologie genauer zu betrachten, vor allem im Hinblick auf die so genannte *kenotische Christologie*, die sich in den folgenden Jahrhunderten daraus entwickelt hat. Im Hintergrund der Herausarbeitung dieser Theorie steht die immer noch ungelöste Frage des Verhältnisses von göttlicher und menschlicher Natur in Jesus Christus. Auch wenn es hierzu mehrere Konzilsentscheide gab, vor allem das Konzil von Chalcedon im 5. Jahrhundert sowie das 2. und 3. Konzil von Konstantinopel im 6. und 7. Jahrhundert, blieben hierzu immer Anfragen bestehen. Auch heute halten es viele Gläubige für nicht oder nur schwer verständlich, wie eine Person „wahrer Mensch und wahrer Gott" sein kann und wie es logisch begreifbar sein soll, dass eine Person zugleich einen wahrhaft göttlichen als auch einen wahrhaft menschlichen Willen besitzt. Luthers Lösungsansatz überwindet dadurch Schwächen vieler traditioneller christologischer Modelle, die (zumindest diejenigen, die nicht als häretisch verurteilt wurden) in ihrer Tendenz immer eine Überbetonung der Göttlichkeit und eine Einschränkung der Menschlichkeit

Jesu Christi mit sich brachten. Schließlich werde ich jedoch dafür argumentieren, dass auch dieser Lösungsansatz das Problem der Inkompatibilität von menschlicher Willensfreiheit und göttlicher Unsündlichkeit bei einer Beibehaltung der Personeneinheit Christi nicht zu lösen vermag.

Die Einordnung von Luthers Christologie

Bis zur Reformation verlief die Diskussion des Verhältnisses der Naturen in Jesus Christus im Detail zwar kompliziert, aber in den groben Strukturen durchaus übersichtlich.[1] Die meisten Positionen lassen sich rückwirkend auf einer Skala eintragen, die von der übermäßigen Betonung der Menschlichkeit zur übermäßigen Betonung der Göttlichkeit Jesu reicht. So betonten in der sogenannten Alten Kirche der ersten fünf Jahrhunderte die Anhänger der Antiochenischen Schule (Paul v. Samosata, Arius, Apollinaris, Flavian, Theodor v. Mopsuestia, Nestorius) die Menschlichkeit Jesu stärker als seine Göttlichkeit, was tendenziell zu einer Trennung der Naturen führte. Die Anhänger der Alexandrinischen Schule (Justin der Märtyrer, Origenes, Basilius, Gregor v. Nyssa, Athanasius, Eutyches, Kyrill, Honorius, Johannes v. Damaskus) dagegen betonten die Göttlichkeit Jesu und die Einheit der menschlichen und göttlichen Naturen in der einen Person Jesu. Die jeweiligen christologischen Einstellungen gingen größtenteils mit einer bestimmten methodischen Positionierung in der Theologie einher: *Alexandriner* stützten sich in der Bibelexegese auf die von Origenes ausgearbeitete Methode der Allegorie; biblische Aussagen, die allgemein akzeptierten philosophischen Erkenntnissen widersprachen, wurden nicht wörtlich genommen, sondern der tiefere Sinn der jeweiligen Aussagen erfragt. *Antiochener* vertraten eine rigorose Bibelexegese; weil Jesus in vielen biblischen Erzählungen als stark menschlich dargestellt wird, versuchten sie, ein theologisches Modell zu entwerfen, das diese menschlichen Aspekte erklären kann.

Mit der Christologie Martin Luthers wird diese Kategorisierung hinfällig. Er versucht, antiochenische und alexandrinische Intuitionen zu vereinigen, dabei aber nie die Einheit der Person zu gefährden. Zu den antiochenischen Intuitionen gehören vor allem die menschlichen Aspekte Jesu: sein Denken, sein Leiden, sein Tod. Marc Lienhard notiert, Luther habe „wie wenige Theologen vor ihm die Menschheit Christi betont."[2] Dies zeige sich vor allem dadurch, dass Luther den Schrei Jesu am Kreuz „Mein Gott, warum hast du mich verlassen?" wörtlich auslegt und nicht – wie in der scholastischen Theologie üblich – dies als Rezitation des Psalms 22 verstand. Jesus fühlte sich laut Luther am Kreuz tatsächlich von Gott verlassen.[3] Ihm wurde die göttliche Hilfe am Kreuz entzogen.[4] Er litt und hatte Angst vor ewiger Verdammnis.[5] Dennoch sei es tatsächlich der Sohn gewesen, d. h. die zweite Person der Heiligen Trinität, die am Kreuz litt und die sich von Gott verlassen gefühlt hat.

Diese Einschätzung über das Leiden Gottes am Kreuz war zur damaligen Zeit ein Affront gegenüber der scholastischen Theologie, in der die Leidensunfähigkeit und Unveränderlichkeit Gottes gelehrt wurde. Luther hingegen kam zum Schluss, die Menschwerdung nur dadurch mit dem Leiden Jesu verbinden zu können, indem er die tatsächliche Leidensfähigkeit Gottes mit dessen Menschwerdung vertrat. Die Annahme der menschlichen Natur bewirke eine Veränderung in Gott.[6] Luthers Lehre der *realen Idiomenkommunikation* besagt nicht nur, dass „die zu einem Menschen gehörenden Eigenarten bei Jesus Christus in angemessener Weise von Gott und umgekehrt prädikabel" seien[7], sondern auch dass alle göttlichen Attribute des Sohnes auf die menschliche Natur und alle menschlichen Attribute Jesu auf die göttliche Natur übergehen.[8] Die Betonung der Menschlichkeit Jesu erstreckte sich bei Luther auch auf das Bewusstsein Jesu, nicht nur auf sein Empfinden. Indem Luther aber mit Bezug auf Mk 13,32 anmerkte, dass es Dinge gibt, die Jesus nicht weiß, relativierte er seine Lehre der Idiomenkommunikation: Bestimmte Eigenschaften wie die Allmacht und Allwissenheit gingen doch nicht vollständig auf die menschliche Natur über.[9]

Trotz dieser antiochenischen Elemente überwiegen in Luthers Theologie die alexandrinischen Argumente. Luther beruft sich auf das Konzil von Chalcedon (451 n. Chr.) und bekennt die wahre Göttlichkeit und wahre Menschlichkeit Jesu.[10] Die zwei Naturen bildeten aber eine Person.[11] Auf der Grundlage des altkirchlichen Diktums, dass nur das, was voll angenommen wird, auch erlöst werden kann[12], betont Luther die Personeneinheit Christi. Lienhards Einschätzung nach gehört Luther „in seinem theologischen Denken ganz der alexandrinischen Richtung an: er betonte also vor allem die Einheit der Person des Gott-Menschen."[13] In der alexandrinischen Christologie wird jedoch meist das Göttliche stärker als das Menschliche in den Blick genommen: Der über Jahrhunderte stark verbreitete Monophysitismus (gr. *mónos* = einzig, *phýsis* = Natur) ist eine Extremform alexandrinischer Theologie, nach der die göttliche Natur die menschliche Natur einnimmt, mit ihr verschmilzt, sie dominiert, oder gar verdrängt. Von katholischer Seite wurde gegen Luther der Vorwurf erhoben, er sei Monophysit, und zwar aus dem Grund, weil er die scholastisch-thomistische Theorie der doppelten Wirkursächlichkeit ablehnte.

Thomas von Aquin vertrat eine Handlungstheorie, nach der es möglich sei, dass zwei Personen ein und dieselbe Handlung vollbringen würden. Wenn ich etwas Gutes tue, ist es gleichzeitig Gott, der in mir Gutes tut. Luthers Studium war allerdings eher nominalistisch geprägt; es wurden die Schriften von Scotus und Ockham gelesen und deren Theorien gelehrt. Luther setzte sich später auch intensiv mit Ockhams Christologie auseinander.[14] Auf jeden Fall stand Luther in seiner Ablehnung der Theorie der doppelten Wirkursächlichkeit ganz in nominalistischer Tradition. Daher konnte er die thomanische Christologie, nach der Gott- und Menschheit gemeinsam (d. h. als Primar- und Sekundarursache) unsere Erlösung bewirken, nicht nachvollziehen. Wenn allerdings unser Heil nur eine wirkliche Ursache haben kann, muss die Ursache Gott sein.[15] Yves Congar schrieb über Luther, Augustins platonische Kategorien „zwingen ihn zu der Meinung, alle geistliche Gabe komme von ‚Gott', weil Christus, seiner Menschheit nach, nur leibliche

Wirkungen verursachen kann."[16] Wilhelm Averbeck und Yves Congar warfen Luther vor, seine Christologie würde dazu führen, dass Gott die menschliche Natur instrumentalisiere, um unser Heil zu bewirken.[17] Peter Lüning meinte, „die menschliche Natur in Jesus Christus ist für Luther nicht aktiv am Vorgang der Erlösung beteiligt"[18]. Deshalb spreche Luther bildhaft von ihr als einem passiven Köder, durch den dann Gott allein bzw. die göttliche Natur Christi die Menschen erlöst. Doch hier scheint eine einseitige Fehleinschätzung Luthers von Seiten der katholischen Dogmatik vorzuliegen. Marc Lienhard entgegnet den Anschuldigungen Congars:

„Die Initiative geht vom Vater aus. Er hat seinen Sohn gesandt, ihn nicht verschont, sondern ihn für uns dahingegeben. [...] Aber Christus ist nicht ein passives Objekt, das Gott in die Welt geworfen und gestraft hat, und er ist auch nicht einfach der Ort, an dem Gott gegenwärtig ist. Er geht zu den Sündern und gehorcht dem Vater freiwillig [...] aus Liebe zu Gott und den Menschen. Gott legt unsere Sünden auf ihn; der Sohn nimmt sie ganz freiwillig auf sich."[19]

Bei Luther finden sich dementsprechend auch Aussagen, welche die Freiwilligkeit Jesu betonen. So habe Jesus „unsere Sünden auf sich geladen, ohne dazu gezwungen zu sein, sondern aus freiem Willen"[20]. Bei Aussagen dieser Art bleibt jedoch unklar, welche Art des freien Willens Jesu Luther hier annimmt.

Widersprüchliche Annahmen

Es ist ein wichtiges Anliegen Luthers, dass die Göttlichkeit Jesu immer vollständig gegenwärtig war, selbst in den Momenten, in denen sich Jesus von seinem Vater verlassen gefühlt hat.[21] Er war nicht der Meinung, dass Jesus seine Göttlichkeit aufgab oder ablegte. Doch hier stellt sich die Frage, wie man sich die gleichzeitige Verlassenheit und Gegenwart Gottes vorstellen kann. Dies scheinen widersprüchliche Aussagen zu sein. In welcher Hinsicht ist Gott am Kreuz gegenwärtig und in welcher Hinsicht ist er abwesend? Im Bewusstsein *fühlte* sich Christus tatsächlich von Gott verlassen, obwohl er es aufgrund seiner Personeneinheit mit dem Logos in Wirklichkeit nicht war.[22] Trotz alexandrinischer Ausgangslage scheint ein solcher Beantwortungsversuch aber zu Konsequenzen in der Richtung des vom Konzil zu Ephesos (431 n. Chr.) verurteilten Theologen Nestorius zu führen, d.h. zur Trennung von göttlicher und menschlicher Natur in Christus, im Extremfall sogar zur Annahme zweier Bewusstseine oder gar zweier getrennter Personen.[23]

Nun könnte man wie manche Luther-Exegeten sagen, dem Reformator ging es nicht um logische Konsistenz – er habe doch die Vernunft als „höchste Hur, die der Teufel hat" bezeichnet.[24] Doch hier tut man Luther unrecht, da er sich durchaus um eine systematische Theoriebildung bemüht, auch wenn ihm dies nicht immer gelingt, wie z. B. seine Repliken auf Erasmus von Rotterdam bezüglich des Verhältnisses von Gnade und Freiheit zeigen. Seine prinzipielle Vernunftaffinität wird jedoch durch seine Abgrenzung vom extremen Nominalismus deutlich. In christologischen Diskussionen beschreibt Luther die göttliche Allmacht als durch die Gesetze der Logik beschränkt.[25] Auch akzeptiert er prinzipiell die philosophischen Argumente für die Unveränderlichkeit Gottes, deutet sie nur in anderer Weise (im Sinne von nicht-vorhandenen Akzidenzien[26]), um eine bestimmte Art der Veränderlichkeit – wie von der Annahme der Leidensfähigkeit Gottes verlangt – zu ermöglichen.

Wie geht man nun mit scheinbar nestorianischen Aussagen Luthers um? Dazu gehört sogar die Behauptung, der Teufel habe freien Zutritt zu Christus gehabt und seine Menschheit habe alleine kämpfen müssen.[27] Die Göttlichkeit leide laut Luther auch nicht, aber die Person, die Gott ist, leide, wurde gekreuzigt und starb.[28] Damit möchte Luther aber nicht der Mehrheit der Scholastiker folgen, welche die Unveränderlichkeit Gottes bewahren wollten und daher Leidensfähigkeit nur der äußeren menschlichen Hülle zuschrieben.[29] Zurecht werden einem solchen Ansatz nestorianische Tendenzen vorgeworfen, weil damit die Einheit der Person Jesus Christus nicht gewahrt bleibt. Diese Einheit zu bewahren war aber ein zentrales Anliegen Luthers, wofür er auch bereit war, die Leidensunfähigkeit Gottes teilweise aufzugeben. Solche Thesen wurden auch schon in der Antike vertreten. Die Lehre der Idiomenkommunikation geht auf Proklus im 5. Jahrhundert und Maxentius im 6. Jahrhundert n.Chr. zurück. Letzterer vertrat die umstrittene These, dass „einer aus der Heiligen Trinität" im Fleisch gelitten habe und gekreuzigt wurde. Natürlich kann eine Natur nicht leiden, sondern nur eine konkrete Person, daher scheint es kein Problem darzustellen, wenn Luther verneint, dass die Göttlichkeit leide. Doch seine reale Idiomenkommunikation ging so weit, dass Eigenschaften auf die jeweils andere Natur übertragen wurden, was z. B. hieß, dass Jesus in seiner Menschlichkeit die Welt regiert und in seiner Göttlichkeit leidet. Wenn dies aber der Fall ist, lässt sich die Verlassenheit von Gott am Kreuz nicht erklären. Dann ist es nicht einmal mehr möglich zu behaupten, Jesus war seiner Menschheit nach von Gott verlassen und seiner Gottheit nach in einer ewigen Beziehung zu seinem Vater. Verschiedene Theologen haben in den folgenden Jahrhunderten versucht, Luthers Christologie konsistent zu deuten, worauf in gebotener Kürze im Folgenden genauer eingegangen werden soll. Zunächst soll aber die Frage der Sündlosigkeit und Unsündlichkeit Christi bei Luther behandelt werden.

Luther über die Sündlosigkeit Jesu

Luther war es ein wichtiges Anliegen, dass Jesus wahrhaft versucht worden ist. Nur dann könne er dem Menschen als Vorbild und Beispiel dienen. Jesus erfuhr das Leiden echter Versuchung. Diese war laut Luther sogar stärker als jede andere Versuchung, die ein Mensch je erlebt hat.[30] Dennoch war es Jesus nicht möglich zu sündigen. In alexandrinischer Tradition hielt er an der Personeneinheit Jesu mit der zweiten göttlichen Person fest, was in seinen Augen bedeutete, dass

Jesus wie Gott unfähig zur Sünde ist. John McKinley gibt Luthers Theorie folgendermaßen wieder:

„His human sinlessness was a way of life grounded in his purity from original sin, but he lived obediently by the divine assistance of grace and the Holy Spirit. He never ceased to be impeccable as the divine Son, but this attribute did not interfere with his ability to be fully temptable in his humanity."[31]

In der Lutherischen Orthodoxie wurde, sich auf Luther berufend, bei Christus ein *status exinanitionis* und einen *status exaltationis* unterschieden. Während im „ausgeleerten" oder „erniedrigten" Zustand auf der Erde Christus nicht nur wie ein Mensch erschien, sondern seine Göttlichkeit ganz in den Hintergrund getreten war, kommt mit der Auferstehung im erhöhten Zustand seine Göttlichkeit wieder voll zum Tragen. Der irdische Zustand wird auch als *status humilitatis* bezeichnet, weil der Logos die ‚Demütigung' akzeptiert, die ihm zukommende Ehre zu verlieren und als niedriger Mensch zu existieren.[32] David Law ergänzt nachvollziehbarerweise diese Unterteilung noch durch einen ersten, vorangehenden Status, den *status praeexistentiae*.[33]

Luther ging einer bestimmten Interpretation des Philipperhymnus folgend davon aus, dass sich der präexistente Logos bestimmter Eigenschaften entäußerte, bestimmte andere Eigenschaften jedoch vorhanden blieben. Er sprach sogar davon, dass Christus im irdischen Stand bezüglich seiner leiblichen und geistigen Kräfte geringer war als die Engel (vgl. Hebr 2,9); wenn dies nicht der Fall wäre, würde der Geist Christi die Grenze des Menschseins überschreiten und somit nicht mehr wahrer Mensch sein.[34] Der Logos verlor allerdings nicht die Göttlichkeit, sondern nur bestimmte Eigenschaften, die normalerweise einer Gottheit zukommen. Jesus Christus habe in seiner irdischen Gestalt kein göttliches Wissen gehabt, er verspürte Emotionen, darunter auch Furcht und Angst.

Dass die Göttlichkeit nicht nur in den Hintergrund trat oder nach außen verschleiert war, wie es in der Scholastik häufig verstanden wurde, war ein zentrales Anliegen Luthers. Um uns zu erlösen, muss Christus mit uns mitfühlen und mitleiden können – eine Interpretation des klassischen kappadokischen Diktums, dass nur das, was voll angenommen wurde, auch erlöst werden kann. Im Hebräerbrief (2,18) zeigt sich dieses Motiv deutlich: „Denn worin er gelitten hat und versucht ist, kann er helfen denen, die versucht werden."[35] Luther versucht zu erklären, wie bei Christus echte Versuchung möglich sein kann. Wie der Rest der Menschheit erfuhr Christus Versuchungen – sowohl körperliche Versuchungen wie Hunger, Durst, Müdigkeit, als auch seelische Versuchungen wie Angst und Traurigkeit.[36] Worin bestanden genau die Versuchungen, denen Jesus ausgesetzt war? Von Exegeten wird hier meist auf bekannte Bibelstellen verwiesen: Die drei Versuchungen durch den Satan in der Wüste[37], die Versuchung in Caesarea Philippi[38], die Versuchungen der Scheidungsfrage[39] sowie der Steuerfrage[40], und letztlich die Versuchung in Gethsemane[41]. In seiner Predigt zum Psalm 22 fügt Luther als zentrale Versuchung noch Jesu Leiden am Kreuz hinzu. Im Gegensatz zu klassischen Ansätzen, die Jesu Schrei am Kreuz („Mein Gott, warum hast du mich verlassen?") als Rezitation dieses Psalms deuteten[42], argumentierte Luther, dass Jesu größte Versuchung darin bestand, Gott dafür zu verurteilen, dass er ihn verlassen hat. Christus fühlte „in seinem Gewissen", dass er von Gott verflucht war[43]; Luther geht von einem auf der Bewusstseinsebene realen Gefühl der Gottverlassenheit aus (auch wenn die Gottheit Christi „im Hintergrund" immer anwesend war). Nun interpretiert Luther den Status der (subjektiv empfundenen) Gottesverlassenheit als Versuchung: Gott führte Jesus in Versuchung, Gott zu lästern, weil er ihn als Geschöpf verlassen hat.[44]

Die Tübinger und die Gießener Schule

Aus Luthers Christologie ergeben sich drei schwerwiegendere Probleme. Erstens bleibt der ,Verbergungsmechanismus' mysteriös: Wie kann jemand Gott bleiben, aber temporär keinerlei (oder mit der vollkommenen Liebesfähigkeit nur eine) göttliche Eigenschaft besitzen? Zweitens stellt sich die Frage, wie es möglich ist, dass dennoch die Sündlosigkeit bewahrt bleibt, wenn mit der menschlichen Natur auch die menschliche Willensfreiheit angenommen wurde. Drittens ist es unverständlich, wenn nicht gar logisch inkonsistent, wie ein unveränderlicher Gott veränderlich werden kann. Der dritte Punkt scheint von Luther gelöst zu werden, indem die Unveränderlichkeit Gottes grundsätzlich relativiert wird. Diese Einschätzung wurde aber von anderen Reformatoren nicht geteilt. Calvin und Zwingli entwickelten sich aufgrund dieses logischen Problems und ihres Festhaltens an der Unveränderlichkeit Gottes zunehmend in die antiochenische Richtung.[45] Da sie die von Luther vertretene Veränderlichkeit Gottes (und daher das ,Ablegen' bestimmter Eigenschaften) nicht akzeptieren konnten, war eine zunehmende Tendenz zur Trennung der Naturen logisch unausweichlich.[46] Calvins Lehre, der Logos sei aufgrund seiner Unendlichkeit niemals vollständig in der menschlichen Natur enthalten, wird von Lutheranern als *extra calvinisticum* bezeichnet und erklärt auch, warum die reformierte Theologie die Realpräsenz in der Eucharistie ablehnt.

Lutherische Theologen versuchten allerdings, die alexandrinische Intuition Luthers beizubehalten, indem sie tatsächlich eine Veränderlichkeit in Gott annahmen, d.h. postulierten, dass die zweite göttliche Person sich in der Menschwerdung verändert hat. Im 17. Jahrhundert entwickelten sich schließlich zwei Schulen, welche Luthers Christologie in unterschiedliche Richtungen weiterentwickelten. Luthers reale Idiomenkommunikation wurde von der *Tübinger Schule* (Hafenreffer, Osiander, Nicolai, Thummius) aufrechterhalten. Die Menschheit erhielte Anteil an allen göttlichen Eigenschaften, darunter die Allmacht und Allwissenheit. Die Tübinger gingen so weit zu behaupten, dass der irdische Jesus seiner Menschheit nach (!) die Welt regiert. Dies bestritten Anhänger der *Gießener Schule*. Aus dieser Schule entwickelte sich die *Kenosislehre* der lutherischen Orthodoxie im 17. Jahrhundert (Mentzer, Feuerborn). Beide Schulen bejahen Luthers Prinzip der Eigenschaftsübernahme, doch habe Jesus nach der Gießener Schule sich des Gebrauchs seiner göttlichen Macht enthalten. Diese Kenosislehre darf jedoch nicht mit der Menschwerdung des Logos in Verbindung gebracht werden, wie es häufig mit Berufung auf den Philipperhymnus getan wird. Der Sohn entäußerte sich bestimmter göttlicher Eigenschaften, die er aber zunächst in sich vorfindet, d. h. die bereits auf die menschliche Natur übertragen wurden. Indem sich Jesus erniedrigte, das Kreuz auf sich nahm, auf das Ausüben seiner göttlichen Macht verzichtete, erniedrigte er sich und nahm die Form eines Sklaven an.[47] Dies betonte die lutherische Orthodoxie: Jesus besaß die göttliche Macht, hat sich aber deren Gebrauch enthalten; er habe sich also nicht in seinem ganzen Wesen, sondern nur gemäß seiner menschlichen Natur entäußert. Das heutige Verständnis von Kenosis unterscheidet sich hier grundlegend: Die Entäußerung fand zeitgleich mit der Menschwerdung oder gar ihr vorgeordnet (eine „Kenosis des logos incarnandus als Voraussetzung der Menschwerdung") statt – was die Gießener ausdrücklich ablehnten.[48]

Die moderne Kenotik und die Sündlosigkeit Jesu

Paul Althaus stellt in seinem Werk *Die Theologie Martin Luthers* fest, dass sich „in Luther eine Tendenz beobachten [lässt], die ‚Entäußerung' (Kenosis) bei der Menschwerdung Jesu Christi neu zu deuten."[49] Während die lutherische Orthodoxie weiterhin an der klassischen Deutung der Kenosis als Entäußerungsprozess während des Lebens Jesu festhält, entwickelten sich im 19. Jahrhundert stärkere Varianten. Ansätze der modernen Kenotik lassen sich bereits bei Carl Friedrich Gaupp und Johann Ludwig König erkennen: Gaupp argumentiert, beeinflusst durch Schelling, der Logos habe seine Herrlichkeit beim Vater niedergelegt. Bei der Menschwerdung habe er nicht die vollständige menschliche Natur angenommen, sondern nur einen menschlichen Leib und eine menschliche Seele.[50] König versucht, Hegels Philosophie auf die Christologie anzuwenden und zu erklären, wie Endliches im Unendlichen bestehen kann. Er spricht dabei von der „Selbstverendlichung" Gottes. Obwohl Gott viele seiner göttlichen Eigenschaften aufgibt, bleibe aber sein Wesen, das aus Geist und Liebe besteht, vollständig erhalten. König betont wie Gaupp, dass in Jesus eine „allmähliche Entwicklung" stattgefunden habe; er geht aber noch darüber hinaus, indem er eine freie „Selbstbestimmung und Selbstentscheidung" Jesu für den Willen des Vaters proklamiert.[51]

Als entscheidender Theologe in der Entwicklung der Kenotik wird allerdings Gottfried Thomasius geführt. Er systematisiert Gaupps Intuition der nicht-entäußerbaren Wesenseigenschaften Gottes und unterschiedet zwischen *relativen* und *essentiellen* Eigenschaften Gottes. Anders als in der Gotteslehre Anselms von Canterbury zählt er Allwissenheit, Allmacht und Allgegenwart zu den relativen Eigenschaften, Liebe, Heiligkeit und Wahrheit zu den essentiellen Eigenschaften. Nur wenn Gott nicht notwendigerweise allmächtig ist, ist es logisch denkbar, dass Gott seine Allmacht – ob temporär oder endgültig – aufgibt. Mit der Inkarnation, so Thomasius, habe Gott alle seine relativen Eigenschaften abgelegt. In seinem Hauptwerk *Christi Person und Werk* schreibt Thomasius: „Als Annahme der menschlichen Natur ist die Incarnation zugleich Selbstbeschränkung Gottes"[52]. Doch schon bevor er diese Lehre im Detail entwickelt hat, motivierte ihn die Aufrechterhaltung der alexandrinischen Intuition Luthers, womit eine Ablehnung des *extra calvinisticum* einherging: Der Logos geht völlig in der Menschheit auf, es gebe nach der Menschwerdung keinen Logos außerhalb der Menschheit.[53]

Hinsichtlich des Willens Jesu steht Thomasius aber ganz in der Tradition Luthers, weil er die notwendige Sündlosigkeit Jesu nicht aufgeben möchte – gehört doch Liebe und Heiligkeit zu Gottes essentiellen

Eigenschaften. Doch kann Thomasius die (scheinbare) Inkonsistenz zwischen seinen Annahmen, dass Jesus einerseits echten Versuchungen ausgesetzt war, andererseits nicht sündigen kann, nicht auflösen. Nach seinem Argumentationsversuch sei Jesus echten Versuchungen ausgesetzt gewesen, die aber nur von außen und nicht von innen an ihn herantraten. Der ‚Trick' hier besteht darin, Jesus das Wissen um seine Unsündlichkeit (Unfähigkeit zur Sünde) abzusprechen, denn ein solches Wissen gehört nicht zu Gottes essentiellen Eigenschaften und kann damit in der Menschwerdung entäußert werden. Dadurch wollte man die Möglichkeit echter Versuchung erklären.[54] Mit einem solchen Ansatz geht aber auch die Annahme einher, dass Jesus nicht wusste (zumindest nicht mit völliger Gewissheit), dass er göttlich ist – eine Annahme, die in der heutigen Exegese und Dogmatik weitgehend geteilt wird. Doch ist eine Versuchung, bei der man nur glaubt, dass man versucht werden kann, tatsächlich der Ausgang aber schon feststeht, eine echte Versuchung? Selbst Thomasius kamen hier Zweifel auf, die er aber gleich auch wieder verwirft:

„[W]as wäre Versuchung ohne die Möglichkeit in sie einzuwilligen, als ein bloser Schein? Dennoch war diese Möglichkeit bei ihm *nur* die rein abstrakte, ihr Wirklichwerden eine schlechthinige [...] Unmöglichkeit. In keinem Momente konnte der Mittler sich selber ungetreu werden [...]."

Thomasius erklärt nicht, was eine „rein abstrakte" Möglichkeit ist und warum diese ausreichen soll, einen freien Willen zu begründen. Wenn Willensfreiheit allerdings nicht die Möglichkeit des *tatsächlichen* Anders-Handeln-Könnens impliziert, sondern nur eine logische Möglichkeit – es hätte auch anders sein können –, dann würde Thomiasus' Konzept aufgehen. Unter Voraussetzung des philosophischen Libertarismus, welcher alternative Möglichkeiten für moralisch relevante freie Entscheidungen verlangt, bleibt die Inkonsistenz hier aber erhalten.

Ein ähnliches Problem findet sich beim zweiten großen Vater der modernen Kenotik im 19. Jahrhundert: Wolfgang Friedrich Geß. Er spitzt die alexandrinisch-kenotische These zu, indem er schreibt, dass sich der Logos in ein menschliches Bewusstsein *verwandle* (Theorie der *Depotenzierung*).[55] Die Heiligkeit Jesu zeige sich durch seine Sündenlosigkeit, die er aber im Verlauf des Lebens erkämpfen musste: „Das Leben Jesu auf Erden war ein Leben sittlichen Kampfes. Der fleischgewordene Logos hatte ein leidensfähiges und naturnothwendiger Weise vor dem Leiden sich scheuendes Fleisch und Blut. Ferner mußte Jesus als eine für sich seiende, individuelle und dabei auf einen Entwicklungslauf angewiesene, also nicht von Anfang an heilige Menschenseele auch die Naturtriebe der menschlichen Seele nach Selbstständigkeit, nach Ehre an sich haben."[56] Obwohl es scheint, dass Geß damit Jesus eine prinzipielle Fähigkeit zur Sünde zuschreibt, weist er genau diese These an anderer Stelle zurück;[57] er spricht von einem geistigen Abgrund.[58] So evaluiert Breidert, die Wahlfreiheit Christi sei bei Geß wie schon bei Thomasius eine rein *hypothetische* Wahlfreiheit.[59] Auch die weiteren Vertreter der einflussreichen kenotischen Schule (von Hofmann, Liebner, Ebrard, Frank) haben diese Inkonsistenz nicht genauer betrachtet.[60] Englischsprachige Kenotiker entwickelten die Kenosislehre im Hinblick auf die Frage der Eigenschafts-Niederlegung weiter. H. R. Mackintosh und P. T. Forsyth vertraten gegen Thomasius keine aktive Niederlegung bestimmter göttlicher Attribute, sondern die logisch notwendige Folge ihrer Relativierung durch den Akt der Menschwerdung. Forsyth fragte zwar auch nach Konsequenzen der Einschränkung des Allwissens für die moralische Perfektion[61], weigert sich aber, daraus auf eine Sündlichkeit Jesu zu schließen.

Katholische und protestantische Rezeption

Aus katholischer Sicht wurde der Kenosisbegriff aus dem Philipperhymnus von lutherischen Theologen missverstanden. Die Entäußerung beziehe sich nicht auf ein Ablegen bestimmter Attribute, sondern auf die freiwillige Entscheidung Jesu, sein Leben hinzugeben und sich wie ein Sklave behandeln zu lassen. So verurteilte Pius XII. (1939–1958) in seiner Enzyklika *Sempiternus rex Christus* diese Lehre als „ruchlose Erdichtung" und „verwerflichen Irrtum":

„Mit dem Glaubensbekenntnis von Chalzedon durchaus im Widerspruch steht auch eine außerhalb der Katholischen Kirche weitverbreitete ausgeklügelte Ansicht, der eine leichthin und falsch ausgelegte Stelle des Philipperbriefs des Apostels Paulus eine scheinbar berechtigte Handhabe bot – die sogenannte Kenosislehre –, nach der in Christus eine ‚Entäußerung' der Gottheit des Verbum willkürlich behauptet wird: eine ruchlose Erdichtung, die, ebenso wie der ihr entgegengesetzte verwerfliche Irrtum des Doketismus, das ganze Geheimnis der Menschwerdung und Erlösung zu einem blutlosen und nichtigen Schemen macht. ‚In der ganzen und vollständigen Natur eines wahren Menschen (so lehrt feierlich Leo der Große) wurde der wahre Gott geboren, ganz in dem, was ihm, ganz in dem, was uns zusteht'."[62]

Von der Neuscholastik geprägte katholische Dogmatiker glaubten damals, eine thomistische Handlungstheorie mit eingeschränkter libertarischer Freiheit wäre völlig ausreichend, um zu erklären, wie Christus einen wahren menschlichen Willen besitzen kann, obwohl sich der menschliche Wille notwendigerweise unter den göttlichen unterordnen muss.[63] Explizit vertritt dies heute noch der amerikanische Thomist Thomas J. White: „Christ's will and consciousness *must act* as the instruments of his divine subject."[64]

Auch wenn die protestantische Theologie des 20. Jahrhundert die Kenosislehre stark rezipiert und sich vom katholischen Thomismus abgrenzt, gibt es hinsichtlich der Christologie eine große ‚ökumenische' Gemeinsamkeit: die Ablehnung, Jesus einen menschlichen Willen zuzuschreiben, der so weit geht, dass er die reale Fähigkeit zur Sünde beinhaltet. So argumentieren sowohl Pannenberg[65], Barth[66], als auch Tillich[67] für die notwendige Sündlosigkeit Jesu, indem sie auf einen nicht-libertarischen Freiheitsbegriff ausweichen oder eine Vereinbarkeit von menschlicher Freiheit und göttlicher Vorherbestimmung annehmen.[68]

Nur wenige protestantische Theologen haben die Kenosislehre dahingehend weiterentwickelt, dass sie Jesus tatsächlich die Fähigkeit zugestehen, den Versuchungen zu unterliegen bzw. sich gegen den Willen des Vaters zu wenden. So schreibt Philip Schaff: „[Christi] Sündlosigkeit war zunächst nur die relative Sündlosigkeit Adams vor dem Fall; diese impliziert die Notwendigkeit von Prüfung und Versuchung sowie die Sündlichkeit, d.h. die Möglichkeit des Sündigens. Wäre er von Anfang an mit absoluter Unsündlichkeit ausgestattet worden, d.h. der Unfähigkeit zur Sünde, könnte er weder ein wahrer Mensch noch unser Vorbild sein: seine Heiligkeit [...] wäre nur ein äußerliches Geschenk und seine Versuchung nur eine unwirkliche Show. Als wahrer Mensch muss Christus frei und verantwortlich handeln können: Freiheit impliziert die Macht zwischen Gut und Böse wählen zu können sowie die Macht dem Gesetz Gottes zu gehorchen oder den Gehorsam zu verweigern."[69]

Eine solche ‚radikale Kenosis' verursacht aber neue christologische Probleme: Wer an der alexandrinischen Intuition und der Einheit der Person Jesu festhält, leugnet damit die notwendige Unsündlichkeit Gottes (und damit seine moralische Perfektion); wer aber an der göttlichen Unsündlichkeit und an der libertarischen Freiheit Jesu festhalten möchte, findet sich unweigerlich in einer Form des Nestorianismus wieder, welche die Möglichkeit menschlicher Erlösung ausschließt.

Fazit und Ausblick

Luther hat mit der gleichzeitigen Betonung der Einheit der Person Jesu und der wahren Menschlichkeit Jesu – beides aus soteriologischen Gründen – ein theologisches Dilemma aufgeworfen, das bis heute nicht gelöst ist. Da die Mehrheit der protestantischen und katholischen Theologen einem Freiheitsbegriff zugeneigt ist, der nicht die Macht über moralisch relevante Alternativen beinhaltet, scheint das Problem zwar als gelöst, doch entstehen aus einer solchen Ablehnung neue Probleme, vor allem die Erklärung der Möglichkeit moralischer Verantwortung und der Existenz des Bösen.[70] Es ergibt sich schließlich ein Trilemma der Sündlosigkeit Jesu, das von theologischer Seite aufgelöst oder entkräftet werden muss, um die Rationalität der christlichen Inkarnationslehre zu verteidigen:

1. Zur menschlichen Natur gehört notwendigerweise die Sündlichkeit. (Wer Mensch ist, kann potentiell sündigen)
2. Zur göttlichen Natur gehört notwendigerweise die Unsündlichkeit. (Wer Gott ist, kann nicht sündigen)
3. Es existiert eine Person, die gleichzeitig Gott und Mensch ist.

Wie bei jedem Trilemma ist es möglich, eine der drei Thesen zu verwerfen (mit allen Konsequenzen!) oder dafür zu argumentieren, dass die Thesen nicht notwendigerweise in einem logischen Widerspruch zueinanderstehen. Diese anspruchsvolle Aufgabe kann und soll in diesem Beitrag nicht unternommen werden.[71] Es sollte vielmehr aufgezeigt werden, wie Luther durch seine kontroversen Aussagen über das Wissen und Handeln Jesu Christi theologische Debatten bis in die Gegenwart befeuert.[72]

Anmerkungen

1 Vgl. Alois Grillmeier, Jesus der Christus im Glauben der Kirche. Bd. 1: Von der apostolischen Zeit bis zum Konzil von Chalcedon (451), Freiburg u. a. 1979, 605–634. Grillmeiers Einteilung christologischer Positionen in „alexandrinisch" und „antiochenisch" stellen Idealtypen dar; diese werden getragen einerseits von „alexandrinischen Intuitionen", welche primär die Göttlichkeit und Personeinheit Christi betonen, anderseits von „antiochenischen Intuitionen", welche primär (aber nicht ausschließlich) Christi Menschlichkeit betonen. Gegen die Verabsolutierung der einzelnen Seiten betont das Konzil von Chalcedon 451, Christus sei „wahrer Mensch und wahrer Gott".

2 Marc Lienhard, Martin Luthers christologisches Zeugnis. Entwicklung und Grundzüge seiner Christologie, Göttingen 1979, 241.

3 Vgl. Luther, Kommentar zum Psalm 22 (WA 5, 601–604).

4 WA 5, 603, 14 (vgl. auch weiter unten Endnote 36).

5 Ebd.

6 Hier widersprachen auch reformierte Theologen wie Calvin und Zwingli, die unbedingt an der Unveränderlichkeit Gottes festhalten wollten und als Konsequenz eine eher antiochenisch geprägte Christologie lehrten. Verbunden waren die reformatorischen Strömungen aber durch eine Ablehnung jeglichen Doketismus: Christus musste am Kreuz leiden, damit wir erlöst werden können.

7 Carl Heinz Ratschow, Jesus Christus (Handbuch Systematischer Theologie 5), Gütersloh 1982, 21.

8 Vgl. Oswald Bayer, Martin Luthers Theologie. Eine Vergegenwärtigung, Tübingen 2007, 213: „Der Begriff meint, dass in dem einen konkreten Jesus Christus die generellen Eigenschaften der menschlichen Natur an denen der göttlichen Natur teilhaben und umgekehrt: In Christus, dem Menschen, hat Gott gelitten, ist gestorben und hat den Tod besiegt; in Christus, der Gott ist, ist die menschliche Natur allgegenwärtig, allwissend, allmächtig."

9 Hier zeigt sich bereits eine gewisse Inkonsistenz in Luthers Lehre. Einerseits betont er, dass die Menschheit Christi die göttlichen Eigenschaften des Logos, und die Göttlichkeit Christi die menschlichen Eigenschaften des Menschen erwirbt. Andererseits sei es klar, dass „man der Menschheit Christi die Attribute nicht zubilligen kann, die der göttlichen Natur zustehen" (Lienhard, Luthers christologisches Zeugnis [w. Anm. 2], 26; vgl. WA 9, 88, 28).

10 Luther, Disputatio de diviniate et humanitate, 1540 (WA 39/II, 93, 2): „Fides catholica haec est, ut unum dominum Christum confiteamur verum Deum et hominem."

11 Vgl. WA 39/II, 100, 19 sowie 110, 22. Luther lehnte auch die verbreitete Christologie in der Tradition Ockhams ab, weil sie die Naturen zu stark trennen würde. Vgl. WA 39/II, 95, 32. Vgl. dazu auch Ratschows Zuschreibung einer „Christologie der Personeneinheit" an Luther (Ratschow, Jesus Christus [w. Anm. 7], 21-25).

12 Peter Lüning, Skriptum zur Vorlesung „Christologie", Universität Münster Wintersemester 2008/09, 4.3.2.2: „Aus soteriologischem Interesse ist es Luther wichtig, dass allein Gott der Erlöser der Menschen sein kann und war. Dieses Grundmotiv macht es für Luther in einer Nähe zu radikal alexandrinischem Denken notwendig, Gott selbst in bleibender Souveränität [...] zu sehen."

13 Lienhard, Luthers Christologisches Zeugnis (w. Anm. 2), 245. Vgl. Luther, WA 3, 373, 20–22:

„Gott und Mensch sind ein Christus, deus et homo unus Christus, genauso wie ein Tag aus Morgen und Abend besteht, ... so sind Mensch und Gott unus Christus geworden, Christus ist somit der homo divinus."

14 Obwohl Luther sich in den Disputationen von 1539 von Ockham distanzierte, finden sich in seinen Ausführungen immer noch Spuren einer ockhamistischen Christologie. Vgl. Lienhard, Luthers christologisches Zeugnis (w. Anm. 2), 26.

15 Luther scheint „ebenso wie Augustin, die in der Scholastik so genannten ‚sekundären Ursachen' zu ignorieren [...]. Es gibt nur *eine* Ursache unseres Heils, nämlich Gott selbst. [...] Welche Stellung nimmt in dieser Sicht die Menschheit Christi ein?" (Ebd., 19).

16 Yves Congar, Regards et réflexions sur la christologie de Luther, in: Heinrich Bacht / Alois Grillmeier (Hg.), Das Konzil von Chalkedon. Geschichte und Gegenwart, Bd. 3: Chalkedon heute, Würzburg 1954, 488.

17 Ebd., 465: „[...] während die Menschheit nichts zu dieser Wirksamkeit beiträgt [...]".

18 Lüning, Christologie (w. Anm. 12), 4.3.2.2.

19 Lienhard, Luthers Christologisches Zeugnis (w. Anm. 2), 221.

20 Luther, WA 40/I, 443, 19; vgl. 434, 17.

21 Vgl. Lienhard, Luthers christologisches Zeugnis (w. Anm. 2), 132: „Alles liegt an der realen und substantiellen Gegenwart der Gottheit im Menschen Jesus."

22 Vgl. ebd., 90: „Luther hingegen nimmt ein radikales Gefühl der Verlassenheit und der Verdammnis im Bewußtsein Christi an. Er hat diesen Weg beschritten, weil er das Menschsein Jesu Christi nicht mehr nur in Naturkategorien, sondern aus der Sicht des Bewußtseins begreift."

23 Vgl. Thomas V. Morris, The Logic of God Incarnate, Ithaca / N.Y. 1986, 102 f.: „In the case of God Incarnate, we must recognize something like two distinct ranges of consciousness. [...] The divine mind of God the Son contained, but was not contained by, his earthly mind, or range of consciousness. That is to say, there was what can be called an asymmetric accessing relation between the two minds." Auch Richard Swinburne vertritt eine ähnliche Theorie.

24 WA 51, 126. Überliefert sind auch die Zitate „Wer [...] ein Christ sein will, der [...] steche seiner Vernunft die Augen aus." und „Die Vernunft ist das größte Hindernis in Bezug auf den Glauben, weil alles Göttliche ihr ungereimt zu sein scheint, dass ich nicht sage, dummes Zeug."

25 WA 39/II, 8, 20−9, 19: „Selbst wenn sie Gott die unendliche Macht zuschriebe, kann die Philosophie nicht sagen, die gleiche Person sei Schöpfer und Geschöpf, Gott und Mensch."

26 WA 39/II, 22, 12.

27 WA 45, 239, 32−40.

28 Vgl. WA 26, 321, 27−28: „Die Person (zeige Christum) leidet, stirbet, Nu ist die person warhafftiger Gott, drumb ists recht gered: Gottes son leidet, Denn ob wol das eine stück (das ich so rede) als die Gottheit, nicht leidet, so leidet dennoch die person, welche Gott ist, am andern stücke, als an der menscheit." Vgl. Lienhard, Luthers christologisches Zeugnis: „Andererseits leidet und stirbt Gott selbst in Jesus Christus. [...] Das schöpferische Wort wird gekreuzigt und leidet in der Einheit mit dem Menschen Jesus".

29 Vgl. Thomas von Aquin, STh III q.15 a.1−3.

30 WA 5, 635, 27. Vgl. dazu Lienhard, Luthers christologisches Zeugnis (w. Anm. 2), 148, Anm. 60.

31 John McKinley, Tempted for Us. Theological Models and the Practical Relevance of Christ's Impeccability and Temptation, Eugene/Or. 2009, 172.

32 Vgl. David R. Law, Kierkegaard's Kenotic Christology, Oxford 2013, 51.

33 Ebd.: „The term status praeexistentiae [...] refers to the state of the Logos prior to his incarnation. [...] The status exinanitionis is the state the Logos enters as a result of the kenosis, namely the state of earthly humiliation. [...] The status exaltationis denotes the state of exaltation to which Christ is raised after his resurrection andascension."

34 WA 9,41,12–14. Vgl. Dorothea Vorländer, Deus incarnatus. Die Zweinaturenchristologie Luthers bis 1521 (Untersuchungen zur Kirchengeschichte 9), Witten 1974, 47.

35 Interessanterweise bezieht sich Luther in seinem Hebräerbrief-Kommentar weder auf Hebr 2,18 noch auf 4,15. Doch in einer Predigt zum Matthäusevangelium („Am tage Matthie des hailigen Apostels Euangelion Mathei", WA 17.2) verweist er auf diese Stellen, um zu erklären, dass Jesus barmherzig mit Sündern sein kann, weil er selbst erfahren hat, wie es ist, ein schlechtes Gewissen zu haben.

36 Vgl. WA 5,603,14 (zit. n. Gogarten 1967, 72): „Da der Schlag, mit dem Gott wegen der Sünde schlägt, nicht nur die Strafe des Todes ist, sondern auch der Schauder und die Angst des erschreckten Gewissens, das den ewigen Zorn fühlt und dem es darum ist, als sei es in Ewigkeit verlassen und verworfen vor dem Angesicht Gottes, so folgt mit Notwendigkeit, daß auch Christus den Schauder und die Angst des verwirrten und den ewigen zorn schmeckenden Gewissens erlitten hat."

37 Mk 1,9–13; Mt 4,1–11; Lk 4,1–13. Markus nennt keine Details der Art der Versuchung, Matthäus und Lukas nennen hier die Versuchung nach 1) Nahrung, 2) Macht, 3) das Ausnützen der Sohnschaft bzw. die Verlockung, den Vater zu versuchen.

38 Mk 8,27–33; Mt 16,13–23; Lk 9,18–22. Jesus bezeichnet hier Petrus als „Satan", nachdem dieser ihn dafür tadelte, dass er seinen gewaltvollen Tod ankündigte: „[D]u sinnst nicht auf das, was Gottes, sondern auf das, was der Menschen ist." (Mt 8,33 par.)

39 Mk 10,1–12; Mt 19,1–9. Nach Mk 10,2 traten die Pharisäer an Jesus heran, um ihn zu versuchen.

40 Mk 12,14-15; Mt 22,17-18; Lk 20,23.

41 Mk 14,32–42; Mt 26,36–46; Lk 22,39–46. Zwar spricht Jesus hier nur davon, dass seine Jünger versucht werden, doch lässt der Gesamtzusammenhang (v. a. die Bitte, den „Kelch" an ihm vorüber gehen zu lassen) darauf schließen, dass er selbst der Versuchung ausgesetzt war, sich nicht dem Willen des Vaters unterzuordnen und möglicherweise vor dem bevorstehenden Kreuzestod zu fliehen.

42 Nach Thomas besaß Jesus zu jeder Zeit seines Lebens die vollkommene Gottesschau (visio beatifica). Sein Leiden affizierte nur seinen äußeren, menschlichen Seelenteil.

43 WA 5, 603, 34; vgl. Lienhard, Luther, 118.

44 WA 5, 604, 32; 605, 9; 610–13. Vgl. McKinley, Tempted for Us, 177; Lienhard, Luthers christologisches Zeugnis, 118.

45 Notger Slenczka, Christus, in: Albrecht Beutel (Hg.), Luther Handbuch, Tübingen 2005, 381–392, hier 386: „Zwingli geht davon aus, daß solche Aussagen der Schrift – etwa 1 Kor 2, 8 – als uneigentliche Rede zu deuten und unter Wahrung der Immutabilität Gottes und der Endlichkeitsattribute des Menschen so zu übersetzen sind, daß die Prädikate auch gegen den Wortlaut der Schrift jeweils den Naturen zugewiesen werden, von denen sie gelten können [...]. Für Luther bedeutet diese Verweigerung der Idiomenkommunikation eine (wenn auch möglicherweise unbeabsichtigte) Auflösung der Personeneinheit [...]."

46 Stephan Edmondson, Calvin's Christology, Cambridge 2004, 120: „Calvin emphasized the separation of the two natures in Christ primarily so that Christ can share our condition".

47 Exegetisch ist diese Annahme nicht unplausibel. In Phil 2,6 heißt es: „Er war Gott gleich, hielt aber nicht daran fest, wie Gott zu sein, sondern er entäußerte sich und wurde wie ein Sklave und den Menschen gleich." Hier wird nicht unmittelbar deutlich, ob der Vorgang der Entäußerung im Moment der Menschwerdung geschah oder einen Prozess im Leben Jesu darstellt. Vgl. Weidemann, Gottesgestalt, 230 f. Man könnte die Entäußerung auch als freie Annahme des Kreuzes (wofür Phil 2,8 spricht) oder die Verweigerung göttlichen Beistands oder den Verzicht auf übernatürliche Kräfte deuten. Vgl. dazu auch Lienhard, Luthers christologisches Zeugnis (w. Anm. 2), 132: „Luther unterscheidet sich von den meisten früheren Auslegern dadurch, daß er die Erniedrigung auf den inkarnierten Christus bezieht."

48 Martin Breidert, Die kenotische Christologie des 19. Jahrhunderts, Gütersloh 1977, 23.

49 Vgl. Paul Althaus, Die Theologie Martin Luthers, Gütersloh ⁶1983, 171–175.

50 Breidert, Kenotische Christologie (w. Anm. 49), 40.

51 Ebd., 47. Vgl. Johann Ludwig König, Die Menschwerdung Gottes als eine in Christus geschehene und in der christlichen Kirche noch geschehende, Mainz 1844, 268–270.

52 Gottfried Thomasius, Christi Person und Werk. Darstellung der evangelisch-lutherischen Dogmatik vom Mittelpunkte der Christologie aus, Bd. 1–3/2, Erlangen 1853–61, hier Bd. 2,144.

53 Ders., Beiträge zur kirchlichen Christologie, Erlangen 1845: „Sein göttliches Bewusstsein ist zum menschlichen geworden, um als *menschliches* Bewusstsein seines göttlichen Wesens uns seiner göttlichen Herrlichkeit zu entwickeln. *Außerhalb* seiner Menschheit hat sich der Logos weder ein besonderes Sein für sich, noch ein besonderes Wissen um sich vorbehalten. Er ist im eigentlichsten Sinne Mensch geworden." (ebd., 236)

54 Auch heute vertreten einige Autoren diese These. Vgl. Richard Swinburne, The Christian God, Oxford 1994, 205: „Even though he cannot do wrong, he may however, though not allowing himself to be aware of his divine beliefs, be inclined to belief that he may succumb to temptation to do wrong and thus, in the situation of temptation, he may *feel* as we do."

55 Vgl. Breidert, Kenotische Christologie (w. Anm. 49), 128–131.

56 Wolfgang Friedrich Geß, Die Lehre von der Person Christi. Entwickelt aus dem Selbstbewußtsein Christi und den Zeugnissen der Apostel, Basel 1856, 212 f. Vgl. ebd., 348: „In der That wäre aber auch das *Menschsein* Christi nicht reell gedacht, wenn wir sagen wollten, daß es ihm innerlich schlechthin unmöglich gewesen sei zu sündigen."

57 Vgl. ebd., 229: „[…] es ihm kraft der Sohnschaft eine innere Unmöglichkeit sei, in seinem Thun eigene Wege zu gehen." sowie ebd., 343: „Jesus, der in's Werden eingegangene Logos konnte nicht sündigen."

58 Von der Möglichkeit, dass Jesus tatsächlich gesündigt haben könnte, spricht Geß nur im Konjunktiv: „Freilich thut sich vor unserem Geiste ein Abgrund auf, bei dessen Anblick uns schwindeln will, wenn wir den Fall sezen, daß der Sohn Gottes Ein Mal, nur Ein Mal gesündigt hätte. Nicht blos unsere Erlösung wäre nicht vollbracht worden, innerhalb der Trinität selbst hätte sich ein Umsturz zugetragen." (Geß, Christi Person und Werk [w. Anm. 56], Bd. III, 369 f.).

59 Vgl. Breidert, Kenotische Christologie (w. Anm. 49), 141.

60 So argumentierte z. B. Franz Hermann Reinhold Frank, System der christlichen Wahrheit, Bd. 2, Erlangen 1880, 173: „Also die Möglichkeit eines Falles tritt bei keiner Versuchung in das Bewusstsein Christi herein, und wenn er war wofür wir auf Grund der Schrift ihn erkannt haben, der incarnierte Sohn Gottes, so ist es ein monströser, ja ein blasphemischer Gedanke, einen Abfall dieses Sohnes Gottes von sich selbst als möglich zu setzen, einen Widerspruch Gottes in sich selbst, der je näher betrachtet nur um so unausdenkbarer erscheint."

61 Vgl. Peter Taylor Forsyth, The Person and Place of Jesus Christ, Eugene/Or. 1996 [ED 1909], 301: „He was not perfectly sure that the cross was his Father's will till the very last. [...] Did that nescience not extend to the area of his own moral nature [...]?"

62 Pius XII, Sempiternus Rex, 1951, Abschnitt 29.

63 So wurde es auch im 3. Konzil von Konstantinopel festgelegt: „[D]enn der Wille des Fleisches mußte sich regen, sich aber [...] dem göttlichen Willen unterordnen" (DH 556).

64 Thomas J. White, Dyotheletism and the Instrumental Consciousness of Jesus, in: Pro Ecclesia 17.4 (2008) 396−422, hier 398.

65 Wolfhart Pannenberg, Grundzüge der Christologie, Gütersloh ⁴1972, 362: „Die Enhypostasie Jesu im Sohne Gottes bedeutet eben, daß Jesus keinerlei Selbständigkeit gegenüber Gott für sich in Anspruch nahm, weil gerade seine Freiheit nicht in der Unabhängigkeit von Gott, sondern in der Einheit mit Gott bestand."

66 Karl Barth, Kirchliche Dogmatik IV/2: Die Lehre von der Versöhnung, Zürich 1964, 103: „Er konnte sie [die Sünde] von diesem Ursprung seines Daseins her nicht wählen. So wählte er sie auch nicht. So tat er sie auch nicht".

67 Paul Tillich, Systematische Theologie II, Stuttgart ⁴1973, 141: „Wenn der Christus sich entscheidet, den Versuchungen nicht nachzugeben, so ist das ein Akt seiner endlichen Freiheit [...] Als freie Entscheidung ist sie ein Akt seiner ganzen Person und wurzelt im Zentrum seines Selbst. Zugleich ist sie − wie für jeden, der endliche Freiheit ist − eine Konsequenz seines Schicksals. Seine Freiheit war eingebettet in sein Schicksal. Freiheit ohne Schicksal ist bloßer Zufall [...]. Aber menschliche Freiheit und folglich auch die Freiheit Jesu als des Christus kann nicht vom Schicksal getrennt werden und ist darum weder Zufall noch Notwendigkeit. "

68 An anderer Stelle argumentiere ich dafür, dass göttliche Vorherbestimmung und libertarische Freiheit nicht vereinbar sind. Vgl. Johannes Grössl, Die Freiheit des Menschen als Risiko Gottes. Der Offene Theismus als Konzeption der Vereinbarkeit von göttlicher Allwissenheit und menschlicher Freiheit (Studien in Theologie, Ethik und Philosophie 3), Münster 2015.

69 Philipp Schaff, The Person of Christ. His Perfect Humanity a Proof of His Divinity, New York 1913, 35 f. (eigene Übersetzung).

70 Für Argumente gegen einen nicht-libertarischen Freiheitsbegriff siehe Grössl, Freiheit (w. Anm. 69), 47−70.

71 Es darf allerdings angemerkt werden, dass die meisten christlichen Theologen dazu tendieren, These 1 zu relativieren. Nach Notger Slenczka basiert auch Luthers Naturbegriff auf dem von Duns Scotus und Gabriel Biel, was bedeutet, dass individuierende Allgemeinbegriffe keine eindeutig abgrenzbaren essentiellen Eigenschaften besitzen. Vgl. Slenczka, Christus (w. Anm. 46), 387 f.: „Ein Mensch ist ein Exemplar der Art Mensch − und das heißt, daß er die Eigenschaften aufweist, die einem Menschen durchschnittlicherweise zukommen. Der Begriff der Natur gibt die Grenzen dessen, was bezüglich bestimmter Exemplare zu erwarten ist, an und zugleich die Regeln, nach denen über die Exemplare gesprochen wird."

72 Herzlicher Dank sei den Teilnehmerinnen und Teilnehmern der Tagung „Luther − gestern, heute, morgen … Was bleibt vom Reformator und der Reformation?" des Buchenauer Kreises ausgesprochen, bei dem dieser Beitrag im Frühjahr 2016 vorgestellt wurde. Ein weiterer Dank gilt Veronika Hoffmann, Georg Plasger und Hans-Ulrich Weidemann für anregende Diskussionen zum Thema und hilfreiche Kommentare zum vorliegenden Text.

» III. Praktische Blickwinkel

» Die Reformation und die Klöster – historische Last oder Zukunfts- potential?

Harald Schwillus

Martin Luther hat sich aufgrund seiner Erfahrungen als Augustiner- mönch auch ausführlich mit der Bedeutung der Ordensgelübde aus- einandergesetzt. Dies konnte nicht ohne Folgen für die Beurteilung des christlichen Kommunitätslebens bleiben. Im Zuge der Reformati- on wurden dann in den evangelisch gewordenen Gebieten auch viele Klöster aufgelöst und ihr Eigentum in öffentliche Kassen überführt. Ihre Gebäude dienten im Laufe der Jahrhunderte anderen Zwecken: viele wurden zu Schulen. Klöster und monastisches Leben wurden so zu einem interkonfessionellen Reizthema – und vielleicht auch zur historischen Last. Dennoch lässt sich zeigen, dass Klöster, Stifte und andere christliche Formen gemeinschaftlichen Lebens heute ein nicht zu unterschätzendes Potential für die Gestaltung kirchlichen Lebens und die ökumenische Zusammenarbeit bergen.

Martin Luthers Anfragen an das Klosterleben

Martin Luther hat seinen Eintritt in das Erfurter Augustinerkloster und sein dortiges Leben als Mönch sehr ernst genommen. Er fügte sich in eine mittelalterliche Tradition ein, die dieser Lebensform eine beson- dere Bedeutung zugemessen hat: So diene das Leben hinter Kloster- mauern mit seiner Absage an Teufel und Welt zur Sicherung der bei der Taufe zugesprochenen Gnade. Dies alles könne unter den Lebensbe- dingungen einer Ordensgemeinschaft leichter geschehen als in einem Leben unter den Gegebenheiten der ,Welt'. Auf der Basis einer solchen

Grundhaltung entwickelten viele Theologen des Mittelalters – unter ihnen der einflussreiche Bernhard von Clairvaux – die Vorstellung, dass eigentlich nur dieses Leben ein wahrhaft christliches sei und dass die beim Eintritt in einen Orden abgelegten Gelübde geradezu eine zweite Taufe bedeuteten, die die erste allen Christen gemeinsame Taufe präsent setzt und noch einmal alle Sünden vergibt.[1] Die sogenannte zweite Taufe beim Eintritt ins Kloster hatte daher hohe Bedeutung: „Nicht das Credo der einen Taufe genügte, sondern es mußte das ‚ego promitto' der Zweiten Taufe hinzukommen, um als sündenfreier, asketisch lebender Christianus perfectus gelten zu können."[2]

Diese Überzeugung kritisierten jedoch bereits die Humanisten – und später die Reformatoren. Allerdings bietet auch die Theologie des Mittelalters selbst hier kein vollständig einheitliches Bild. Standen auf der einen Seite Vertreter, die beim Ordenseintritt, der Profess, tatsächlich dessen Bedeutung als zweite ‚bessere' Taufe hervorhoben, fanden sich auch andere Stimmen, die diesen deutlicher mit der allen Christinnen und Christen gemeinsamen Taufe zusammensahen. Zu ihnen zählt Thomas von Aquin. Zwar stellt auch er heraus, dass der Weg des Mönchs und der Nonne der bessere Lebensweg sei – nicht zuletzt wegen der geistlich gesicherteren Lebensumstände im Kloster –, denn „das Gelübde als solches stellt einen Akt besonderer Gottesverehrung dar und ist die höchste der Moraltugenden. Darum begründet ein Gelübde stets ein größeres Verdienst."[3] Dem Mönch wird daher auch bei Thomas eine höhere Stufe der Vollkommenheit zugesprochen. Dennoch bleibt festzuhalten, dass dieser scholastische Theologe gegenüber der ihm vorausliegenden Mönchstheologie eine „bedeutsame Straffung und Konzentration vorgenommen hat. Die früher oft vorhandenen Momente besonderer Leibfeindlichkeit oder einer Abwertung der Ehe oder die Gedanken über den Eigenwert der Askese oder die im Grunde von allen Christen geforderte Ehelosigkeit sind ganz zurückgetreten. An die Stelle ist das allen Christen gemeinsame Ziel vollkommener Liebe zu Gott und vollkommener Gemeinschaft mit Gott gerückt. Insofern hat Thomas, wenn das bei ihm auch nicht so deutlich ist wie bei Augustinus, das monastische Ideal wieder mit der Taufe verbunden, ihm seinen Eigenwert belassen und es doch seiner Ausschließlichkeit beraubt."[4] So hat Thomas deutlicher als andere formuliert, dass „es bei der Vollkommenheit um das eine, allen Christen gesetzte Ziel geht, das auch alle anzustreben haben und tatsächlich, wofern sie nur Christen sind, anstreben. Lediglich der Weg, die Vollkommenheit zu erlangen, ist verschieden."[5]

Was nun den jungen Novizen Martin Luther angeht, so dürften für die Entwicklung seiner eigenen klösterlichen Spiritualität und seiner Auffassung von der Bedeutung der Gelübde und der evangelischen Räte die ersten Monate seines Noviziats in Erfurt prägend gewesen sein. Sein eigentlicher Novizenmeister war Nathin, doch war die theologische und geistliche Grundausrichtung des Erfurter Noviziats nachhaltig von einem anderen Augustinereremiten geprägt worden: Johann Paltz († 1511). Dieser ging zwar schon 1507 als Prior nach Mühlheim, *vallis mollaria* (Thal-Ehrenbreitstein bei Koblenz), und war nicht der direkte Lehrer Luthers, dennoch prägte sein Denken den Erfurter Konvent.[6] Die Mönchstheologie des Johann Paltz war – anders als die des Thomas von Aquin – deutlich durch Vorstellungen vom Ordensstand geprägt, wie sie auch Bernhard von Clairvaux vertreten hat. Auf ihn beruft sich Paltz ausdrücklich und sieht als erste Frucht des Klostereintritts eine vollständige Vergebung der Sünden, als zweite ein sichereres und reineres Leben, das nur im Kloster verwirklichbar sei, und als dritte einen guten Tod, da der Mensch im Kloster mit größerer Heilszuversicht sterben könne.[7]

Die später von Martin Luther besonders betonte Bewährung eines jeden Christenmenschen in weltlichem Alltag, Familie und Beruf – und seine damit verbundene Ablehnung des Mönchtums als eines ‚besseren‘ christlichen Standes – dürfte einen Grund in einer solchen Vorstellung von monastischer Spiritualität haben, die jedoch in dieser Ausschließlichkeit keineswegs eine einhellige mittelalterlich-theologische Position darstellt. Eine differenziertere und damit auch kritischere Beurteilung der Perspektive Martin Luthers auf das monastische Leben wird daher auch deren Relationen und Zeitgebundenheit berücksichtigen müssen, um nicht theologische Positionen des 16. Jahrhunderts unkritisch ins 20. und 21. Jahrhundert zu übertragen.

Jedenfalls setzt sich der junge Mönch und angehende Theologe Martin Luther in seinem Erfurter Kloster mit der wichtigen theologischen Frage nach dem persönlichen Heil und der Heilsgewissheit auseinander; und er unternimmt dies unter den genannten Bedingungen im Noviziat in der für ihn typischen radikalen Art und Weise. Sein *simul iustus et peccator* (der Mensch ist zugleich Gerechtfertigter und Sünder), das sich auch seiner Perspektive auf Röm 7 verdankt, verdeutlicht einerseits natürlich die bis heute für die protestantische Theologie zentrale anthropologische Konstante, dass der Mensch trotz seiner Rechtfertigung durch den Glauben immer und zwar grundsätzlich Sünder bleibt; die *concupiscentia* (Begierde) der Ur- bzw. Erbsünde also als Sünde selbst fortbesteht. Trotz dieser Pointierung muss diese theologische Aussage durchaus nicht als grundlegend ökumenebehindernd gedeutet werden. Hier bietet gerade eine Einbettung von Luthers Theologie in monastische Theologien seiner Zeit Hinweise auf Verbindungen und Zusammenhänge. „Luthers Auslegungen von Römer 7 zeigen deutlich, dass der exemplarische Christ trotz seiner Sündhaftigkeit einen guten Willen besitzt und auch Gutes tun kann, obwohl er letzten Endes immer unvollkommen bleibt sowie Gnade und Vergebung bedarf. Inhaltlich unterscheidet sich diese Beschreibung des Christ-Seins kaum von solchen Kirchenfamilien, deren theologische Sprachen den freien Willen sowie die Heiligung mehr explizit bejahen als Lutheraner üblicherweise tun. [...] Der neue Gehorsam der Christen und ihre Verantwortung gegenüber dem Gesetz, sei es als Moralgesetz oder als Wille Gottes verstanden, braucht auch im Luthertum das theologisch-ethische Moment, das im Begriff der Zustimmung ausgedrückt wird. Häufig ist dieses Moment als Renuntiation der Sünde bzw. als Nicht-Zustimmung zum Bösen charakterisiert. [...] Viele monastische Sündenlehren kommen Luther erstaunlich nahe, indem sie die ersten unkontrollierbaren Regungen als Sünde interpretieren. In diesem Sinne kann das lutherische *simul iustus et peccator* als Ausdruck radikalisierter monastischer Theologie verstanden werden. So bleibt die Formel innerhalb des Spektrums der Auslegungen von Sünde und Römer 7, das in der katholischen Tradition schon vor der Reformation existiert."[8]

Luthers theologische Anfragen und Antworten zum monastischen Leben bergen damit ein nachhaltiges Potential für ökumenische Perspektiven, das auch dazu mahnen kann, vereinseitigende Perspektiven aufzubrechen und die Weite und Vielschichtigkeit der vielstimmigen theologischen Tradition(en) zur Bedeutung des kommunitären Lebens in Erinnerung zu rufen. Gerade bei der Frage der Bedeutung des Lebens in christlichen Gemeinschaften für den einzelnen und für die Kirche besitzt dies große Bedeutung als ein möglicher Lebensweg für Christinnen und Christen. Dies stellen katholische Erklärungen insbesondere seit dem II. Vatikanischen Konzil immer wieder heraus, so auch das Konzilsdokument *Lumen gentium*: „Wenn also in der Kirche nicht alle denselben Weg gehen, so sind doch alle zur Heiligkeit berufen und haben den gleichen Glauben erlangt in Gottes Gerechtigkeit (vgl. 2 Petr 1,1). Wenn auch einige nach Gottes Willen als Lehrer, Ausspender der Geheimnisse und Hirten für die anderen bestellt sind, so waltet doch unter allen eine wahre Gleichheit in der alle Gläubigen gemeinsamen Würde und Tätigkeit zum Aufbau des Leibes Christi."[9] Dies entzieht jeglicher Vorstellung einer Form von klösterlicher ‚Spitzenspiritualität', hinter der alle anderen Formen nur zurückbleiben können, den Boden.

Diese Linie führen kirchliche Texte zum Ordensleben wie das Nachsynodale Apostolische Schreiben *Vita consecrata* von Papst Johannes Paul II. aus dem Jahr 1996 oder die Instruktion *Neubeginn in Christus. Ein neuer Aufbruch des geweihten Lebens im Dritten Jahrtausend* von 2002 fort. Sie stellen damit die Bedeutung jener Einrichtungen heraus, die ihre Mitglieder mit einer besonderen Freiheit ausstatten, die evangelischen Räte leben zu können: „Die geweihten Männer und Frauen erkennen in der Taufe den gemeinsamen sakramentalen Ursprung und teilen mit den anderen Gläubigen die Berufung zur Heiligkeit und zum Apostolat. Indem sie Zeichen für diese universale Berufung sind, machen sie die besondere Stellung des geweihten Lebens sichtbar. [...] In der heutigen Welt ist ein prophetisches Zeugnis gefordert, das ‚auf der Bekräftigung des Primats Gottes und der künftigen Güter aufbaut, wie sie in der Nachfolge und Nachahmung des keuschen, armen und gehorsamen Christus, der sich ganz dem Ruhm des Vaters und der Liebe der Brüder und Schwestern geweiht hat‘, aufleuchtet."[10]

Was das heute ganz konkret heißen kann, mag ein Blick in die Selbstdarstellung des katholischen Benediktinerklosters Ettal zeigen: Ihr zufolge bedeutet ein klösterlicher Lebenswandel „ein Leben [...] in einer gewissen Nüchternheit und Herbheit mit dem nicht wegzuleugnenden Mangel an jener Vielfalt der Lebensgestaltung, die dem Menschen in der ‚Welt‘ heute möglich ist. Zweifellos ist hiermit Askese verbunden, eine nicht mühelose Einübung geistlicher Grundhaltungen. Als ‚Leistungsfrömmigkeit‘ allerdings darf dies nicht mißverstanden werden."[11] Ganz auf dieser Linie werden dort auch die monastischen Gelübde interpretiert: „Wer in den Gelübden auch ein Korrektiv sieht, das die heutige Gesellschaft angeht, der hat sicher recht gesehen. Wer durch sie jedoch Ressentiments abzureagieren versucht – gegen Sexualität, Privatsphäre, Geldwirtschaft –, der wird im Gegenteil nur neue Ressentiments züchten: Gelübde sind keine absoluten Werte, sie sind nur Hinweise auf den *einen*, der ‚alles in allem‘ ist (1. Kor. 15 / 28 b)."[12]

Das Potential von Klöstern und Kommunitäten evangelisch interpretiert

Während sich Martin Luther auf der Wartburg versteckt halten musste, nutzte man in Wittenberg seine Abwesenheit, um praktische Folgerungen aus seinen Lehren zu ziehen. So predigte der Augustinereremit Gabriel Zwilling mit starken Worten gegen die Messe und gegen das

Mönchsein und forderte die Ordensangehörigen auf, die Klöster zu verlassen. Die theologische Grundlage hierfür lieferten Schriften Martin Luthers.[13] Dieser hatte am 9. September 1521 Thesen zu den Evangelischen Räten vorgelegt, die die Konsequenzen aus seiner theologischen Überzeugung für das monastische Leben ziehen. So dürfe der, der seine Klostergelübde in der Annahme abgelegt habe, durch sie die ewige Seligkeit zu erlangen, diese brechen, ja er müsse dies sogar tun. Gott nämlich erkenne ein Gelübde nicht an, das der evangelischen Freiheit widerspreche, die der Mensch durch die Taufe erhalten habe.[14] Von besonderer Bedeutung ist auch der im November 1521 beendete Traktat Martin Luthers über die monastischen Gelübde *De votis monasticis iudicium*. Dieser stellte noch einmal grundsätzlich seine Position heraus, dass ein Klostereintritt, der aus der Motivation heraus erfolgte, dort Gerechtigkeit und Heil zu finden, ein Irrtum sei und deshalb keinerlei bindende Wirkung habe.[15] Luther selbst jedoch blieb zunächst im Kloster. Dennoch setzte in den Territorien, die sich zur Reformation bekannten, recht schnell die Auflösung der meisten Klöster ein.

Es hätte jedoch nicht zwangsläufig dazu kommen müssen. So „darf auch nicht aus dem Blick geraten, dass einige Klöster der Auflösung widerstanden und als Evangelische Stifte weiterlebten. [...] Es gibt nämlich durchaus positive Aussagen der Reformatoren zum Ordenswesen, aus denen hervorgeht, dass sie nur die Missbräuche abgeschafft wissen wollten, nicht aber die Sache selbst. Bei Martin Luther und dem als Vater der reformierten Theologie geltenden Martin Bucer finden sich darüber hinaus sogar Ansätze zu neuen Formen geistlicher Gemeinschaften. So hat Luther in seiner Schrift über die Deutsche Messe (1526) darauf hingewiesen, dass eine Vereinigung derer wünschenswert sei, ‚die mit Ernst Christen wollen sein und das Evangelium mit Hand und Mund bekennen.' Sie müssten ‚mit Namen sich einzeichnen und etwa in einem Hause alleine sich versammeln zum Gebet, zu lesen, zu taufen, das Sakrament zu empfangen und andere christliche Werke zu üben.' [...] Dazu kam es in Wittenberg jedoch nicht. Anders war es bei Martin Bucer, der in Straßburg solche ‚christlichen Gemeinschaften' einrichtete (1546), die allerdings das Interim nicht überlebten."[16]

Zu den Klöstern in evangelisch gewordenen Gebieten, die während der Reformation nicht aufgehoben worden sind, zählen Konvente im heutigen Brandenburg und Niedersachsen. Sie bekannten sich zur Reformation und wurden meist in Stifte umgewandelt. Bis heute besteht daher eine ununterbrochene Folge evangelischer Einrichtungen, die sich als Kommunitäten verstehen. Eine eigene Traditionslinie hat hier ihren Ursprung, die die Lebensformen ,Stift' und ,Kloster' auch in protestantischen Gegenden und Kirchen wachhielt und reformatorisch neu ,buchstabierte'.

So leben etwa in den evangelischen Frauenkonventen der Klosterkammer Hannover seit der Reformation evangelische Frauen. Zunächst waren dies die unverheiratet gebliebenen Töchter des Adels und des städtischen Patriziats, heute jedoch wohnen dort alleinstehende Frauen protestantischen Bekenntnisses, die aus unterschiedlichen Gründen alleinstehend sind und sich wirtschaftlich zumeist selbst versorgen können. Daher treten die meisten Konventualinnen heute eher in vorgerücktem Alter in eine solche Einrichtung ein, wie sie etwa das evangelische Kloster Ebstorf darstellt. Dort liegt das Eintrittsalter „gewöhnlich wegen der vorangegangenen Berufstätigkeit bei über 60 Jahren. Wer eintreten möchte, bewirbt sich und wohnt zur Probe. Nach Abstimmung mit dem Konvent entscheidet die Äbtissin über die Aufnahme. Die heutigen Konventualinnen sind zum Teil verwitwet oder geschieden und haben vielfach Kinder und Enkelkinder. Vom Kloster werden ihnen eine Wohnung sowie ein Stück Garten mietfrei gestellt. Wer nicht über genügend eigenes Einkommen verfügt, erhält eine Präbende (finanzielle Unterstützung). Die Teilnahme am Gottesdienst in Klostertracht und an den täglichen Andachten ist fester Bestandteil des Klosterlebens. Hauptaufgabe sind die Klosterführungen, bei denen die Konventualinnen von externen Kräften unterstützt werden."[17]

Neben diesen evangelischen Frauenkommunitäten bestehen heute auch Männerkonvente evangelischer Konfession. Von besonderer

Bedeutung sind dabei die Klöster Loccum und Amelungsborn, die zudem die beiden einzigen Männerklöster der Zisterzienser auf deutschem Boden sind, die bis in unsere Tage rechtlich ununterbrochen existieren. In Loccum befindet sich heute eine Ausbildungsstätte für evangelische Pastoren, die die klösterliche Tradition lebendig halten. Für Amelungsborn wurde auch nach der Reformation stets ein Abt ernannt, ohne dass ihm jedoch ein ortsansässiger Konvent zur Seite stand. 1960 berief der damalige evangelische Abt Christhard Mahrenholz einen neuen Konvent und erneuerte die Klostergebäude. Der neugegründete Konvent besteht nunmehr aus acht Personen, die der hannoverschen evangelischen Landeskirche angehören.[18] Sie leben nicht ständig im Kloster, treffen sich aber regelmäßig zu Residenztagen, so dass man hier vom Modell eines Klosters auf Zeit sprechen kann.[19]

Im Bereich der evangelischen Kirchen kam es dann vor allem im 20. Jahrhundert zu einer Neuentdeckung christlichen Gemeinschaftslebens. Dabei können drei Phasen ausgemacht werden. In einer ersten „schlossen sich vor und nach dem ersten Weltkrieg im Zusammenhang mit der Gemeinschaftsbewegung und dem Protest der Jugendbewegung gegen das wilhelminische Deutschland, angesichts der Erschütterungen des Ersten Weltkriegs, der Neuordnung des kirchlichen Lebens in der Weimarer Republik und der Neuorientierung der Theologie in den Zwanzigerjahren einzelne Bruderschaften ohne vita communis zusammen: z.B. die Bahnauer Bruderschaft für Diakonie (1906), die Pfarrer-Gebetsbruderschaft (1913), die Sydower Bruderschaft für Pfarrer (1922), der Freudenstädter Kreis für Pfarrer (1928) und die Hochkirchliche St. Johannes-Bruderschaft (1929). Am bekanntesten und größten wurde die 1931 gegründete Evangelische Michaelsbruderschaft."[20] Sieht man vom 1935 gegründeten Bruderhaus Bonhoeffers in Finkenwalde und der 1940 ins Leben gerufenen Kommunität von Taizé einmal ab, kann man für die Zeit bald nach dem Zweiten Weltkrieg von einer zweiten Gründungsphase evangelischer Gemeinschaften sprechen, die sich an die Formen und

Regeln der alten Orden der Kirche anlehnen und damit eine deutliche Nähe zu katholischen Einrichtungen besitzen. Zu ihnen gehören die Evangelische Marienschwesternschaft (1947), der St. Johannis-Konvent vom Gemeinsamen Leben (1950), die Kommunität Imshausen (1955), die Christusträger (1961), die Jesus-Bruderschaft Gnadenthal (1961) und die Kommunität Adelshofen (1962). Eine dritte Phase begann Ende der 1960er Jahre, als Familiengemeinschaften evangelisches Kommunitätsleben noch einmal anders umsetzten. Hierher gehören der Laurentius-Konvent (1959), die Familienkommunität Jesus-Bruderschaft Gnadenthal (1968), die Offensive Junger Christen in Reichelsheim im Odenwald (1968) sowie die Basisgemeinde Wulfshagener Hütten (1973).[21]

Unter Verweis auf das 2006 veröffentlichte Impulspapier des Rates der EKD *Kirche der Freiheit. Perspektiven für die Evangelische Kirche im 21. Jahrhundert* begreift das 2007 erschienene Votum des Rates der EKD zur Stärkung evangelischer Spiritualität *Verbindlich leben* kommunitäre Gemeinschaften in den evangelischen Kirchen als Schatz: „‚Ein ganz neues Gewicht gewinnen Kommunitäten und klosterähnliche Gemeinschaften an besonderen kirchlichen Orten. Die Zahl evangelischer Gemeinschaften mit einer verbindlichen geistlichen Lebensform wächst; oftmals erfüllen sie herausgehobene geistliche Räume mit ihrem spirituellen Leben. [... So] sind diese Kommunitäten ein Schatz der evangelischen Kirche, dessen Bedeutung für die evangelische Frömmigkeit im Wachsen ist.' Zu den Voraussetzungen für eine Hebung dieses ‚Schatzes' gehört, dass evangelisches Christsein nicht länger allein mit dem traditionellen bürgerlichen Leben in Familie und Beruf identifiziert wird und die Ortsgemeinde nicht länger die einzig anerkannte Sozialgestalt von Kirche im Protestantismus bleibt. Evangelische Kommunitäten und geistliche Gemeinschaften bilden zusätzlich zu Parochie und Landeskirchen bzw. EKD eine eigene Sozialgestalt von Kirche oder eine besonders profilierte Form von Gemeinde innerhalb der Vielfalt von Gemeindeformen der Landeskirchen."[22]

Die Neuöffnung des Potentials katholischen klösterlichen und kommunitären Lebens nach dem Konzil von Trient

Die Anfragen und theologischen Positionen der Reformatoren blieben auf Seiten der katholischen Kirche nicht ungehört und führten zur Einberufung des Konzils von Trient (Tridentinum), das 1545 eröffnet wurde. Hier wurden Weichen gestellt und Grundlagen gelegt, die bis heute fortwirken.

Orden und Klöster waren jedoch kein besonders hervorgehobenes Thema dieses Konzils. Das kann man ihm jedoch kaum zum Vorwurf machen, da die Frage der Bedeutung der Gelübde und des monastischen Lebens eher als eine Folge viel grundsätzlicherer Fragen der christlichen Lehre um Gnade und Heil zu verstehen sein dürften. Und dies gilt es insbesondere unter der Perspektive zu beachten, dass die Auswirkungen des Eintritts in ein Kloster hinsichtlich einer damit als verbunden erwarteten Sündenvergebung und Erlösung auch innerhalb der katholischen Lehre des 16. Jahrhunderts keineswegs eindeutig im Sinne eines Bernhard von Clairvaux oder eines Johann Paltz entschieden war. Die Orientierung des Tridentinums an der Überlieferung der Scholastik, wie sie insbesondere durch Thomas von Aquin repräsentiert wird, spricht auch gegen diese Verengung. Zudem ist zu konstatieren, dass die Thematik des Konzils im Wesentlichen durch die Anfragen der Reformation bestimmt gewesen ist, die die Frage des Ordenslebens ebenfalls nicht als einen zentralen Aspekt sah, sondern die Kritik daran eher als Folge ihrer Erlösungstheologie begriff. So gilt weiterhin mit Bernd Moeller: „Der geschichtliche Ort der dogmatischen Dekrete des Tridentinums ist vor allem durch diese beiden Aspekte bestimmt: Die theologische Orientierung an der Scholastik, die thematische Orientierung an der Reformation."[23] Fragen von Bibel und kirchlicher Tradition, von Rechtfertigung, von Gottesdienst und Sakramenten, von Heiligenverehrung und Fragen nach den letzten Dingen standen daher im Mittelpunkt. Dennoch trug gerade die thematische Ausrichtung an den Anfragen der Reformatoren das Ihrige dazu bei, die Bedeutung des Ordens- und Stiftslebens in der katholischen Kirche im Gefolge des Tridentinums neu zu durchdenken und für neue zeitgemäße Entwicklungen zu öffnen, ohne die überkommenen Traditionen und Ordensformen einfachhin zu eliminieren. Entstanden ist in der Folge eine neue Vielfalt von Lebensgemeinschaften, die sich an die Seite der etablierten Orden stellten. Zugleich kam es zu einer allgemeinen Erneuerung des Klosterlebens. Kommunitäres Leben in der katholischen Kirche erhielt dadurch neue Akzente. Gerade dies zeigt, dass kommunitäres Leben immer wieder neu in Relation zu den Erfordernissen der Zeit steht und von dieser Ausrichtung her auch immer wieder neu Zukunftspotential entwickelt.

Im Gefüge der kirchlichen Reorganisation des 16. Jahrhunderts etablierte sich innerhalb der katholischen Kirche die neue kommunitäre Lebensform der Regularkleriker, zu denen an erster Stelle die Jesuiten zu rechnen sind. Sie stellen eine seinerzeit höchst moderne, für die gesellschaftlichen, politischen und religiösen Bedingungen des 16. und 17. Jahrhunderts adäquate und damit potentialeröffnende Entwicklung dar. „Der Jesuitenorden wurde durch seine Expansion und durch seinen Einfluss auf das höhere Bildungswesen zu einem entscheidenden Instrument der katholischen Reform. Er griff für sein Ziel eines katholischen Konfessionsstaates und der konfessionellen Festigung der Gläubigen auf Instrumente der Reformation zurück: Schulerziehung, Universität und Buchdruck. Außerdem stellte er die in der Renaissancekultur geprägten Kunstformen in den Dienst der kirchlichen Erneuerung, um alle Lebensbereiche zu erfassen: Literatur, Theater, Musik, Architektur, Bildhauerei und Malerei."[24] Die Gestaltungskraft geistlichen Gemeinschaftslebens wird hier greifbar. Regularkleriker leben nicht wie die alten Orden ein Leben lang in dem einen Kloster, in das sie eingetreten sind, und singen kein feierliches Chorgebet. Seit dem 17. Jahrhundert entstehen daneben immer mehr Kongregationen. Die vom Papst bestätigten Religiosenkongregationen legen lediglich einfache Gelübde auf Lebenszeit ab, während die Angehörigen von Säkularkongregationen überhaupt keine oder nur ausgewählte Gelübde kennen.[25]

Zwar hatte das Konzil von Trient auf seiner XXV. Sitzung für alle religiösen Frauengemeinschaften die Einhaltung der strengen Klausur vorgeschrieben, um eine klare Trennung zwischen geistlichem und weltlichem Bereich sicherzustellen, doch konnte diese Forderung aufgrund der vorhandenen gesellschaftlichen und letztlich theologischen Relationen nicht durchgesetzt werden; waren doch viele Frauen im 16. und 17. Jahrhundert von der religiösen Aufbruchsstimmung jener Zeit erfasst worden, die sie zu neuen kommunitären Organisationsformen drängte. Dienst am Nächsten in Krankenpflege oder Erziehung verstanden sie als Deutung der Zeichen ihrer Zeit.[26] Exemplarisch für diese Bewegung seien die Ursulinen und die Englischen Fräulein erwähnt. So gründete die „Franziskaner-Tertiarin Angela Merici (um 1474–1540, heiliggesprochen 1807) [...] 1535 in Brescia eine Vereinigung zur Erziehung verwahrloster Mädchen unter dem Patronat der hl. Ursula (Compagnia di Santa Orsola). [...] Sie lebten nach den evangelischen Räten, befolgten die einfachen Regeln und trugen einen Habit. 1544 wehrten sie den Versuch der Umwandlung in ein klausuriertes Kloster ab. [...] Karl Borromäus berief die Gemeinschaft 1566 nach Mailand und formte sie zu einem Verein um, der Religionsunterricht für Mädchen erteilte. [...] 1582 genehmigte Gregor XIII. Statuten mit einfachen Gelübden und gemeinschaftlichem Leben."[27] Die Englischen Fräulein verdanken ihre Entstehung der energischen Engländerin Mary Ward (1585–1645). Sie war 1606 aus Yorkshire geflohen, weil sie ihren katholischen Glauben nicht aufgeben wollte, und ging nach Saint-Omer in den Spanischen Niederlanden, wo sich englische Jesuiten aufhielten. Hier gründete sie auch 1611 eine Genossenschaft, die sich an deren Lebensregeln orientierte. Als ‚Jesuitinnen' kümmerten sie sich um Bildung und Erziehung von im niederländischen Exil lebenden katholischen Mädchen aus England. „Während Mary Ward sich in Rom um die kirchliche Approbation bemühte, entstanden Niederlassungen in Lüttich (1620), Trier (1621) und Rom (1622). Papst Gregor XV. und der Jesuitengeneral Mutius Vitelleschi (1615–1645) untersagten Mary Ward 1621 die Verwendung des Namens ‚Jesuiten'. [...] Obwohl sie stets ihren

Gehorsam gegen die Kirche betonte, wurde sie von Papst und Kurie als Rebellin betrachtet. Wegen des Verzichts auf eine Klausur wurde die Genossenschaft 1631 durch Urban VIII. aufgehoben, die Gründerin zeitweilig in Klosterhaft genommen. Dank der Protektion Kurfürst Maximilians von Bayern konnte das Münchner *Institutum Mariae Virginis* als einfache Kongregation weiterbestehen und zum Ausgangspunkt neuer Gründungen werden. [...] Erst 1703 erfolgte die päpstliche Anerkennung der Regeln."[28]

Das alles macht deutlich, dass kommunitäres kirchliches Leben immer wieder neue Formen entwickelt und zugleich die überlieferten Formen nicht einfach ,museal' weiterbetreibt, sondern sich in Bezugnahme zur aktuellen Zeitsituation erneuert und sein Potential erschließen kann.

Klöster, Orden und Gemeinschaften bergen ökumenisches Potential

2007 hat Walter Kardinal Kasper in einem Wegweiser für die Ökumene auch die Bedeutung der Ordensgemeinschaften und Säkularinstitute für die Einheit der Kirche hervorgehoben, wenn er schreibt, dass die Ordensgemeinschaften und Säkularinstitute „Beziehungen zwischen Gemeinschaften verschiedener Tradition entwickeln und so einen Austausch ihrer geistlichen und intellektuellen Quellen sowie ein Teilen ihrer Erfahrungen im apostolischen Leben anstoßen [...]" können.[29] Wie eine solche ökumenische Verbundenheit auf der Ebene der Kommunitäten und Orden trotz aller bestehenden Differenzen konkret mit Leben erfüllt werden kann, machen u. a. die Beziehungen des katholischen Zisterzienserordens zu den evangelischen Brüdern und Schwestern deutlich, die in der Gemeinschaft Evangelischer Zisterzienser-Erben in Deutschland zusammengeschlossen sind. Der am Münster in Heilsbronn, einer ehemaligen Zisterzienserklosterkirche in Mittelfranken, tätige evangelische Pfarrer Paul Geißendörfer beschreibt die Initialzündung, die zu dieser Gemeinschaft führte, im

Harald Schwillus
Die Reformation und die Klöster –
historische Last oder Zukunftspotential?

251

Rückblick so: „Am 8. Mai 1982 fand eine große Wallfahrt des Kathol. Dekanates Lichtenfels nach Ellwangen mit einer ökumen. Andacht auf dem Rückweg im Münster Heilsbronn statt. Das Dekanat wollte Heilsbronn besuchen, liegt doch das ehemalige und im gleichen Jahr 1132 von Bischof Otto von Bamberg gegründete Zisterzienserkloster Langheim im Dekanat Lichtenfels. Beide Klöster konnten ihr 850-jähriges Jubiläum feiern. Während das Kloster Heilsbronn im Zuge der Reformation aufgehoben wurde, brannte 1802 das Kloster Langheim nieder und wurde 1 Jahr später Opfer der Säkularisation. [...] Bei diesem Gottesdienst zusammen mit den 600 Wallfahrern, der Heilsbronner evang.-luth. Gemeinde und der katholischen Pfarrgemeinde wurde zum Ausdruck gebracht, dass wir im Glauben an Jesus Christus über die Konfessionsgrenze hinweg miteinander verbunden und unsere Orte im zisterziensischen Geist geprägt seien. [...] ‚Möge diese Gebetsstunde im Heilsbronner Münster geistliche Anstöße für unsere Gemeinden und unsere Kirchen geben. Ökumene kann nicht verordnet, sie muss von unter her gelebt werden. Wir bitten Gott, dass er uns die Verbundenheit bewahre und uns die Einheit schenke.'"[30] Über zehn Jahre hinweg setzte sich im Anschluss an diese ökumenische Erfahrung die Heilsbronner Kirchengemeinde immer wieder mit ihrem zisterziensischen Erbe auseinander, bis 1992 die Idee wuchs, auch andere evangelische Gemeinden, die an ehemaligen Zisterzienserstandorten existieren, zu einem Treffen einzuladen. Ein erstes wurde schließlich vom 26. bis 28. April 1993 in Heilsbronn mit über 20 Teilnehmenden verwirklicht. Seitdem trifft sich die Gemeinschaft, der evangelische Kirchengemeinden, Konvente, Klöster und Kommunitäten an Zisterzienserkirchen in Deutschland angehören, im Jahresrhythmus an wechselnden Orten. Es werden dabei über 200 Teilnehmende gezählt, zu denen auch Gäste aus dem katholischen Zisterzienserorden gehören.[31] Die Zisterzienser vertiefen diese Verbindung seit dem Jahr 2000 in besonderer Weise dadurch, dass sie den Abt des evangelischen Zisterzienserklosters Loccum, Landesbischof i.R. D. Horst Hirschler, den Abt des evangelischen Zisterzienserklosters Amelungsborn,

Dr. Hans-Christian Drömann, und Pfr. Paul Geißendörfer aus Heilsbronn zum Generalkapitel des Ordens nach Rom einluden, um ihre freundschaftlichen Beziehungen mit den Freundeskreisen an ehemaligen und bestehenden Zisterzienserklöstern sowie den Zisterzienserkommunitäten, die Augsburgischen Bekenntnisses sind, zum Ausdruck zu bringen.[32] Im Jahre 2005 erfolgte diese Einladung von neuem. Nun nahm mit Äbtissin Monika von Kleist (Kloster Medingen) auch eine weibliche evangelische Vertreterin daran teil.[33]

Ausblick

Die Anfragen und Impulse, die Martin Luther und die durch ihn verursachte Reformation ausgelöst haben, bergen bei genauerer Betrachtung jenseits vereinfachter Vorstellungen und Antithesen vielfältiges Potential für die Zukunft. So führte Luthers theologischer Ansatz von Gnade und Rechtfertigung einerseits zu einer protestantischen Neubestimmung der Bedeutung kommunitären Lebens, andererseits auf Seiten der katholischen Kirche zu einer Klärung und zu einem Neuaufbruch im Ordens- und Kommunitätsleben – und dies schon im 16. und 17. Jahrhundert. Aus einem solchen zukunftsoffenen Impuls heraus lassen sich Potentiale formulieren, die für ökumenische Ansätze und Fragestellungen aus dem Gefüge ,Reformation und Klöster' erwachsen. Dazu gehört zunächst die Beobachtung, dass gerade Orden und Kommunitäten Kraft und Möglichkeiten besitzen, tatsächlich zwischen den Konfessionen ökumenische Chancen und Orte gemeinsamen christlichen Verständnisses zu entwickeln. Dies zeigt nicht zuletzt die geschwisterliche Verbundenheit, die der katholische Zisterzienserorden mit den Schwestern und Brüdern evangelischen Bekenntnisses pflegt. Erinnert sei in diesem Zusammenhang noch einmal an die Einladung von Vertreterinnen und Vertretern evangelischer Einrichtungen, die sich auf die zisterziensische Tradition begründen, zum Generalkapitel des Ordens nach Rom.

Darüber hinaus zeigt sich, dass Anfragen wie die der Reformatoren stets auch Impulse enthalten, die zur Entwicklung von immer wieder neuen zeitgemäßen Formen kommunitären kirchenverbindenden Lebens Mut machen. Hierher gehören dann auch konfessionsverbindende Kommunitäten wie Taizé oder alterprobte Modelle evangelisch-katholischen Zusammenlebens in einer Kommunität, wie sie das Stift Börstel nahe Osnabrück zeigt. Dort leben seit Mitte des 17. Jahrhunderts acht evangelische und zwei katholische Frauen in Gemeinschaft. Diese Verteilung ist bis heute verbindlich festgelegt.[34]

Zudem haben evangelische Einrichtungen, wie etwa die zu Stiften umgewandelten Frauenklöster der hannoverschen Klosterkammer, die überkommene Form ‚Stift' bewahrt und ‚über die Zeiten' gebracht, während diese in der katholischen Kirche beinahe in Vergessenheit geraten ist. Das Modell eines kommunitären Lebens auf Zeit mit der Möglichkeit, dieses auch wieder aufzugeben, könnte noch ungehobene Potentiale für die (Wieder-)Besiedelung manch leerstehender Klostergebäude bergen und insbesondere für Frauen und Männer in der dritten Lebensphase interessant sein. Auch andere Formen kommunitären geistlichen Lebens – wie etwa die vielfältige Gemeinschaft in Volkenroda in Thüringen, die aus Einzellebenden und Familien besteht, bietet Denkanstöße für ein ‚Weiterreichen' des kommunitären Gedankens christlichen Gemeinschaftslebens in die Zukunft.

Und schließlich ist darauf hinzuweisen, dass klösterliches und kommunitäres Leben heute sowohl evangelisch als auch katholisch als eine Konkretion der allen Christinnen und Christen verliehenen Taufgnade und des mit ihr verbundenen Heilsauftrags angesehen wird. Auf diese Gemeinsamkeit, die in den verschiedenen Charismen der Kirche ihren lebendigen Ausdruck findet, hatte Papst Johannes Paul II. 1996 in seinem Schreiben an die Ordensleute hingewiesen. Papst Franziskus führte diese Linie in seinem Apostolischen Schreiben aus Anlass des Jahres der Orden (30. 11. 2014 – 2. 2. 2016) fort, wenn er die Berufung zum kommunitären Leben mit dem geistlichen Auftrag der Familie in Beziehung setzt: „Ich preise den Herrn für das glückliche Zusammentreffen des *Jahres des geweihten Lebens* mit der Synode über die Familie. Familie und geweihtes Leben sind Berufungen, die Reichtum und Gnade für alle bringen, Räume der Humanisierung im Aufbau lebendiger Beziehungen, Orte der Evangelisierung. Man kann sich gegenseitig helfen."[35] Statt eine vermeintliche Last im ökumenischen Miteinander zu sein, bieten Klöster und Kommunitäten ein vielfaches und noch weiter zu hebendes Zukunftspotential für ein versöhntes Miteinander von Christinnen und Christen unterschiedlicher Konfessionen.

Anmerkungen

1   Vgl. Arnold Angenendt, Geschichte der Religiosität im Mittelalter, Darmstadt ³2005, 526.
2   Hubertus Lutterbach, „Monachus factus est". Die Mönchwerdung im frühen Mittelalter. Zugleich ein Beitrag zur Frömmigkeitsgeschichte, Münster 1995, 342; vgl. Angenendt, Religiosität (w. Anm. 1), 527.
3   Bernhard Lohse, Mönchtum und Reformation. Luthers Auseinandersetzung mit dem Mönchsideal des Mittelalters, Göttingen 1963, 156.
4   Ebd., 159.
5   Ebd., 373.
6   Vgl. ebd., 225, Anm. 39; Otto Scheel, Martin Luther, Bd. 2, ³1930, 131.
7   Vgl. Lohse, Mönchtum (w. Anm. 3), 167–169.
8   Risto Saarinen, Klostertheologie auf dem Weg der Ökumene: Wille und Konkupiszenz, in: Christoph Bultmann u. a. (Hg.), Luther und das monastische Erbe, Tübingen 2007, 269–290, hier 289.
9   Lumen gentium 32, zit. n. Karl Rahner / Herbert Vorgrimler, Kleines Konzilskompendium. Alle Konstitutionen, Dekrete und Erklärungen des Zweiten Vaticanums in der bischöflich genehmigten Übersetzung..., Freiburg – Basel – Wien ⁵1966, 163.
10 Sekretariat der Deutschen Bischofskonferenz (Hg.), Kongregation für die Institute des geweihten Lebens und die Gesellschaften des Apostolischen Lebens: Neubeginn in Christus. Ein neuer Aufbruch des geweihten Lebens im Dritten Jahrtausend. Instruktion (Verlautbarungen des Apostolischen Stuhls 155), Bonn 2002, 8; vgl. Sekretariat der Deutschen Bischofskonferenz (Hg.), Nachsynodales Apostolisches Schreiben Vita consecrata von Papst Johannes Paul II. [...] (Verlautbarungen des Apostolischen Stuhls 125), Bonn 1996, 85.
11 Benediktinerabtei Ettal (Hg.), Benediktinisches Ettal, Ettal 1996, 18.
12 Ebd., 19.
13 Vgl. Erwin Iserloh, Geschichte und Theologie der Reformation im Grundriß, Paderborn ³1985, 44.
14 Vgl. Lohse, Mönchtum (w. Anm. 3), 359.

Harald Schwillus

Die Reformation und die Klöster –   255
historische Last oder Zukunftspotential?

15 Vgl. Iserloh, Geschichte (w. Anm. 13), 44.

16 EKD, Kirchenamt (Hg.), Verbindlich leben. Kommunitäten und geistliche Gemeinschaften in der evangelischen Kirche in Deutschland. Ein Votum des Rates der EKD zur Stärkung evangelischer Spiritualität (EKD Texte 88), Hannover 2007, 11.

17 Hanna Dose, Kloster Ebstorf, in: Klosterkammer Hannover (Hg.), Evangelische Klöster in Niedersachsen, Rostock 2008, 56–61, hier 60.

18 Vgl. Kurt Röckener, Das Zisterzienserkloster Amelungsborn, München – Berlin 51998, 23.

19 Vgl. Harald Schwillus, Geregeltes Zusammenleben. Wohnen in der geistlichen Gemeinschaft christlicher Klöster, in: Rüdiger Fikentscher (Hg.), Wohnkulturen in Europa, Halle (Saale) 2016, 49–66.

20 ‚Verbindlich leben' (w. Anm. 16), 12 f.

21 Vgl. ebd., 13.

22 Ebd., 15.

23 Bernd Möller, Katholische Reform und Gegenreformation, in: Raymund Kottje / Ders. (Hg.), Ökumenische Kirchengeschichte, Bd. II: Mittelalter und Reformation, Mainz – München ²1978, 412–427, hier 419.

24 Dieter Weiß, Katholische Reform und Gegenreformation, Darmstadt 2005, 78.

25 Vgl. ebd., 75.

26 Vgl. ebd., 82.

27 Ebd., 82 f.

28 Ebd., 85.

29 Walter Kasper, Wegweiser Ökumene und Spiritualität, Freiburg – Basel – Wien 2007, 69–71.

30 Paul Geißendörfer, Die Gemeinschaft Evang. Zisterzienser-Erben in Deutschland. Eine Zwischenbilanz nach 10 Jahren, in: Ders. / Horst Hirschle, Die Gemeinschaft Evang. Zisterzienser-Erben in Deutschland. Ihr Werden, ihre theologische und kirchliche Prägung. Evangelische Kirchengemeinden, Klöster, Konvente und Kommunitäten in Deutschland, Heilsbronn 2003, 12–54, hier 12 f.

31 Vgl. ebd., 17–28.

32 Vgl. ebd., 42; Acta Curiae Generalis Ordinis Cisterciensis, Nova Series, Num. 4, 8 Decembris 2000, Romae Curia Generalis O. Cist. 2000, Ziff. 15, 12.

33 Vgl. Paul Geißendörfer, Offene Türen – offene Herzen. 25 Jahre Gemeinschaft Evang. Zisterzienser-Erben in Deutschland. Eine Lese- und Arbeitshilfe, Heilsbronn 2006, 66.

34 Vgl. Renate Oldermann / Britta Rook, Stift Börstel, in: Klosterkammer Hannover (Hg.), Evangelische Klöster in Niedersachsen, Rostock 2008, 100–104, hier 102.

35 Apostolisches Schreiben Seiner Heiligkeit Papst Franziskus zum Jahr des geweihten Lebens, Rom 2014, III.2. (https://w2.vatican.va/content/francesco/de/apost_letters/documents/papa-francesco_lettera-ap_20141121_lettera-consacrati.html, zuletzt aufgerufen am 28. 6. 2016).

» Katholische Religionslehre: Die Reformation in den gymnasialen Lehrplänen und den zugelassenen Religionsbüchern in Mitteldeutschland und Mecklenburg-Vorpommern

Matthias Bär

Für viele Schüler ist der Religionsunterricht, neben dem Geschichtsunterricht, der einzige Ort im Leben, an dem sie sich mit der Reformation auseinandersetzen. Was dort vermittelt wird, hängt stark vom Lehrer ab. Zwei weitere, leichter objektivierbare Rahmenbedingungen – Lehrplan und Lehrbuch – sollen hier untersucht werden.

1. Die Lehrpläne

In den Bundesländern bzw. Freistaaten Sachsen, Sachsen-Anhalt, Thüringen und Mecklenburg-Vorpommern existieren Fachlehrpläne im Rahmen des zum Abitur führenden Bildungsgangs für das Fach Katholische Religionslehre. Untersucht wurden

– der *Lehrplan Gymnasium Katholische Religion* aus dem Jahr 2004, in der überarbeiteten Fassung von 2011, herausgegeben vom Sächsischen Bildungsinstitut im Auftrag des Sächsischen Staatsministeriums für Kultus und Sport, hier der Lernbereich 8.4: Kirche in der Zeit,

– die *Rahmenrichtlinien Gymnasium Katholischer Religionsunterricht* aus dem Jahr 1997 in der überarbeiteten Fassung von 2003, herausgegeben vom Kultusministerium des Landes Sachsen-Anhalt, hier das Thema 7/3: Reform-Reformation-Gegenreformation,

- der *Lehrplan für den Erwerb der allgemeinen Hochschulreife Katholische Religionslehre* in der Fassung von 2013, herausgegeben vom Thüringer Ministerium für Bildung, Wissenschaft und Kultur, hier der Lernbereich 8/3: Die Gemeinschaft der Gläubigen in Gegenwart und Vergangenheit entdecken,
- der *Rahmenplan Regionale Schule, Verbundene Haupt- und Realschule, Hauptschule, Realschule, Gymnasium, Integrierte Gesamtschule Katholische Religion* in der Fassung von 2004, herausgegeben vom Landesinstitut für Schule und Ausbildung im Auftrag des Ministeriums für Bildung, Wissenschaft und Kultur Mecklenburg-Vorpommern, hier das Kernthema 9d: Einheit und Pluralität in der Ökumene.

Auszüge aus den Lehrplänen geben Auskunft darüber, was Lehrkräfte in ihrem Unterricht umsetzen sollen:

Grundkompetenz[*]

Sachsen-Anhalt (7.3)
- „Gemeinsamkeiten und Unterschiede christlicher Konfessionen darstellen und reflektieren" (S. 10)
- „entscheidende Situationen der Kirchengeschichte in Ablauf und Bedeutung auch für die Gegenwart erläutern" (S. 10)

Thüringen (8.3)
- „Der Schüler kennt die religiöse Praxis von katholischen und evangelischen Christen und kann ökumenisches Handeln beschreiben"
- „Ihm werden Unterschiede gegenüber den Mitschülern deutlich, die einer anderen Kirche angehören oder ohne Kirchenzugehörigkeit sind. In der Auseinandersetzung mit der Geschichte Martin Luthers und der Reformation, die mit Thüringen in besonderer Weise verknüpft ist, lernt der Schüler die Unterschiede des Kirchenverständnisses kennen."

[*] Terminologie dieser Spalte vom Autor

Matthias Bär

Katholische Religionslehre: Die Reformation in den gymnasialen Lehrplänen und den zugelassenen Religionsbüchern in Mitteldeutschland und Mecklenburg-Vorpommern

259

Mecklenburg-Vorpommern (9d)
- „Einen reflektierten Standpunkt einnehmen können in der Begegnung mit anderen Christen"
- „Gemeinsamkeiten erfahren" (S. 50)
- „Erklären von Ursachen und geschichtlichen Hintergründen der Kirchenspaltung im 16. Jahrhundert" (S. 51)

Lernziele*

Sachsen (8.4)
- „Beurteilen von Ursachen, Inhalten und Verlauf der Reformation"
- „Einblick gewinnen in die Biografie Martin Luthers und sich zu dessen Person und zum Ereignis positionieren"
- „Finblick gewinnen in Reformbemühungen der katholischen Kirche"
- „Kennen der Folgen der Reformation in Sachsen" (S. 22)
- „Einblick gewinnen in das Leben der evangelischen Ortsgemeinde und anwenden konfessioneller und ökumenischer Kenntnisse bei einer Begegnung mit evangelischen Christen" (S. 23 – Wahlpflicht 1)

Sachsen-Anhalt (7.3)
- „Grundzüge der Reformationsgeschichte kennen"
- „Reformbedürftigkeit als konstitutives Element der Kirche erkennen und Folgen für die heutige Kirche abschätzen"
- „Grundfragen der Theologie aus der Sicht beider Konfessionen beurteilen" (S. 62)

Thüringen (8.3)
- „die Suche des spätmittelalterlichen Menschen nach Erlösung zur heutigen Sinnsuche in Beziehung setzen"
- „die Rechtfertigungslehre Martin Luthers erschließen"
- „die Lebensstationen Martin Luthers darstellen"

- „die katholische Reform durch das Tridentinische Konzil als Versuch der Erneuerung für die Kirche erläutern"
- „Ignatius von Loyola als wesentlichen Repräsentanten der katholischen Reform charakterisieren"
- „die Abfolge kirchengeschichtlicher Ereignisse visualisieren"
- „Informationen zu kirchengeschichtlichen Ereignissen selbstständig sammeln, strukturieren und präsentieren" (S. 21)

Mecklenburg-Vorpommern (9d)
- „erkennen, dass sich die christlichen Konfessionen trotz vorhandener Unterschiede durch grundlegende Gemeinsamkeiten auszeichnen"
- „Evangelisch – Katholisch" – eigene Erfahrungswelt" (S. 51)

Inhalt 1 *

Sachsen (8.4)
- „Verweltlichung der Kirche, religiöse Desorientierung, fehlende religiöse Bildung, Proletarisierung des Klerus"
- „Erstarrung und mangelnde Reformbereitschaft"
- „Bedeutung des Buchdruckes" (S. 22)

Sachsen-Anhalt (7.3)
- „Zustand der Kirche an der Schwelle zum 16. Jahrhundert und Reformanliegen in der mittelalterlichen Kirche" (S. 62) („Quellenmaterial zu Kirchenkritik, Frömmigkeitsformen, Buchdruck, Humanismus, politische Instabilitäten")

Mecklenburg-Vorpommern (9d)
- (Sinnsuche der spätmittelalterlichen Menschen)

---

* Terminologie dieser Spalte vom Autor

Matthias Bär

Katholische Religionslehre: Die Reformation in den gymnasialen Lehrplänen und den zugelassenen
Religionsbüchern in Mitteldeutschland und Mecklenburg-Vorpommern

261

Inhalt 2[*]

Sachsen (8.4)
- „Johann Calvin und sein Werk"
- „Rolle der deutschen Fürsten und des Kaisers, Rolle der Kurie"
- „Begriff des Protestantismus", „Augsburger Bekenntnis"
- „Martin Luther: Leben und Werk, Gottesvorstellung, Rechtfertigungslehre, Gnadenlehre"
- „Bedeutung des Römerbriefs für Luther, Kirchenverständnis"
- „Ablehnung von Weihepriestertum, Mönchtum, kirchlicher Hierarchie, Autorität des Papstes" (S. 22)
- „Einführung der Reformation [in Sachsen] 1539"

Sachsen-Anhalt (7.3)
- „die Reformation in Deutschland und ihre theologischen Forderungen" (S. 62)
  („Luthers Thesenanschlag in Wittenberg, Reichstag zu Worms, Augsburger Bekenntnis 1530, Augsburger Religionsfriede 1555, Calvin und Zwingli, Folgen der Reformation für Deutschland")

Thüringen (8.3)
- Rechtfertigungslehre Martin Luthers, Lebensstationen Martin Luthers,

Mecklenburg-Vorpommern (9d)
- „Wie es zur Spaltung der Kirche kam – ausgewählte Aspekte der geschichtlichen Hintergründe" (S. 51)

Inhalt 3[*]

Sachsen (8.4)
– „Konzil von Trient, Bedeutung der Jesuiten, Gegenreformation"

Sachsen-Anhalt (7.3)– „katholische Kirche nach der Reformation"
(S. 62)
(„Konsolidierung der Kirche durch Trienter Konzil, Jesuiten,
Konfessionalismus")

Thüringen (8.3)
– (katholische Reform, Trienter Konzil, Jesuiten)

1.1. Fragen an die Lehrpläne:

1.1.1. Welche Kompetenzen sollen angebahnt werden?
Unabhängig von der Frage, ob die Rede von der Kompetenzorientierung eine ‚kopernikanische Wende' in der Religionsdidaktik darstellt oder nicht, ist ein Blick auf die Lehrpläne von vier Bundesländern[1] von der Suche danach bestimmt, wozu Schüler nach einem erfolgreichen Unterricht in der Lage sind. Dies wird in den einzelnen Lehrplänen unterschiedlich zum Ausdruck gebracht. Eine Übersicht über die Operatoren, die Verwendung finden, bringt Klarheit:

---

* Terminologie dieser Spalte vom Autor

Matthias Bär

Katholische Religionslehre: Die Reformation in den gymnasialen Lehrplänen und den zugelassenen
Religionsbüchern in Mitteldeutschland und Mecklenburg-Vorpommern

263

Anforderungsbereiche[2]

I
Einblick gewinnen (Sachsen), kennen (Sachsen, Sachsen-Anhalt, Thüringen), erkennen (Sachsen-Anhalt, Mecklenburg-Vorpommern), darstellen (Sachsen-Anhalt, Thüringen), beschreiben (Thüringen).

II
Anwenden (Sachsen), in Beziehung setzen (Thüringen), erläutern (Sachsen-Anhalt, Thüringen), charakterisieren (Thüringen), strukturieren (Thüringen), erklären (Mecklenburg-Vorpommern).

III
Beurteilen (Sachsen, Sachsen-Anhalt), sich positionieren (Sachsen), reflektieren (Sachsen-Anhalt), abschätzen (Sachsen-Anhalt), einen reflektierten Standpunkt einnehmen (Mecklenburg-Vorpommern), visualisieren (Thüringen), präsentieren (Thüringen).

Die Operatoren ‚erfahren' (Mecklenburg-Vorpommern), ‚erschließen' (Thüringen), ‚selbstständig Informationen sammeln' (Thüringen) sind nicht einzuordnen, denn hier wird ein Teilprozess beim Lernen genannt, kein Ergebnis. Sie führen zur Ebene I hin.
Die Auswertung ergibt, dass alle drei Ebenen von allen vier Lehrplänen adressiert werden. Innerhalb der Lehrpläne sind die Häufigkeit und die Verteilung der Operatoren unterschiedlich.

Bundesland/ Anforderungsbereich	I	II	III
Sachsen	40 %	20 %	40 %
Sachsen-Anhalt	43 %	14 %	43 %
Thüringen	33 %	44 %	23 %
Mecklenburg-Vorpommern	33 %	33 %	33%

Im Ergebnis zeigt sich, dass in Sachsen und Sachsen-Anhalt die Ebene II im Lehrplan weniger stark ausgewiesen wird, in Thüringen fällt die geringe Betonung der Ebene III auf. Die besondere Formulierungsart des Lehrplans für Mecklenburg-Vorpommern setzt der Vergleichbarkeit Grenzen.

Die Mehrzahl der in den Lehrplänen genannten Kompetenzen sind prozessbezogen, beschreiben also Aktivitäten, zu denen die Schüler nach dem Unterricht in der Lage sind. Diese sind nicht die Operatoren ‚kennen‘, ‚erkennen‘, ‚Einblick gewinnen‘, ‚erfahren‘, ‚erschließen‘ und ‚selbstständig Informationen sammeln‘, die Zustände oder Aktivitäten im Lernprozess benennen.

Matthias Bär

Katholische Religionslehre. Die Reformation in den gymnasialen Lehrplänen und den zugelassenen Religionsbüchern in Mitteldeutschland und Mecklenburg-Vorpommern

265

1.1.2. Welche Inhalte werden genannt?

- Missstände in der spätmittelalterlichen Kirche (Sachsen, Sachsen-Anhalt)
- Spätmittelalterliche Frömmigkeit (Sachsen-Anhalt, Thüringen)
- Humanismus (Sachsen, Sachsen-Anhalt)
- Globaler Verlauf der Reformation (Sachsen, Sachsen-Anhalt, Mecklenburg-Vorpommern)
- Details der Reformation (Fürstenreformation etc.) (Sachsen)
- Landesgeschichte (Sachsen, Thüringen)
- Martin Luther (Biographie) (Sachsen, Thüringen)
- Martin Luther (Theologie) (Sachsen, Thüringen)
- Calvin (Sachsen, Sachsen-Anhalt)
- Zwingli (Sachsen-Anhalt)
- Theologie der lutherischen Reformation (Sachsen, Sachsen-Anhalt)
- Katholische Reform bzw. Gegenreformation (Sachsen, Sachsen-Anhalt, Thüringen)
- Jesuiten (Sachsen, Sachsen-Anhalt, Thüringen)

Hier zeigen sich gravierende Unterschiede zwischen den Lehrplänen. Sachsen bietet einen umfangreichen Inhaltskatalog mit zahlreichen Details, in Mecklenburg-Vorpommern werden so gut wie keine Inhalte genannt, Sachsen-Anhalt und Thüringen sehen Inhalte auf einer mittleren Anspruchsebene vor. Die beiden Freistaaten Sachsen und Thüringen legen Wert auf die Regionalgeschichte. Die Erklärung der Reformation aus dem Spätmittelalter erfolgt explizit nur in Sachsen-Anhalt und Sachsen. In Sachsen-Anhalt wird die Person Martin Luthers nicht so stark in den Blick genommen wie in Sachsen und Thüringen, dafür ist dies der einzige Lehrplan, der Zwingli ausdrücklich nennt. Die innere Struktur der Reformationsgeschichte (Spätmittelalterliche Situation, Modernisierung, Konflikt, Trennung, Konfessionalisierung) kommt am deutlichsten in Thüringen zum Ausdruck, in Sachsen wird sie durch die Detailfülle etwas verdeckt, ist aber ebenfalls vorhanden.

1.1.3. Welches religionspädagogische Ziel wird mit der Behandlung der Reformation verfolgt?

Diese Frage ist oft nur deduktiv erschließend zu beantworten. In Sachsen lernt der Schüler sehr viel über die Reformation und baut – Erfolg des Unterrichts vorausgesetzt – eine breite Faktenbasis auf. Sachsen-Anhalt formuliert als Ziel die kompetente Begegnung mit der anderen Konfession, Thüringen hebt stark auf die Geschichtsdeutung ab und Mecklenburg-Vorpommern möchte, dass dem Schüler die Gemeinsamkeiten der Konfessionen klar werden.

2. Die Schulbücher

Die Analyse umfasst folgende Lehrwerke:
- Leben gestalten 2 Ausgabe N, herausgegeben von Markus Tomberg, Klett (zugelassen in Sachsen-Anhalt, Thüringen und Mecklenburg-Vorpommern)
- Mittendrin. Lernlandschaften Religion 7/8, herausgegeben von Iris Bosold und Wolfgang Michalke-Leicht, Kösel (zugelassen in Thüringen)
- Reli 7, herausgegeben von Georg Hilger und Elisabeth Reil, Kösel (zugelassen in Thüringen und Mecklenburg-Vorpommern)
- Religionsbuch für das 7./8. Schuljahr, verfasst von Hubertus Halbfas, bsv-Patmos (zugelassen in Sachsen und Sachsen-Anhalt)
- Treffpunkt RU 9/10, erarbeitet von Reinhard Bamming und Maria Trendelkamp, Kösel (zugelassen in Mecklenburg-Vorpommern)
- Wege des Glaubens 7/8, verfasst von Werner Trutwin, Patmos (zugelassen in Thüringen)

Im folgenden werden inhaltliche Fragen an die Schulbücher gestellt und deren Herangehensweise skizziert, an deren Ende jeweils der aktuelle Stand der Wissenschaft kurz erläutert wird, so dass ein Vergleich leicht möglich ist.

Matthias Bär

267

Katholische Religionslehre. Die Reformation in den gymnasialen Lehrplänen und den zugelassenen Religionsbüchern in Mitteldeutschland und Mecklenburg-Vorpommern

2.1. Inhaltliche Fragen an die Schulbücher:

2.1.1. Wie wird der Zustand der Kirche vor der Reformation geschildert?

Leben gestalten 2 (S. 104 f.) sieht einen didaktischen Dialog zwischen „Michaelis" und „Raimundus" vor, in dem folgende Tatsachenbehauptungen vorkommen: Handel mit gefälschten Reliquien, an anfassbare Dinge gebundene Frömmigkeit, an die Priesterweihe gebundene Autorität der Schriftauslegung, Thesaurus Ecclesiae, Reichtum des Papstes, Angst vor dem Fegefeuer, Wüten der Inquisition mit Scheiterhaufen, Hussiten/Katharer/Waldenser, Proletarisierung des Klerus, Nichteinhaltung des Zölibats, Simonie, zaghafte Reformen, neue Orden.

Mittendrin (S. 108 f.) führt die Schüler mittels Bilder hin zu Ängsten im Mittelalter, dem Lebensgefühl in dieser Zeit, der Fegefeuerlehre und dem Ablasswesen.

Reli 7 (S. 94 – 99) geht von den Bauernaufständen aus und stellt folgende Inhalte vor: die Bauern wollen nach dem Evangelium leben, sind von den reformatorischen Predigern begeistert und müssen nun ihr Leben ändern. In der Stadt wird in einem didaktischen Dialog zwischen „Hans" und „Anna" über Messstipendien, Ablassbriefe, Angst vor Strafe, Flucht aus den Klöstern und Volkssprache im Gottesdienst gesprochen.

Im *Religionsbuch 7/8* (S. 244 – 247) wird die vorreformatorische Zeit durch folgende Elemente charakterisiert: reiche Städte, sehr reiche Kirche, Sehnsucht nach Glaubwürdigkeit und Predigten in der Volkssprache, Pest, religiöser Fanatismus, Reliquienverehrung und Wundererwartungen, fürstlicher Lebensstil von Bischöfen und Päpsten.

Treffpunkt RU 9/10 führt den Komplex mit einem langen Auszug aus dem Jugendbuch „Der Feuerbaum" von Günther Bentele ein. Hier ist jedoch die Reformation bereits Realität. Auf die Missstände kommt das Schulbuch im Zusammenhang mit Martin Luther zu sprechen (S. 137f.). Das Bild von der Zeit setzt sich zusammen aus technischen Entwicklungen und geographischen Entdeckungen sowie sozialen Faktoren: zunehmende Kluft zwischen Arm und Reich, wichtige Alltagsreligiosität, Aberglaube, kirchliche Missstände (fürstlicher Lebensstil von Bischöfen und Päpsten, Ablasspraxis).

Wege des Glaubens (S. 144-146) deutet die Zeit zwischen 1400 und 1500 in unsachlichem Ton als Krisenzeit, geprägt von Ängsten, Krankheiten, technischen Neuerungen und geographischen Entdeckungen. In Bezug auf die Kirche werden genannt: Avignonesisches Papsttum, Abendländisches Schisma, Überzahl an Priestern, Nichteinhaltung des Zölibats, mangelnde theologische Bildung in den Klöstern, fürstliches Leben von Bischöfen und Päpsten, unwürdige Spendung und Empfang der Sakramente, gescheiterte Konzilien.

Hierzu lässt sich unter Bezugnahme auf den aktuellen *Stand der Wissenschaft*[3] festhalten:
Grundlegende Ursachen der Reformation bzw. Erklärungen für die Wirksamkeit Martin Luthers sind:
- Kirchenkritik und vorreformatorische Reformen, gerade auch durch die deutschsprachigen Fürsten,
- die ausgeprägte Heilssehnsucht und die dadurch gesteigerte Frömmigkeit mit Zügen von Kommerzialisierung und Veräußerlichung,
- theologische Defizite im Bereich des Sakramentenbegriffs,
- ein einsetzender Bildungsaufschwung,
- eine politische Konstellation in vielen Staaten, die auf eine stärkere Zentralgewalt z. B. von Königen hinauslief.

Matthias Bär

269

Katholische Religionslehre. Die Reformation in den gymnasialen Lehrplänen und den zugelassenen Religionsbüchern in Mitteldeutschland und Mecklenburg-Vorpommern

2.1.2. Was wird als Motivation Luthers genannt?

Leben gestalten geht von der allgemeinen Heilssehnsucht bzw. Höllenangst im Spätmittelalter aus (S. 106–108) und reiht hier Martin Luther ein. Seine konkreten Ängste führten ihn ins Kloster, wo aber die Zweifel nicht besiegt werden konnten. Von hier aus entwickelt sich bei Luther die Ablehnung des Ablasswesens.

Mittendrin beginnt mit dem Gelübde Luthers in Stotternheim und zeigt ihn als skrupulösen spätmittelalterlichen Menschen, der erst in der Zusage Gottes durch die Bibel Beruhigung findet. Daneben stellt Mittendrin die als schlimm geschilderte Romerfahrung von 1511 (S. 110 f.).

Reli 7 geht von Luther als Exeget aus, der seine Erkenntnisse weitergeben möchte und v. a. die Bauernbefreiung fördert (S. 95).

Im *Religionsbuch 7/8* erfährt man recht vollständig die belegten ereignisgeschichtlichen Fakten aus dem Leben Luthers (S. 249 f.). Der Klostereintritt wird auf das Gelübde zurückgeführt. Sein wissenschaftliches Interesse konzentriert sich auf die Frage nach dem Heil und führt zu den drei Sola-Prinzipien. Psychologische Momente bei Luther kommen nicht vor.

Treffpunkt 9/10 (S. 137 f.) setzt mit der Ablassfrage als Beginn des Wirkens Luthers ein.

Wege des Glaubens (S. 147 f.) zeichnet Luther als Mönch, der das Evangelium erfassen will. Angst und „innere Unruhe" führen ihn ins Kloster in dem Bestreben sein Heil zu finden. Durch Studium kommt er zur Entdeckung der Gnade als einzig Notwendigem für das Heil.

Der Blick auf den *Stand der Wissenschaft*[4] ergibt als Kontrollgröße dieses Bild:
Martin Luther war existentiell vom Ringen um das eigene Seelenheil erfasst. Seine Herkunftsfamilie partizipierte bereits am Bildungsaufschwung, insofern vereinen sich in ihm zeittypische Phänomene. Die Romfahrt 1511 wird von ihm erst mit großem zeitlichen Abstand in den Tischreden negativ bewertet, dass er bereits 1511 schockiert gewesen sei, ist quellenmäßig nicht belegt.

2.1.3. Wie ist die Darstellung der Reaktion der Kirche?

Leben gestalten stellt diese Frage unter die Überschrift „neuer Schwung für die alte Kirche" (S. 114), konstatiert, dass die Reform zu spät kam und stellt Philipp Neri und Karl Borromäus als Gestalten katholischer Reform positiv vor. Die Darstellung der Geschichte endet 1555, das Konzil von Trient wird nur genannt im Zusammenhang mit Karl Borromäus und nicht erklärt.

Mittendrin stellt das Trienter Konzil dar und würdigt es als moralischen Wendepunkt (S. 117) bei inhaltlicher Kontinuität. Die Aufgabe der Jesuiten wird mit der Gegenreformation in Zusammenhang gebracht.

In *Reli 7* ist die Reformation ein Erfolg und erreicht viele Menschen (einmal werden 90 %, einmal 65 % genannt – beides S. 94). Im Lexikon (S. 110) wird die Gegenreformation behandelt: Erneuerung durch Trient, gewaltsame Durchsetzung.

Im *Religionsbuch 7/8* zeigt die Herausforderung durch Luther und die Reformation für die Kirche als Chance, die v. a. vom Jesuitenorden ergriffen wurde (S. 257–259). Die Person des Ignatius von Loyola wird ausführlich eingeführt. In Bezug auf Trient wird der späte Zeitpunkt betont und die geringe Teilnahme deutscher Bischöfe. Die Ernsthaftigkeit und die Theologie der Verbindung von Positionen nehmen breiten Raum ein, die Missstände erscheinen als abgeschafft.

Matthias Bär

Katholische Religionslehre: Die Reformation in den gymnasialen Lehrplänen und den zugelassenen
Religionsbüchern in Mitteldeutschland und Mecklenburg-Vorpommern

271

Treffpunkt 9/10 endet mit dem Jahr 1555, ergänzt durch einen kurzen Ausblick auf den Dreißigjährigen Krieg (S. 138). Weder Trient noch die Katholische Reform werden erwähnt.

Wege des Glaubens überschreibt das entsprechende Kapitel „Die katholische Antwort" (S. 157–160). Unter Gegenreformation versteht das Buch eine konzertierte Aktion von Kaiser, Fürsten und Bischöfen. Die Katholische Reform wird mit den Jesuiten verbunden sowie mit dem Trienter Konzil. Ignatius und der von ihm gegründete Orden erhält zwei Seiten. Das Trienter Konzil wird in seinen Ergebnissen zusammengefasst.

Der *Stand der Wissenschaft*[5] hierzu wie folgt:
Die katholische Kirche konfessionalisierte sich, verstand (und versteht) sich aber nicht als Konfession, sondern als die wahre universale Kirche. Sie stabilisierte sich mit neuem Selbstbewusstsein. Die Umsetzung der Trienter Reformen konnte an die Katholische Reform anknüpfen, jener dezentralen Bewegung, die durchaus schon vorreformatorisch wirkte und v. a. von Orden getragen wurde.

Zwischenfazit: In wissenschaftlicher Hinsicht überzeugen am meisten *Leben gestalten*, *Wege des Glaubens* und *Mittendrin*, während man *Reli 7* (mit überraschenden Anleihen an die marxistische Geschichtsschreibung) als unhaltbar bezeichnen muss. Insgesamt besteht bei allen Schulbüchern eine Tendenz zur Übernahme der Luthermythen (also Thesenanschlag usw.), die historischer Forschung nicht standhalten.

2.2. Didaktische Fragen

2.2.1. Ist die Sprache für gymnasialen Unterricht angemessen?

Leben gestalten ist in Syntax wie in der Lexik sehr passend und weist einen mittleren Schwierigkeitsgrad auf. Der Ton ist sachlich. Ein Glossar für Fachbegriffe ist nicht vorgesehen.

Auch bei *Mittendrin* ist ein geeigneter Lehrton getroffen. Sachlichkeit, wenn auch mitunter mit etwas farbigerer Wortwahl („liebäugeln" S. 114, „von dannen ziehen" S. 114, „zurückstecken" S. 117), zeichnet die Texte aus, die gut lesbar sind. Fachbegriffe und Personennamen sind hervorgehoben und in einem Glossar erschlossen.

Reli 7 ist ursprünglich als Schulbuch für die bayerische Hauptschule konzipiert worden. Seine Sprache ist für gymnasialen Unterricht zu einfach und undifferenziert. Der wenig variantenreiche Wortschatz führt zu Wiederholungen, die Satzmuster sind monoton (z. B. S. 94). Fachbegriffe sind hervorgehoben und in einem Glossar erläutert.

Im *Religionsbuch 7/8* herrscht ein besonderer Duktus. Die sehr langen Texte sind wenig gegliedert. Der Ton ist recht persönlich, ein Erzähler deutet den Stoff mehr, als dass er sachlich dargestellt wird. Die Sprache ist leicht archaisch und Sätze wie „Der unerhörte Vorgang hörte auf, bloßer Lehrstreit zu sein." (S. 251) dürften sich nicht allen Schülerinnen und Schülern der 7. oder 8. Klasse erschließen. Partikel wie „just" (S. 251), „vielmehr" (S. 259) etc. bestätigen den narrativen Ton. Insgesamt ist das sprachliche Niveau sehr hoch. Fachbegriffe sind in Randglossen erläutert.

Treffpunkt RU 9/10 formuliert klar und sachlich. Wertungen sind vorsichtig und zurückhaltend (meist, manche etc.). Die Texte sind hinreichend komplex aber altersgemäß. Ein Glossar für Fachbegriffe fehlt.

Matthias Bär

273

Katholische Religionslehre: Die Reformation in den gymnasialen Lehrplänen und den zugelassenen
Religionsbüchern in Mitteldeutschland und Mecklenburg-Vorpommern

Wege des Glaubens trifft ebenfalls Sprache und Ton eines gymnasialen Lehrbuchs für die Mittelstufe. Der Schwierigkeitsgrad liegt auf Grund kürzerer Sätze etwas unter den Büchern *Leben gestalten* und *Mittendrin*, ohne allerdings das geforderte Niveau zu verfehlen. Fachbegriffe werden in Kästen in Randspalten erklärt.

2.2.2. Bilder

Leben gestalten ist mit Bildern von Stephan Lochner, Lucas Cranach d. J. und d. Ä. und Ludwig Rabe zeitgenössisch illustriert, allerdings auch mit einer Darstellung von Hugo Vogel aus dem 19. Jahrhundert, die den ahistorischen Thesenanschlag an der Schlosskirche zu Wittenberg zeigt, was der Begleittext allerdings sachgemäß richtig stellt (S. 109).

Mittendrin startet mit einer ausführlichen Anleitung zur Arbeit mit Bildern (S. 106) und bringt Darstellungen aus dem 14. und 15. Jahrhundert, um so dem Lebensgefühl des Spätmittelalters Ausdruck zu geben. Die Reformation selber wird mit Cranach-Bildern begleitet.

Reli 7 hat für das Schulbuch angefertigte Zeichnungen im Cartoon-Stil anzubieten, Originalbilder fehlen.

Im *Religionsbuch 7/8* sind die Bilder nicht auf den jeweiligen Seiten beschriftet, sondern nur im Abbildungsverzeichnis. Darstellungen sind häufig und stammen aus dem 15. und 16. Jahrhundert (Dürer, Barent von Orley, Heinrich Aldegrever, Meister Smit, Jean Perissin). Eine Karikatur Cranachs ergänzt dieses Programm.

Treffpunkt 9/10 illustriert sparsamer: Ein Lutherbild von Cranach d. Ä. steht allein neben einer aktuellen Karikatur.

Wege des Glaubens setzt mehr auf Holzschnitte von Personen oder Ereignissen bzw. Karikaturen, daneben finden sich die Luther- und Elternporträts von Cranach d. Ä. und spätere Bilder aus dem 18. und 19. Jahrhundert, die Luthermythen und Zwingli darstellen.

2.2.3. Quellen

Leben gestalten bereitet Lutherzitate auf, inklusive Auszüge aus den 95 Thesen, die jeweils mit grünem Hintergrund versehen sind, anders als die drei anderen Quellen, die die Anklagerede und die kaiserliche Erklärung von 1521 in Auszügen wiedergeben.

In *Mittendrin* finden sich Aussagen von Papst Gregor VII. aus dem 11. Jahrhundert über das Papstamt und fünf der 95 Thesen Luthers. Ahistorisch wird Luther in Worms mit dem so nie gesagten „Hier stehe ich und kann nicht anders" als Quelle eingeführt (S. 114), in Briefen kommen Müntzer und Melanchthon zu Wort (S. 116). Angesichts des fehlenden Belegs ist es nicht klar, ob es sich um eine Quelle handelt oder um einen didaktisierten Text.

Reli 7 beinhaltet keine Quellentexte.

In die Geschichtserzählung im *Religionsbuch 7/8* sind kurze Quellensplitter eingearbeitet. Dabei handelt es sich um zeitgenössische Lieder, Sätze von Wiclif, von Luther (darunter auch der Satz von Worms), von Cajetan, von Kaiser Karl V., aus dem Tagebuch von Albrecht Dürer, alle jedoch ohne Beleg und damit schwer einzuschätzen. Vermutlich handelt es sich mindestens teilweise um fiktive Aussagen, die Farbe in den Text bringen.

Luthers Schlussworte von Worms finden sich auch im *Treffpunkt RU 9/10* (S. 138 – ohne Beleg), allerdings als einzige Quelle.

Wege des Glaubens bringt einen Auszug aus Luthers Vorrede zum ersten Band seiner lateinischen Werke in deutscher Übersetzung, die das Turmerlebnis schildert, den verbürgten Teil des Schlusswortes von Worms, Sätze von Zwingli und Calvin (S. 154 f.), Kritik am päpstlichen Hof durch Papst Hadrian VI. (S. 157) und Sätze von Ignatius von Loyola (S. 159).

Matthias Bär

Katholische Religionslehre. Die Reformation in den gymnasialen Lehrplänen und den zugelassenen Religionsbüchern in Mitteldeutschland und Mecklenburg-Vorpommern

275

2.2.4. Arbeitsaufträge

Leben gestalten hat auf nahezu jeder Seite Arbeitsaufträge, die die im modernen Unterricht gebräuchlichen Operatoren verwenden. Sie behandeln z. T. das gebotene Material, z. T. weisen sie über das Buch hinaus. Sie führen teilweise zu umfangreichen Projekten, bieten dem Lehrer also von Jahr zu Jahr die Möglichkeit, andere Schwerpunkte zu setzen. Das Thema ist insgesamt einem großen Arbeitsauftrag – Verfassen eines Zeitungsartikels – zugeordnet.

Mittendrin weist sehr viele Arbeitsaufträge auf, die das Material erschließen oder mit unterschiedlichen Methoden die Stofferarbeitung steuern. Kreative und propädeutische Aufgaben wechseln ab.

Reli 7 fordert in seinen Arbeitsaufträgen zum Lesen und zum Notieren von Gesprächsergebnissen auf. Eine projektartige Aufgabensammlung zu den Ortskirchen ermöglicht hier anzuknüpfen (S. 92). Einige Übungen (Rollen einer Walze auf einem Lineal) sollen die Schwierigkeit von spirituellen Prozessen verdeutlichen (S. 95).

Im *Religionsbuch 7/8* gibt es keine Arbeitsaufträge.

Der *Treffpunkt 9/10* fordert in seinen Arbeitsaufträgen zur Vertiefung und zur Aktualisierung auf, die Arbeitsaufträge sind nicht sehr zahlreich.

In relativ kleiner Type gesetzt, sind die Arbeitsaufträge in *Wege des Glaubens* geeignet zur Zusammenfassung oder als Lernzielkontrollen.

2.2.5. Ermöglichung kompetenzorientierten Arbeitens

Leben gestalten ist für einen klassischen Unterricht mit kompetenzorientierten Anteilen geeignet. Die Einbettung des ganzen Kapitels in das Unterfangen, einen Zeitungsartikel zu verfassen – gibt ein (wenn auch nicht sehr originelles) Ziel vor. Der Gedankengang – sieht man vom sachlich falschen Titel „Selbstbewusst glauben" ab – ist klar und führt zu einem systematischen Erarbeiten der Reformation.

Mittendrin ist in dieser Auswahl sicherlich das Lehrbuch, das der Kompetenzorientierung am meisten entspricht. Es geht von einem gut geplanten zielorientierten Unterricht aus und ermöglicht dem Lehrer eine abwechslungsreiche Gestaltung. Selbsttätigkeit und Inputphasen sind mit diesem Buch gleichermaßen möglich.

Reli 7 ist für gymnasialen Unterricht nicht geeignet. Es ist eher handlungsorientiert und regt durch seine Inhaltsarmut nicht zu eigenständigem Weiterdenken und -arbeiten an.

Das *Religionsbuch 7/8* ist ein heute untypisch gewordener Vertreter des Schulbuchs. Die langen Textstrecken müssen durch den Lehrer methodisch aufbereitet werden. Fachlich ist das Buch anspruchsvoll, wenn auch nicht immer zurückhaltend in der Tendenz. Von den Vorstellungen heutigen Religionsunterrichts ist es sehr weit entfernt. Als einen soliden Hintergrund schaffendes Buch in der Lehrerhand kann es sicher gute Wirkung entfalten.

Auf den *Treffpunkt RU 9/10* treffen die Aussagen über *Leben gestalten* weitgehend zu, wenn es auch etwas knapper gehalten ist.

Lässt man die theologischen Probleme und unnötigen antikirchlichen Affekte beiseite, ist *Wege des Glaubens* ein materialreiches Lehrwerk, das dadurch viele Anknüpfungspunkte bietet, allerdings wohnt ihm keine explizite Kompetenzorientierung inne, wie es der Autor im Internet behauptet.[6]

Matthias Bär

Katholische Religionslehre: Die Reformation in den gymnasialen Lehrplänen und den zugelassenen
Religionsbüchern in Mitteldeutschland und Mecklenburg-Vorpommern

277

3. Fazit

Es ist dies nicht der Ort, eine abschließende Wertung vorzunehmen. Einige allgemeine Beobachtungen stimmen nachdenklich: Kirchenhistorische Forschungsergebnisse werden immer wieder nicht zur Kenntnis genommen und liebgewonnene Mythen weiter tradiert, weil sie – da einem schwarz-weiß-Denken verhaftet – einfacher darzustellen sind. Zum kritischen Denken der Schüler führt dies aber nicht.

Katastrophale Fehler (bis hin zu der These, dass heute noch evangelische Christen eher die eine, katholische eher die andere Partei wählen würden, Katholiken weniger weit reisen würden und Katholiken ihre Nachbarn weniger streng überprüfen würden) finden sich ausgerechnet im Lehrwerk, dass z. B. in Bayern in der Mittelschule eingesetzt wird (*Reli 7*), wo eine Eindeutigkeit in der sachlichen Richtigkeit besonders wichtig wäre.

Nicht wenige Bücher hinterlassen trotz mancher wissenschaftlicher Schieflage einen guten Gesamteindruck.

Die Lehrpläne ähneln sich überraschend wenig, der Stoff ist verschieden zugeschnitten und die pädagogischen Zielsetzungen, vielleicht darf man auch von einer landesspezifischen pädagogischen Dogmatik sprechen, sind sehr unterschiedlich. Dies hat teilweise mit mangelndem Mut zur Komplexität des Stoffs, teilweise mit einer zu skrupulösen Tendenz zur Vollständigkeit zu tun. Eine klare Priorität des didaktischen Ziels müsste insgesamt transparenter erkennbar sein. Die Schulbuchverlage, die versuchen müssen, mit ihren Büchern mehrere Bundesländer abzudecken, sind nicht zu beneiden.

Anmerkungen

1   Berlin und Brandenburg bleiben wegen der anderen Gestaltung der religiösen schulischen Bildung außer Betracht.

2   Einheitliche Prüfungsanforderungen (EPA) für das Abitur im Fach Katholische Religionslehre, http://db2.nibis.de/1db/cuvo/datei/epa_10_kat-religion.pdf (aufgerufen am 14. Januar 2016). Kursiv gesetzte Begriffe werden in den EPA nicht genannt, sind aber zuzuordnen.

3   Vgl. Franz Xaver Bischof u. a., Einführung in die Geschichte des Christentums, Freiburg i. Br. 2012, 243–249.

4   Vgl. ebd., 250.

5   Vgl. ebd., 269f.

6   http://www.werner-trutwin.de/religion_gymnasium0.html (aufgerufen am 19. Januar 2016).

Matthias Bär

Katholische Religionslehre: Die Reformation in den gymnasialen Lehrplänen und den zugelassenen Religionsbüchern in Mitteldeutschland und Mecklenburg-Vorpommern

279

» Kirchengeschichte in der Erwachsenenbildung – das Beispiel Luther und die frühe Neuzeit im Horizont von Praxiserfahrungen

Florian Heinritzi

Lernen in der dritten Lebensphase – Chancen für die Kirchliche Erwachsenenbildung

Das Lutherjubiläum 2017 wirft lange Schatten voraus, die auch vor den Angeboten der Erwachsenenbildung nicht Halt machen. Im Rahmen des Freisinger Seniorenstudiums bot es sich daher an, in Zusammenarbeit mit dem Projekt „2017: Neu hinsehen! Ein katholischer Blick auf Luther" der KEB des Landes Sachsen-Anhalt und der Akademie des Bistums Magdeburg eine Studienreise zu den Lutherstätten in Eisleben und Wittenberg zu unternehmen.

Die „Bildung des Menschen [ist] eine Grundintention kirchlichen Handelns"[1], daher ist ein umfassendes Bildungsangebot durchaus als Kernaufgabe der in kirchlicher Trägerschaft befindlichen Bildungseinrichtungen zu betrachten. Ein wesentlicher Pfeiler dieses Angebotes sind die an den Kreisbildungswerken im Erzbistum München und Freising angebotenen Seniorenstudiengänge, die einen je durchaus unterschiedlichen Zuschnitt aufweisen, was Gestaltung, Inhalt und Konzeption angeht. Das Kreisbildungswerk Freising rief 2013 ein Seniorenstudium ins Leben, das seitdem in Kooperation mit dem Bildungszentrum Kardinal-Döpfner-Haus der Erzdiözese angeboten wird.

Das auf vier Semester angelegte Seniorenstudium behandelt Ereignisse der europäischen Geschichte vom Frühmittelalter bis ins 20. Jahrhundert. Abgedeckt werden neben Themen der Profangeschichte auch Kunst-, Musik- und Kirchengeschichte, wobei ein leichter Schwerpunkt auf dem letzteren Teilbereich der historischen Forschung liegt. Die ersten beiden Semester behandeln die Zeit vom Früh- zum Spätmittelalter mit dem Übergang zur Frühen Neuzeit, während die Semester drei und vier dann von dieser Sattelzeit ausgehend die Entwicklung bis zur Mitte des 20. Jahrhunderts verfolgen.

Die Zielgruppe des Seniorenstudiums sind Personen, die sich im Ruhestand befinden oder im Übergangsbereich vom Arbeitsleben in denselben sind. Die formelle Bildung, also etwa der Abschluss einer Hochschule oder dergleichen ist dabei kein Kriterium, das die Zielgruppe definiert. Vielmehr eint die Teilnehmer das Interesse an den angebotenen Themen ebenso wie das akademische Niveau der Veranstaltungen. Das hohe Maß an individueller Vorbereitung auf die einzelnen Beiträge der Reihe bestätigt dies. Intensive Lektüre von wissenschaftlicher und populärwissenschaftlicher Sekundärliteratur ist für viele der Senioren natürlicher Begleiter zur Vor- und Nachbereitung der Veranstaltungen. Der faktische Bildungshintergrund ist dabei unerheblich. Letztlich kann man die Teilnehmer jedoch überwiegend dem gut situierten Bürgertum zurechnen. Die Altersspanne erstreckt sich von etwa Mitte bis Ende 50 bis deutlich über 80 Jahre. Ebenso breit gefächert ist der individuelle Bildungshintergrund. Von der Hausfrau über den Arbeiter, Handwerksmeister oder Kaufmann bis zum promovierten Naturwissenschaftler findet sich eine große Vielfalt an beruflichen Karrieren. Die Orientierung an dieser Zielgruppe bestimmte von Anfang an die Gestaltung des Freisinger Studienganges. Zudem sind viele der Teilnehmenden selbst multiplikatorisch in der Erwachsenenbildung tätig auf Ebene der Pfarreien oder kirchlichen Verbände.

Diesen unterschiedlichen Lebenswelten genauso wie dem gemeinsamen Horizont der sog. Dritten Lebensphase wird bei der Planung der Veranstaltungen, besonders der Exkursionen, durch einen entsprechenden Zuschnitt Rechnung getragen. Die Berücksichtigung

Florian Heinritzi

Kirchengeschichte in der Erwachsenenbildung – das Beispiel Luther und die frühe Neuzeit
im Horizont von Praxiserfahrungen

281

der gemeinsamen wie auch der individuellen Bedürfnisse stellt eine hohe Zufriedenheit der Teilnehmer sicher. Dies ist ein wichtiges Moment, denn: „Menschen erleben im Prozess des Älterwerdens zahlreiche Übergänge wie zum Beispiel die Loslösung der Kinder, den Übergang in die nachberufliche Lebensphase, Großelternschaft"[2] etc. Diese Übergänge mit Angeboten zu begleiten, die es den älter werdenden Menschen ermöglichen, diese Lebensphase selbstbestimmt und erfüllend zu gestalten, ist eine „zentrale Gestaltungsaufgabe"[3] katholischer Erwachsenenbildung.

Gerade eine Studienreise gibt den Teilnehmenden Raum, den Lernprozess in bestimmten Grenzen selbst zu steuern. Dies gilt vor allem dann, wenn zwischen einzelnen Programmpunkten Zeit zur freien Verfügung eingeplant ist und die Teilnehmer weitere Bildungs- und Kulturangebote bei Interesse besuchen können. Damit wird das Prinzip der Selbststeuerung des Lernens ernst genommen.

Exkursion auf Luthers Spuren – ein Praxisbeispiel

Ausgangspunkt der Studienfahrt war das 1229 in Mansfeld gegründete und 1258 nach Helfta transferierte Zisterzienserinnenkloster. Schon dessen Geschichte ist für die Zeit, welche diese Reise thematisch behandelte interessant, da es im Zuge der Reformation 1542 säkularisiert wurde. 1999 wurde das Kloster von Zisterzienserinnen der Abtei Seligenthal aus Landshut neu besiedelt.

Erste Station war Luthers Geburtshaus in Eisleben. Das Haus, in dem er am 10. November 1483 geboren wurde, beherbergt heute ein Museum. 1689 wurde das Haus allerdings bei einem Stadtbrand weitestgehend zerstört, so dass man heute nur den 1693 eingeweihten Wiederaufbau betrachten kann, der von Anfang an eine Luthergedenkstätte beherbergte und bis zum Beginn des 20. Jahrhunderts auch eine Armenschule für bedürftige Kinder. 1817 gelangte das Gebäude in die Trägerschaft des Königreichs Preußen, was neben Renovierungsmaßnahmen eine Erweiterung der museal genutzten Flächen zur Folge hat. Die Armenschule wurde in ein vom König gestiftetes Gebäude verlegt. Bei der umfassenden Renovierung in den Jahren von 2005 bis 2007 verband man das Geburtshaus mit der Armenschule durch einen modernen Baukörper. Die Ausstellung zeigt sehenswerte Exponate aus der Zeit des Reformators und führt in die historischen Gegebenheiten ein, in die Martin Luther als Sohn einer im Bergbau tätigen Familie hineingeboren wurde. Da Eisleben nur ein kurzer Aufenthalt der Familie Luther war, ist es nur als Taufort des Reformators wirklich prägend für seine Herkunft. Die Exponate geben einen guten Einblick in das Leben der Zeit und die Struktur des Mansfelder Landes. Wie sehr kirchliches Brauchtum und gelebter Glaube diese Region prägten und welche Kunstfertigkeit dies hervorbrachte, wird durchaus deutlich, auch wenn explizit mit dem Reformator verknüpfte Stücke weitestgehend fehlen. Auch das ausgestellte Taufbecken ist ein zwar zeitgenössisches, aber eben nicht jenes, in dem Luther getauft wurde. Die im Erdgeschoss nachempfundene Wohnung der Familie dürfte eher in dem Bereich niederschwelliger Museumspädagogik angesiedelt werden, einen wirklich historischen Mehrwert kann man daraus leider nicht ziehen.

Das Wohnhaus von Luthers wichtigstem Wegbegleiter Philipp Melanchton in Wittenberg war die nächste Station der Reise. Melanchton, der sehr früh schon den Gedanken der Reformation aufgeschlossen gegenüberstand, wurde eine der zentralen Figuren an der Universität Wittenberg. Um ihn dort zu halten, wurde auf Geheiß des Kurfürsten Johann Friedrich ab 1536 ein neues Haus errichtet und drei Jahre später vollendet, dessen Kosten der sächsische Kurfürst großteils aus eigenen Mitteln bestritt. Im Gegensatz zu Luthers Geburtshaus ist das Gebäude in seiner Grundstruktur original erhalten. Der Renaissancebau zählt heute zu den schönsten Gebäuden der Stadt Wittenberg. Da in diesem Haus große Teile seiner Werke entstanden, ist es zugleich selbst ein wichtiges historisches Zeugnis.

Florian Heinritzi

Kirchengeschichte in der Erwachsenenbildung – das Beispiel Luther und die frühe Neuzeit
im Horizont von Praxiserfahrungen

283

Nach Melanchtons Tod wechselte das Gebäude öfter den Besitzer, wurde jedoch in seiner Grundstruktur nicht wesentlich verändert. Trotz mancher Umbaumaßnahmen ist das Melanchtonhaus die Reformationsgedenkstätte, die am meisten Originalsubstanz aufweist. 1845 wurde das Gebäude durch den preußischen Staat erworben und unmittelbar vor der Jahrhundertwende wurden dann Studier- und Sterbezimmer des Humanisten historisch ausgestattet. 1967 wurde aus dem Haus offiziell eine Melanchton-Gedenkstätte. Sehr sehenswert sind eine Reihe von Originalexponaten, die das Wirken Melanchtons und seine Bedeutung schon für die Zeitgenossen deutlich werden lassen. Dazu gehören Schriften aus seiner Feder ebenso wie ein Porträt des Reformators von Lucas Cranach d. J. oder auch wichtige Dokumente zur Reformationsgeschichte.

Das extra erarbeitete Kinderprogramm ist sicher sehr lobenswert, versucht es doch das komplexe historische Geschehen kindgerecht aufzuarbeiten. Inwiefern aber die wiederum nachempfundenen Alltagsgegenstände einen Mehrwert für den historisch interessierten Besucher haben, darf auch hier erneut gefragt werden.

Letzte Station der Reise war das Lutherhaus in Wittenberg, welches sicher das traditionsreichste Luthermuseum ist. Als Augustinerkloster 1504 errichtet war es über drei Jahrzehnte hin die Wohn- und Arbeitsstätte des Wittenberger Reformators. Nach dessen Tod wurde es von der Universität als Stipendiatenhaus genutzt. Von 1844 an wurde unter der Leitung Friedrich August Stülers das Haus vier Jahrzehnte lang erneuert. 1883 wurde dann ein erstes Museum eingerichtet, welches ab 1911 sukzessive erweitert und zum Reformationsjubiläum 1983 komplett neu überarbeitet wurde. Die letzte Neugestaltung erfolgte dann in den Jahren 2001 und 2002.

Durch die oft original erhaltenen Räume wird hier Reformationsgeschichte besonders plastisch erlebbar. Diese Ausstellung besticht durch die zahlreichen Originalexponate, welche von Luthers Predigtkanzel bis zu seinem Bibelexemplar reichen. Der biographische Rundgang vermittelt einen Eindruck von Luthers Leben und seinem Wirken in Wittenberg. Darüber hinaus bietet das Haus einen Einblick in das Alltagsleben der Familie des Reformators. Eine weitere Sammlung des Hauses gewährt einen guten Einblick in die bildliche Lutherrezeption der Jahrhunderte seit der Reformation.

Das Lutherhaus, früher als Lutherhalle bekannt, ist mit Sicherheit das herausragende und durchwegs empfehlenswerte Museum zur Geschichte der Reformation.

Für die sehr interessierten und motivierten Teilnehmer der Reise war die Studienfahrt zu den Wirkungsstätten der führenden Reformatoren eine große Bereicherung. Leben und Wirken Luthers und Melanchtons werden anhand der Originalschauplätze und vieler, vor allem im Lutherhaus zu betrachtender, Exponate gut erfahrbar. Ob die sicher bewusst niederschwelligen Angebote für Erwachsene in den jeweiligen Häusern dem komplexen Thema der Reformation und ihrer Protagonisten gerecht werden, muss allerdings bezweifelt werden.

Anmerkungen

1 Arbeitsgemeinschaft Katholische Erwachsenenbildung in der Erzdiözese München und Freising e.V. (Hg.), Leitlinien. Katholische Erwachsenenbildung in der Erzdiözese München und Freising, München 2013, 6
2 Kommission Altenbildung der KEB Deutschland (Hg.), Alte Sinnsucher. Chancen für die Katholische Erwachsenenbildung, 3.
3 Ebd.

Florian Heinritzi

Kirchengeschichte in der Erwachsenenbildung – das Beispiel Luther und die frühe Neuzeit im Horizont von Praxiserfahrungen

285

» Gottesdienst feiern im Wissen
um Gemeinsames und Eigenes
Ökumenische Liturgie –
Grenzen und Möglichkeiten

Markus Roth

„Gemeinsames Gebet, gemeinsame Gottesdienste und nicht zuletzt deren gemeinsame Vorbereitung vermitteln den Beteiligten ökumenische Erfahrungen, wie sie durch Information und Dialog allein nicht erreicht werden können."[1] Mit diesen Worten der Würzburger Synode (1971–75) wird deutlich herausgestellt, dass Ökumene bei allen Diskussionen und Zusammentreffen letztlich davon lebt, dass gemeinsam gebetet und gesungen wird. „Die Synode hält es für wichtig, daß die Christen die anderen Kirchen und kirchlichen Gemeinschaften in ihren Gebeten, Gottesdiensten und Feiern kennenlernen und deren spirituellen und liturgischen Reichtum erfahren. Deshalb begrüßt sie gegenseitige Einladungen von einzelnen, Gruppen und Gemeinden."[2]

Diesem Appell folgend ist es seit vielen Jahren in fast allen Gemeinden und Pfarreien Tradition und Brauch, ökumenisch Gottesdienst zu feiern, sei es bei Kinderbibelwochen oder anlässlich der Gebetswoche zur Einheit der Christen. Immer wieder steht der Wunsch nach Einheit im Zentrum des Betens und Feierns, doch gilt auch die jesuanische Maxime „wo zwei oder drei in meinem Namen versammelt sind, da bin ich mitten unter ihnen" (Mt 18,20).

1. Liturgieverständnisse

Werden die Worte Jesu ins Zentrum gestellt, wonach er selbst bei allen Versammlungen in seinem Namen präsent ist (vgl. Mt 18, 20), ist Liturgie immer dann gegeben, wenn gesungen, gebetet, meditiert und gefeiert wird, ganz unabhängig von Alter und Konfession. Doch hat die Theologiegeschichte das Bild von Liturgie näher ausdifferenziert und versucht, prägnantere Umschreibungen zu erstellen.

Das Christentum wird oftmals – ähnlich wie das Judentum und besonders der Islam – als Buchreligion bezeichnet, die ihre Inhalte und Ausdrucksformen aus den heiligen Schriften des Alten und Neuen Testaments speist. Adolf von Harnack stellt sich bewusst gegen diese Sichtweise und widerspricht, dass das Christentum eine Buchreligion sei.[3] Jörg Lauster greift diese Perspektive auf, wenn er formuliert: „Das frühe Christentum hat in der Weitergabe seiner prägenden Grunderfahrungen nicht nur die eine Kulturform des Wortes und der Schrift eingesetzt, sondern organisierte sich ‚multimedial'. Was die ersten Christen in Jerusalem miteinander verband, waren gemeinsame gottesdienstliche Feiern."[4]

Diese Art der Multimedialität von Körper, Stimme, Mimik, Gestik und rituellen Handlungen und deren theologischer Interpretation erscheint in manchen Dingen sehr unterschiedlich und doch zeigt sich eine friedliche Koexistenz, bis hin zu einer tiefen Verbundenheit.

1.1 Allgemeine Sicht

Rund um das kirchliche Geschehen der Liturgie rankt sich eine Menge verschiedener Bezeichnungen. Das Verbindende ist die Sichtweise, dass darunter eine Feier verstanden wird, die von Menschen im Dialog mit Gott vollzogen wird. Und dennoch gibt es – rein theologisch und kirchenamtlich – eine klare Unterscheidung, was mit den verschiedenen Begriffen gemeint ist.

Die Etymologie sieht bei Liturgie (λειτουργία) die Ursprünge in λάος (Volk) und ἔργον (Werk). In seiner Grundkonstante ist *leiturgia* (leiturgia) dem römischen Beamtendienst entliehen und so eine Art des öffentlichen Dienstes, der sich um das Wohl des Volkes und des Staates zu kümmern hat. Im religiösen, christlichen Bereich ist die Liturgie der Dienst des ganzen Volkes an seinem Gott.

Die griechische Fassung des Alten Testaments, die Septuaginta, spricht an ungefähr einhundert Stellen von ‚Liturgie'. In den neutestamentlichen Texten findet sich dagegen die Begrifflichkeit eher seltener. So bezeichnet sich der Apostel Paulus selbst als „Diener (*leiturgos*) Christi" (Röm 15,16). Im zweiten Kapitel des Philipperbriefs schreibt Paulus vom „Opfer und Gottesdienst" (Phil 2,17) als einer engen Verbindung.[5]

1.2 Katholisch

Als erstes Dokument des II. Vatikanischen Konzils (1962–65) verabschiedeten die Konzilsväter am 4. Dezember 1963, auf den Tag genau 400 Jahre nach Abschluss des Trienter Konzils, die Konstitution zur Liturgie *Sacrosanctum Concilium* (SC). Dieser Konzilstext ist damit die erste kirchenamtliche Äußerung, die ein eigenes Dokument der Liturgie widmet.

Das Konzil formuliert: „Mit Recht gilt also die Liturgie als Vollzug des Priesteramtes Jesu Christi; durch sinnenfällige Zeichen wird in ihr die Heiligung des Menschen bezeichnet und in je eigener Weise bewirkt und vom mystischen Leib Jesu Christi, d.h. dem Haupt und den Gliedern, der gesamte öffentliche Kult vollzogen." (SC 7)

Was Liturgie ist, zeigt sich demnach u. a. an fünf Kriterien[6]:

1. Liturgie ist für das Kirche-Sein von grundlegendem Charakter.
2. Der festgelegte Ritus ist für die ganze Kirche verbindlich, so gibt es nur eine Feierform des römischen Ritus.
3. Der Papst als höchste weltkirchliche Autorität bestimmt, was richtig und wie Liturgie zu feiern ist.
4. Wie bereits das Konzil von Trient bestimmt hat, muss das liturgische Geschehen in eigenen liturgischen Büchern abgedruckt sein. Diese Bücher wiederum werden vom Papst rekognosziert, sprich: genehmigt.

5. Es ist dem einzelnen Priester oder Bischof verboten, den vom Papst bestimmten Ritus zu verändern oder auch einen eigenen Ritus zu schaffen.[7]

Doch gibt es neben diesen von Rom bestimmten und geordneten Liturgien eine Vielzahl an gottesdienstlichen Feiern, wie Andachten, Diözesane Liturgien, Prozessionen und Segnungen, die das Glaubensleben prägen und bereichern (vgl. SC 13).

1.3 Evangelisch

Der Blick auf ein evangelisches Liturgieverständnis lässt zu Beginn Martin Luther zu Wort kommen. Seiner Meinung nach dient der Kirchenbau und damit der dort gefeierte Gottesdienst dazu, mit dem Herrn zu reden.[8] Johannes Calvin, französischer Reformator und Zeitzeuge Luthers, formulierte zur Gestalt der Kirche und zur Bedeutung des Gottesdienstes, dass es „erforderlich, ja etwas vom Nötigsten [sei], daß jeder Gläubige die Gemeinschaft mit der Kirche an seinem Ort beachtet und pflegt und die Versammlungen besucht, die am Sonntag und an den anderen Tagen stattfinden, um Gott zu ehren und ihm zu dienen."[9]

Anders als es sich aus der katholischen Sichtweise zu ergeben scheint, sieht Luther im Gottesdienst nicht eine Möglichkeit, für sich selbst oder andere vor Gott einen Verdienst zu erwerben, sondern „vielmehr die Überzeugung, dass der Gottesdienst zuerst und vor allem Gabe Gottes an den Menschen (beneficium) sei"[10]. Durch die Verkündigung der biblischen Texte, die Feier des Abendmahles und die Predigt kann genau dieses *beneficium* erreicht und realisiert werden. Eine Grundkonstante ist die Freiheit des Glaubens. Luther stellt sich so gegen die starke Betonung der Zeremonien und die damit verbundenen rigiden Ordnungen. Er führt im Rahmen seiner Gottesdienst-Ordnung eine hervorgehobene Stellung der Predigt ebenso ein, wie deutsche Lieder und den Vortrag der biblischen Texte in deutscher Sprache.[11]

Allgemein vollzieht sich mit den reformatorischen Perspektiven eine Wandlung zu Bildung und religiöser Unterweisung. Folge ist die Blütezeit der evangelischen Predigtkunst im 16. und 17. Jahrhundert. In den folgenden Jahren und Jahrzehnten verfallen einige Predigten und damit auch die Gottesdienste zu reinen Lehreinheiten, eine Entwicklung, die dem Grundanliegen Luthers und Zwinglis völlig entgegensteht. Allen evangelischen Interpretationen von Liturgie und Gottesdienst ist die Zentrierung auf das Evangelium gemeinsam. Im Gegenzug zur Entwicklung der katholischen Liturgie, besonders ab dem Trienter Konzil, in der es lange Zeit eine Fixierung auf das eucharistische Geschehen gegeben hat, betonen alle reformatorischen und evangelischen Gottesdienstverständnisse das Wort Gottes, denn „nach evangelischem Verständnis ist jeder Gottesdienst, in dem das eine Evangelium, die Botschaft von Jesus Christus verkündigt und gehört wird, ein Gottesdienst im Vollsinne des Wortes"[12]. Das Wort, das sich im Evangelium zeigt und in der Kirche realisiert ist, ist nach Luther zentral und sinnstiftend. Sowohl Gottesdienst als auch Kirche gestalten sich daraus. So betont Luther, dass sich Kirche als Tochter des Wortes zu verstehen hat und nicht als Mutter, die das Wort hervorbringt.[13] Das Wort wird so auch zu einem Medium der Gnade und des Heils, das wiederum dem gottesdienstlichen Geschehen Ausdruck verleiht.[14]

Die Zentralisierung auf das Wort, das sich in Jesus Christus zeigt, und die Betonung, dass sich Kirche und Wort im Gottesdienst realisieren, führen zu der definitorischen Umschreibung eines protestantischen Gottesdienstverständnisses. Gottesdienst ist ein bipolares Geschehen von Gottes Dienst an den Menschen und des Menschen Dienst für Gott.

2. Annäherungen und Differenzen

Die katholische Kirche versteht sich als eucharistische Gemeinschaft und findet ihre höchste Erfüllung in der Eucharistie. Es ist wohl nicht zu kurz gegriffen, dass neben einer differenzierten, dabei generellen Sicht auf Liturgie allen voran die Eucharistiefeier ein Kernpunkt der ökumenischen Liturgiedebatte ist.

2.1 Differenzen und Diskussionspunkte

Für die katholische Liturgie ist die Eucharistiefeier „Quelle und Höhepunkt" (vgl. LG 11 und Katechismus der Katholischen Kirche, kurz: KKK, 1324) – und als erinnernde Feier der Gegenwart Jesu gleichzeitig auch mit der größte Diskussionspunkt zwischen den evangelischen Kirchen und der katholischen Kirche. Und doch verbindet sie das Wissen und der Glaube, dass sich Jesus Christus in der Eucharistie immer wieder neu den Menschen schenkt. „Für Lutheraner wie für Katholiken ist das Herrenmahl ein kostbares Geschenk, in dem Christen Nahrung und Trost für sich finden und in dem die Kirche immer neu versammelt und auferbaut wird."[15]

Die Interpretation des Opfers steht im Mittelpunkt der ökumenischen Diskussionen. Mit dem oftmals erklärungsbedürftigen Begriff des Opfers möchte die katholische Lehre ausdrücken, dass sich der Opfertod Jesu nur ein einziges Mal vollzogen hat, zum Heil der Welt. Die evangelische Perspektive sieht im Opfer Jesu nicht allein ein Gewalt-Opfer (victima), sondern vielmehr, dass das Tun Jesu sich bewusst von anderen Kultopfern dieser Zeit abhebt, „denn nicht der Mensch versöhnt Gott durch ein Opfer, sondern Christus, Gottes Sohn, opfert sich am Kreuz für die Sünden der Menschen"[16].

Ein ähnlicher Streitpunkt kristallisiert sich im Verständnis des Amtes. Ist es für die katholische Lehre unverzichtbar zur Feier der Eucharistie, betont die evangelische Theologie das allgemeine Priestertum aller Gläubigen. „Nach evangelischem Verständnis ist die Ordination zum Pfarramt keine Weihe, die eine besondere Fähigkeit im Blick auf das Abendmahl und seine Elemente vermittelt. Jeder Christenmensch könnte die Feier leiten und die Einsetzungsworte sprechen, weil er durch die Taufe Anteil an dem ganzen Heilswerk Christi bekommt und ohne einen besonderen priesterlichen Mittler unmittelbar Zugang zu Gott hat (das ‚allgemeine Priestertum aller Glaubenden')"[17].

Katholiken und Lutheranern gemeinsam ist die Meinung, dass es sich bei der Eucharistie nicht um ein „rein erinnerndes oder figuratives Verständnis des Sakraments"[18] handelt. Die katholische Sichtweise bekennt zudem, dass Christus in den Gaben von Brot und Wein, auch nach der Feier der Eucharistie, immerwährend gegenwärtig ist. Die lutherische Tradition geht hingegen davon aus, dass „die besondere Verbindung zwischen dem lebendigen Jesus Christus und den Elementen Brot und Wein nur zum Zweck und daher während des Gebrauchs im Gottesdienst besteht (in usu)"[19].

2.2 Was haben wir voneinander gelernt?

Bei allen Streitpunkten, die sich in der Eucharistiefeier kumulieren, ist es aber auch die Liturgie des Herrenmahls, die zeigt, dass es in den letzten knapp 500 Jahren nicht nur Entfernungen und Trennungen gegeben hat, sondern auch Annäherungen.

Lange Zeit galt das Wort Gottes in der katholischen Liturgie, speziell in der Eucharistie, nur als eine Art Vorhof zum wesentlichen Kern der Wandlung von Brot und Wein. Josef Andreas Jungmann bezeichnet in seinem Standardwerk *Missarum Sollemnia* diesen Bestandteil der Messe mit Vormesse.[20] Joseph Pascher sieht diese Bezeichnung bereits knapp zwanzig Jahre vor dem II. Vatikanischen Konzil kritisch, da sie den Gehalt des Wortes Gottes gering achtet. So schreibt er: „Was inzwischen in einem geschichtlich interessierten Prozeß dieser ,Vormesse' auch zugewachsen sein mag, in Epistel und Evangelium muß der gläubige Christ den Haupt- und Mittelpunkt sehen. Es kann nicht genug betont werden, von welch hohem Rang die ,Vormesse' um des Gotteswortes willen ist, das hier verkündet wird."[21]

Das Konzil nimmt diese Sichtweise auf und hebt ausdrücklich hervor, dass „in der Liturgie Ritus und Wort aufs engste miteinander verbunden sind" (SC 35). Darüber hinaus fordert es auf, eigene Wortgottesdienste zu feiern, um so dem Wort Gottes mehr Gewicht zu geben. Mit Hilfe dieser starken Aufwertung des Wortes Gottes in der Liturgie rückt zum einen die Bibel stärker in den Fokus und zum anderen wird die Tür zu einer ökumenischen Sichtweise auf Liturgie und Wort eröffnet. Hintergrund von allem ist der Wunsch, „daß den Gläubigen der Tisch des Gotteswortes reicher bereitet werde" (SC 51).

Mit dieser ‚neuen Dimension' des Wortes Gottes in der Liturgie erfährt auch der dialogische Charakter des Geschehens eine neue Wertigkeit. Es ist nicht mehr allein das Tun des Priesters in der Eucharistie in eindimensionaler Weise als Dienst an Gott zu verstehen, sondern Gott tritt in Dialog mit den Menschen, indem er in den Worten der Heiligen Schrift zu den Gläubigen spricht, die ihrerseits in Gebet, Gesang und gemeinsamer Feier der Eucharistie antworten. Die Förderung der Kommunion unter beiderlei Gestalten (vgl. SC 55) ist ebenfalls ein Weg zum ökumenischen Verständnis.

Auch die evangelischen Kirchen nähern sich einem ökumenischen Miteinander an, wenn sie im *Evangelischen Gottesdienstbuch* (1999)[22] das Eucharistiegebet wiederentdecken und in ihre liturgischen Agenden integrieren. Wie der römisch-katholische Ritus beruft sich die evangelische Liturgie dabei auf Aussagen und Darstellungen der *Traditio apostolica*, also einer altkirchlichen Überlieferung zu Gottesdienst und Gemeindeordnung.[23]

3. Geschichtliche Aspekte

Bei allen Differenzen zwischen katholischer und evangelischer Liturgie, die durchaus die vergangenen Jahrzehnte und Jahrhunderte geprägt haben, ist der Blick auf eine ökumenische Gottesdienstpraxis keine Erfindung des 21. Jahrhunderts.

Das II. Vatikanische Konzil betont in seinem Ökumenismusdekret *Unitatis redintegratio* (UR): „Das christliche Leben dieser Brüder [also der evangelischen Glaubensgeschwister, M. R.] wird genährt durch den Glauben an Christus, gefördert durch die Gnade der Taufe und das Hören des Wortes Gottes. Dies zeigt sich im privaten Gebet, in der biblischen Betrachtung, im christlichen Familienleben und im Gottesdienst der zum Lob Gottes versammelten Gemeinde." (UR 23)

Gleichzeitig zeigt das Konzilsdokument aber auch die innere Zerrissenheit, wenn es festhält: „Man darf jedoch die Gemeinschaft beim

Gottesdienst (communicatio in sacris) nicht als ein allgemein und ohne Unterscheidung gültiges Mittel zur Wiederherstellung der Einheit der Christen ansehen. Hier sind hauptsächlich zwei Prinzipien maßgebend: die Bezeugung der Einheit der Kirche und die Teilnahme an den Mitteln der Gnade. Die Bezeugung der Einheit verbietet in den meisten Fällen die Gottesdienstgemeinschaft, die Sorge um die Gnade empfiehlt sie indessen in manchen Fällen." (UR 8) Dieser intrinsischen Verschiedenheit bewusst, gibt es schon vor dem Konzil intensive Bemühungen sich zu begegnen und auch im Bereich der Liturgie ökumenische Wege zu gehen.

3.1 Lima-Liturgie

Gut fünfzehn Jahre vor Beginn des II. Vatikanischen Konzils hat sich im Jahr 1948 eine Vielzahl christlicher Kirchen und Gemeinschaften zusammengefunden und den Ökumenischen Rat der Kirchen (ÖRK) gegründet. Im Januar 1982 hat die Kommission für Glauben und Kirchenverfassung des Ökumenischen Rates in Lima/Peru einen Grundlagentext zu Taufe, Eucharistie und Amt veröffentlicht. Aus diesem Papier resultiert die so genannte Lima-Liturgie, die seither zu unterschiedlichen Anlässen gefeiert wurde, auch wenn sie nie kirchenamtlich angenommen wurde. „Die Lima-Liturgie ist ein eucharistischer Gottesdienst (Abendmahlsgottesdienst), der in einer von mehreren denkbaren liturgischen Formen die ekklesiologische Konvergenz über die Eucharistie zum Ausdruck bringt"[24].

Die Texte und der Ablauf der Lima-Liturgie ähneln sehr denen einer katholischen Eucharistiefeier und sie besteht aus drei Teilen. Nach der Eingangsliturgie mit Sündenbekenntnis, Kyrie und Gloria folgt der Wortgottesdienst. Der dritte Teil der Eucharistiefeier umfasst das eucharistische Gebet, das Vater Unser, Friedensgruß und Kommunion mit Dankgebet, Sendungsworten und Segen. In Gänze spricht aus dem Aufbau der Lima-Liturgie die katholische Form der Eucharistiefeier, auch wenn es textlich doch Unterschiede hierzu gibt.[25]

3.2 Thomas Messen

Ähnlich wie die Lima-Liturgie ist die so genannte Thomas-Messe. Dabei handelt es sich um einen evangelischen Gottesdienst mit ökumenischen Elementen. Der Ablauf der Messen, die im katholischen Bereich auch oftmals als Jona-Messen bezeichnet werden, ist geprägt von einer Offenheit und Gelegenheit, ganz dem Vorbild des suchenden und fragenden Apostels Thomas, sich selbst als Tastender im Glauben zu verstehen.

Klassischerweise werden in einer Thomasmesse vorwiegend Gesänge aus Taizé gesungen. Der Eingangsteil setzt sich aus Liedern, Gebeten und Lesungen zusammen. Ein Element des Suchens und Fragens ist das ‚Garderobengebet‘, ein Gebet, das dem Ankommen dienen soll. Ein Charakteristikum ist die ‚offene Phase‘, die bis zu 30 Minuten dauern kann. In dieser Phase des Gottesdiensts können die Gläubigen und Suchenden an verschiedenen Orten in der Kirche verschiedene Angebote, wie Meditationen, das Aufschreiben von Gebetsanliegen, Segnungen und Seelsorgsgespräche aufsuchen. Gibt es in den Thomas-Messen immer ein Abendmahl, wird in den Jona-Gottesdiensten keine Kommunion gereicht. Das Verbindende sind das Zu- und Miteinander von Zweifel und Glaube, das sowohl evangelische als auch katholische Christen betreffen kann.[26]

3.3 Ökumenisches Stundengebet (Burg Rothenfels)

Eine Gottesdienstform unabhängig von Abendmahl und Eucharistie ist das Ökumenische Stundengebet. Anliegen der ‚Initiative Ökumenisches Stundengebet‘, die sich aus verschiedenen Institutionen und Gemeinden christlicher Kirchen zusammensetzt, ist zum einen, das Stundengebet wieder vermehrt in das Bewusstsein liturgischer Feierformen zu rücken und zum anderen gerade in diesem Gottesdienst die Chance für ökumenisches Feiern zu ermöglichen. Beten heißt Gemeinschaft mit Gott zu haben, gemeinsam zu beten bedeutet Gottesdienst zu feiern.

„Ökumenisches Stundengebet heißt: den gemeinsamen Rahmen auf eigene Art füllen, die Schätze der anderen kennenlernen – und dann aus dem Vollen schöpfen"[27]. Im Stundengebet besteht so über alle konfessionellen Grenzen hinaus Gemeinschaft und gleichzeitig kann Kirche einen wesentlichen der ihr innewohnenden Grundvollzüge realisieren.

4. Praxisbeispiele

Gut zehn Jahre vor dem großen Gedenkjahr zu 500 Jahre Reformation bringt der ehemalige Präsident des Päpstlichen Rates zur Förderung der Einheit der Christen, Walter Kardinal Kasper, einen Wegweiser zur geistlichen Ökumene heraus. Er richtet sich dabei an jene Menschen, „die auf den verschiedenen Ebenen kirchlichen Lebens Verantwortung für die Förderung der Einheit der Christen tragen"[28]. Praxisorientiert nennt Kardinal Kasper verschiedene Möglichkeiten zu gemeinsamem Beten und gottesdienstlichen Feiern.[29] „Christen sind dazu ermutigt, sich im Gebet mit Mitgliedern anderer Kirchen und kirchlichen Gemeinschaften zusammenzuschließen."[30]

Bereits zehn Jahre zuvor hatte der Päpstliche Rat zur Förderung der Einheit der Christen in seinem Direktorium angeregt, dass alle getauften Christen sich zu einem gemeinsamen Gebet zusammenfinden sollten. „Das gemeinsame Gebet wird den Katholiken und den anderen Christen empfohlen, damit sie so ihre gemeinsamen Nöte und Sorgen zusammen vor Gott tragen – zum Beispiel den Frieden, soziale Fragen, die gegenseitige Liebe zwischen den Menschen, die Würde der Familie, die Auswirkungen der Armut, des Hungers, der Gewalt usw."[31]

4.1 Ökumenische Feiern von Katholischer und Evangelischer Kirche im Jahr 2017

Das große Gedenkjahr 2017 zur Erinnerung des (vermeintlichen) Thesenanschlags Luthers an die Schlosskirche in Wittenberg ist nicht nur ein historischer und kirchenpolitischer Akt, sondern bietet auch die Gelegenheit, in ökumenischer Verbundenheit dieses geschichtlichen Ereignisses zu gedenken und es liturgisch zu begehen.

In einem Briefwechsel des Vorsitzenden des Rates der EKD, Landesbischof Dr. Heinrich Bedford-Strohm, und des Vorsitzenden der Deutschen Bischofskonferenz, Reinhard Kardinal Marx, vom Mai/Juni 2015, wird das Bestreben deutlich, das Erinnerungsjahr 2017 liturgisch zu begleiten. Beispielhaft nennen sie zwei Tage, an denen in besonderer Weise ökumenische Liturgie angedacht werden könnte.

Zum einen führt Landesbischof Bedford-Strohm den Vorabend des 2. Fastensonntags bzw. 2. Sonntags in der Passionszeit an. An diesem Sonntag soll ein von beiden Kirchen initiierter Versöhnungsgottesdienst in Berlin stattfinden, als Kern des ‚Healing-of-memory-Prozesses‘. „Dieser Gottesdienst soll Elemente der Buße und der Vergebungsbitte verbinden mit Versöhnungsgesten, die die Zukunft der Ökumene stärken mögen. Es ist daran gedacht, dass dieser Versöhnungs-Gottesdienste [sic!] danach auch in ökumenisch gesinnten Gemeinden gleichsam ‚regional nachgefeiert‘ werden kann"[32], so Bedford-Strohm.

Ein weiteres Datum ökumenischen Betens und Feiern soll das Fest der Kreuzerhöhung am 14. September 2017 sein. „Was könnte unsere gemeinsame Sendung besser zum Ausdruck bringen, als wenn wir uns zusammen mit unseren Partnern in der Ökumene unter das Kreuz stellen?"[33], so Kardinal Marx.

Beide Vorschläge zeigen die gedankliche Vielfalt, wie und zu welchen Anlässen ökumenisch Liturgie gefeiert werden kann. Zum einen, um gemeinsam der Mitte des Glaubens, dem Kreuzestod Jesu, der mit Ostern überwunden wurde, zu gedenken, und zum anderen in einem Versöhnungsgottesdienst der gegenseitigen Vergehen und Verwundungen zu erinnern und miteinander und gegenseitig zu vergeben, um ‚neu beginnen' zu können.

4.2 Feiern im religiösen „Alltag"

Landesbischof Bedford-Strohm benennt in seiner Anregung, den Fastensonntag gemeinsam zu begehen, die Bitte, nicht auf kirchenamtlicher Ebene stehen zu bleiben, sondern die ökumenische Verbundenheit auch in die Gemeinden vor Ort zu tragen. So kann es noch viele weitere Gelegenheiten geben, ökumenisch Gottesdienst zu feiern, sei es im Gedenkjahr 2017 und darüber hinaus. Seit nunmehr gut 100 Jahren gibt es etwa die Gebetswoche zur Einheit der Christen.[34] Diese bietet sich in besonderem Maße an, bei gegenseitigen Besuchen Liturgie zu feiern und so die Verbundenheit zu zeigen. Ähnliches gilt für den Weltgebetstag der Frauen. „Gerade im Bereich gemeinsamer Segensfeier [liegt eine] Chance für ein liturgisches Miteinander in ökumenischer Verbundenheit, um auch in der Öffentlichkeit den christlichen Glauben bezeugen und feiern zu können"[35]. So ist die Form der ökumenischen Segensfeiern beispielhaft am Beginn oder Ende eines Schuljahres ein exzellenter Ort, um gemeinsam den christlichen Glauben zu bekennen.

Neben diesen exemplarisch angeführten Beispielen gibt es noch eine Vielzahl von Anlässen und Gelegenheiten in den Gemeinden und Pfarreien vor Ort durch Wortgottesdienste, Andachten, Taufgedächtnisfeiern, Tagzeitenliturgien oder durch andere gottesdienstliche Formen eine ökumenische Verbundenheit zum Ausdruck zu bringen.

5. Schlussbemerkung

„Die Christen aller Konfessionen feiern Gottesdienst – der Gottesdienst ist der Pulsschlag des christlichen Lebens. Nirgends wird deutlicher, wovon die christliche Gemeinde lebt und was sie trägt, als wenn sie sich an den dafür bestimmten Orten versammelt und singend, betend, hörend, lobend, dankend und musizierend vor Gott tritt."[36] Diesen Worten des Rates der Evangelischen Kirche in Deutschland gilt es fast nichts hinzuzufügen, wenn es um die Frage nach der Relevanz ökumenischer Liturgien geht. Auch auf katholischer Seite wird dies vergleichbar gesehen: „Gemeinsam gefeierte Gottesdienste können das ökumenische Miteinander entscheidend stärken und fördern. Dabei ist es empfehlenswert, sich auf das Gemeinsame zu konzentrieren. Solche Gemeinsamkeiten sind vor allem das Bekenntnis des christlichen Glaubens und die Taufe auf den Namen des dreieinigen Gottes, das gläubige Hören und Annehmen des Wortes Gottes, das Lob Gottes in Gesang und Gebet und das fürbittende Eintreten für alle Menschen."[37] Liturgie und Gottesdienst sind so nicht nur äußere Zeichen eines inneren Glaubens, sondern zugleich auch das verbindende Element zwischen den Konfessionen.

Christen ganz unterschiedlicher Konfessionen wissen sich in Gebet und Gottesdienst auf derselben Basis verbunden und verwandt, auch wenn sie sich ihrer eigenen Wurzeln und Traditionen bewusst sind. So kann und muss christlich gesehen Liturgie ökumenisch möglich und in gewisser Weise auch gefragt sein, leben doch alle Christen aus derselben geschenkten und Gemeinschaft stiftenden Offenbarung.

Bei allen ökumenisch gefeierten Liturgien muss es nicht nur um die Bemühungen auf eine Einheit hin gehen, so wünschenswert sie ist, sondern darum, dem Willen Jesu Rechnung zu tragen und gemeinsam zu beten und den Glauben zu feiern. Im Mittelpunkt sollte es „mehr um das solidarische Füreinander-Einstehen im Gebet auf der Basis des gemeinsamen Bekenntnisses zum dreifaltigen Gott"[38] gehen.

Anmerkungen

1 Beschluss „Pastorale Zusammenarbeit der Kirchen im Dienst an der christlichen Einheit", in: Ludwig Bertsch u. a. (Hg.), Gemeinsame Synode der Bistümer in der Bundesrepublik Deutschland: Offizielle Gesamtausgabe, Freiburg u. a., Neuausgabe 2012, 791.

2 Beschluss Gottesdienst, in: Ebd., 212.

3 Vgl. Adolf von Harnack, Die Mission und Ausbreitung des Christentums in den ersten drei Jahrhunderten, Band 1: Die Mission in Wort und Tat, Leipzig 4. verbesserte und vermehrte Auflage 1924, 289–299.

4 Jörg Lauster, Die Verzauberung der Welt. Eine Kulturgeschichte des Christentums, München ²2015, 72.

5 Vgl. Helmut Hoping, Mein Leib für euch gegeben. Geschichte und Theologie der Eucharistie, Freiburg u. a. 2. erweiterte Auflage 2015, 17.

6 Zur Frage, was Liturgie ist, siehe auch: Markus Roth, Wie kann und soll Liturgie heute sein? Eine kleine Standortbestimmung, in: Klerusblatt vom 15. Dezember 2014, Nr. 12, 94 (2014) 269–271.

7 Vgl. CIC 1983; cc. 834–838; Karl-Heinz Bieritz, Liturgik, Berlin 2004, 6 f.

8 Vgl. Rat der Evangelischen Kirchen in Deutschland, Der Gottesdienst. Eine Orientierungshilfe zu Verständnis und Praxis des Gottesdienstes in der evangelischen Kirche, Gütersloh 2009, 10.

9 Zitiert nach: Eberhard Busch u. a. (Hg.), Calvin-Studienausgabe, Band 2: Gestalt und Ordnung der Kirche, Neunkirchen – Vluyn 1997, 151.

10 Rat der Evangelischen Kirchen in Deutschland, Der Gottesdienst (w. Anm. 8), 24.

11 Vgl. Jobst Schöne, Rechtfertigung und Gottesdienst, in: Lutherische Beiträge. Die Vierteljahreszeitschrift für konfessionelle Lutherische Theologie 21 (2005) 207–217; Rat der Evangelischen Kirchen in Deutschland, Der Gottesdienst (w. Anm. 8), 24.

12 Rat der Evangelischen Kirchen in Deutschland, Der Gottesdienst (w. Anm. 8), 40.

13 „Ecclesia [...] est filia, nata ex verbo, non est mater verbi": Martin Luther, Werke. Kritische Gesamtausgabe (Weimarer Ausgabe), 42. Band, Weimar 1911, 334.

14 Vgl. Alexander Deeg, Kirche aus dem Wort. Ekklesiologische Implikationen für eine Theologie des Gottesdienstes aus lutherischer Sicht, in: Birgit Jeggle-Merz u. a. (Hg.), Liturgie und Konfession. Grundfragen der Liturgiewissenschaft im interkonfessionellen Gespräch, Freiburg u. a. 2013, 185.

15 Lutherisch / Römisch-katholische Kommission für die Einheit, Vom Konflikt zur Gemeinschaft. Gemeinsames lutherisch-katholisches Reformationsgedenken im Jahr 2017, Leipzig ²2013, 61.

16 Hoping, Mein Leib für euch gegeben (w. Anm. 5), 431.

17 Rat der Evangelischen Kirchen in Deutschland, Das Abendmahl. Eine Orientierungshilfe zu Verständnis und Praxis des Abendmahls in der evangelischen Kirche, Gütersloh ⁵2008, 53.

18 Gemeinsame römisch-katholische evangelisch-lutherische Kommission, Das Herrenmahl, Paderborn ⁶1979, Nr. 16.

19 Rat der Evangelischen Kirchen in Deutschland, Das Abendmahl (w. Anm. 17), 51.

20 Vgl. Josef Andreas Jungmann, Missarum Sollemnia. Eine genetische Erklärung der Römi-

schen Messe, Band I, 5. verbesserte Auflage (Reprographischer Nachdruck der Ausgabe von 1962) Bonn 2003, 339–639.

21   Joseph Pascher, Der Aufbau der heiligen Messe, in: KatBl 72 (1947) 161–167.

22   Kirchenleitung der Vereinigten Evangelisch-Lutherischen Kirche Deutschlands (Hg.), Evangelisches Gottesdienstbuch. Agende für die Evangelische Kirche der Union und für die Vereinigte Evangelisch-Lutherische Kirche Deutschlands, Berlin 1999.

23   Vgl. Rat der Evangelischen Kirchen in Deutschland, Der Gottesdienst (w. Anm. 8), 21.

24   http://www.oikoumene.org/de/resources/documents/programmes/unity-mission-evangelism-and-spirituality/spirituality-and-worship/the-eucharistic-liturgy-of-lima (abgerufen: 30. Mai 2016), vgl. auch Thomas F. Best u.a. (Hg.), Eucharistic worship in ecumenical contexts. The Lima liturgy and beyond, Genf 1998.

25   Zum Aufbau und zu den Gebeten, vgl. http://www.oikoumene.org/de/resources/documents/programmes/unity-mission-evangelism-and-spirituality/spirituality-and-worship/the-eucharistic-liturgy-of-lima (abgerufen: 30. Mai 2016).

26   Vgl. Tilmann Haberer, Die Thomasmesse. Ein Gottesdienst für Ungläubige, Zweifler und andere gute Christen, München 2000.

27   http://www.oekumenisches-stundengebet.de/die-chance.html (abgerufen: 14. April 2016).

28   Walter Kasper, Wegweiser Ökumene und Spiritualität, Freiburg u.a. 2007, 11.

29   Vgl. ebd., 46–63.

30   Ebd., 44.

31   Päpstlicher Rat zur Förderung der Einheit der Christen, Direktorium zur Ausführung der Prinzipien und Normen über den Ökumenismus vom 25. März 1993 (VApS 110), ⁶2012, Nr. 109, 91.

32   Landesbischof Dr. Heinrich Bedford-Strohm Vorsitzender des Rates der EKD, Brief an Seine Eminenz Reinhard Kardinal Marx Vorsitzender der Deutschen Bischofskonferenz, [o.O.] 18. Mai 2015, 3, in: http://www.ekd.de/download/pm114_briefwechsel_reformationsjubilaeum.pdf (abgerufen: 30. Mai 2016). – Mittlerweile liegt ein ökumenisches Gottesdienstmodell vor: Vom Konflikt zur Gemeinschaft. Ökumenischer Gottesdienst zum gemeinsamen Reformationsgedenken 2017 (im Auftrag der liturgischen Arbeitsgruppe der Lutherisch/Römisch-katholischen Kommission für die Einheit), Paderborn–Leipzig 2016.

33   Vorsitzender der Deutschen Bischofskonferenz, Reinhard Kardinal Marx an Landesbischof Prof. Dr. Heinrich Bedford-Strohm Vorsitzender des Rates der EKD, Bonn, den 1. Juni 2015, 2, in: http://www.ekd.de/download/pm114_briefwechsel_reformationsjubilaeum.pdf (abgerufen: 30. Mai 2016).

34   1909 angeregt von Paul Francis Wattson (1863–1940) und von Papst Pius X. (1903–1914) unterstützt, seit 1916 durch Papst Benedikt XV. (1914–1922) auf die gesamte katholische Kirche ausgeweitet.

35   Florian Kluger, Segensfeiern ökumenisch? Die Sehnsucht nach Zuspruch zwischen konfessionellen Eigenheiten und ökumenischen Antwortversuchen, in: Andreas Poschmann u.a. (Hg.), Liturgie und Ökumene, Trier 2016 (im Druck).

36   Rat der Evangelischen Kirchen in Deutschland, Der Gottesdienst (w. Anm. 8), 12.

37   Deutsches Liturgisches Institut/Gottesdienst Institut (Hg.), Ökumenische Gottesdienste. Anlässe, Modelle und Hinweise für die Praxis, Freiburg u.a. 2014, 11.

38   Kluger, Segensfeiern ökumenisch (w. Anm. 35).

Autorinnen und Autoren

Matthias Bär, Dr. theol., OStR i. K, Jahrgang 1975, Gymnasiallehrer für Englisch und Katholische Religionslehre, Wissenschaftlicher Referent für Gymnasium beim Religionspädagogischen Zentrum in Bayern, München.

Patrick Becker, Dr. theol., Jahrgang 1976, Wissenschaftlicher Mitarbeiter für Systematische Theologie am Institut für Kath. Theologie an der RWTH Aachen.

Dominik Burkard, Dr. theol., Jahrgang 1967, Professor für Kirchengeschichte des Mittelalters und der Neuzeit an der Kath.-Theol. Fakultät der Julius-Maximilians-Universität Würzburg.

Gerhard Feige, Dr. theol., Jahrgang 1951, Bischof des Bistums Magdeburg und Vorsitzender der Ökumenekommission der Deutschen Bischofskonferenz.

Johannes Grössl, Dr. theol., Jahrgang 1985, Wissenschaftlicher Mitarbeiter im Fachbereich Systematische Theologie am Seminar für Kath. Theologie der Universität Siegen.

Reinhard Grütz, Dr. phil., Jahrgang 1973, Theologe, Direktor der Kath. Akademie des Bistums Magdeburg in Halle (Saale) und Bistumsbeauftragter für Erwachsenenbildung.

Florian Heinritzi, Dipl.-Theol., Jahrgang 1979, Referent für Geschichte und Kultur am Kath. Kreisbildungswerk Freising e. V.

Steffen Jöris, Dr. phil., Jahrgang 1986, Wissenschaftlicher Mitarbeiter am Lehr- und Forschungsgebiet Biblische Theologie am Institut für Kath. Theologie an der RWTH Aachen.

Stephan Mokry, Dr. theol., Jahrgang 1978, Kirchenhistoriker, Leiter des Projekts „2017: Neu hinsehen! Ein katholischer Blick auf Luther" der Kath. Akademie des Bistums Magdeburg in Halle (Saale) und der Kath. Erwachsenenbildung im Land Sachsen-Anhalt e. V.

Robert Mucha, Dr. theol., Jahrgang 1987, Bibelwissenschaftler, Referent in der Programmdirektion der Münchner Volkshochschule.

Ludger Nagel, M. A., Jahrgang 1957, Sozialwissenschaftler, Historiker und Pädagoge, Geschäftsführer der Kath. Erwachsenenbildung im Land Sachsen-Anhalt e. V.

Regina Radlbeck-Ossmann, Dr. theol., Jahrgang 1958, Professorin für Systematische Theologie / Dogmatik am Institut für Kath. Theologie und ihre Didaktik an der Martin-Luther-Universität Halle-Wittenberg.

Markus Roth, Dr. theol., Jahrgang 1981, Liturgiewissenschaftler, Geschäftsführer des Kath. Bildungswerks Rosenheim e. V.

Dorothea Sattler, Dr. theol., Jahrgang 1961, Professorin und Direktorin am Ökumenischen Institut der Kath.-Theol. Fakultät der Westfälischen Wilhelms-Universität Münster.

Harald Schwillus, Dr. theol., Jahrgang 1962, Professor für Religionspädagogik am Institut für Kath. Theologie und ihre Didaktik an der Martin-Luther-Universität Halle-Wittenberg.

P. Martin Staszak OP, Dr. theol., Jahrgang 1959, Lehrbeauftragter für Altes Testament an der École biblique et archéologique française in Jerusalem.

Klaus Unterburger, Dr. theol., M.A., Jahrgang 1971, Professor für Historische Theologie / Mittlere und Neuere Kirchengeschichte an der Kath.-Theol. Fakultät der Universität Regensburg.

Günther Wassilowsky, Dr. theol., Jahrgang 1968, Professor für Kirchengeschichte am Fachbereich Kath. Theologie der Goethe-Universität Frankfurt a. M.